Die Autorin M. J. Harden bereiste über Jahre als freie Reise-schriftstellerin die Welt. Auf der Hawaii-Insel Maui ließ sie sich schließlich nieder, um unter anderem einen Reiseführer zu schreiben und eine Kunst- und Kulturzeitschrift für das heimische Kulturzentrum ins Leben zu rufen. Seit den frühen Achtzigerjahren schreibt und forscht sie über die hawaiische Kultur.

Nach einem Abschluss am »Art Center College of Design« kehrte der Fotograf Steve Brinkman nach Hawaii zurück, wo er das Studium begonnen hatte. Seit 1984 betreibt er sein eigenes Fotoatelier in Wailuku auf Maui. Steve Brinkman arbeitet überwiegend für die Wirtschafts- und Werbebranche; seine Arbeiten wurden im In- und Ausland veröffentlicht.

M. J. Harden

Die Stimmen der Weisen

Mythos, Kunst und Kulte
auf Hawaii

Aus dem Englischen von Ilse Rothfuss
Mit Fotografien von Steve Brinkman

Die Deutsche Bibliothek – CIP-Einheitsaufnahme
Ein Titeldatensatz für diese Publikation ist bei
Der Deutschen Bibliothek erhältlich.

REISEN · MENSCHEN · ABENTEUER

1. Auflage 2002, Deutsche Erstausgabe
SIERRA bei Frederking & Thaler Verlag, München,
in der Verlagsgruppe Random House GmbH
© 1999 by M. J. Harden
erschienen im Verlag Aka Press, Kula, Hawaii
Originaltitel: Voices of Wisdom. Hawaiian Elders speak
Alle Rechte vorbehalten
Titelfoto: oben, Agentur Gettyone Stone/ unten, Steve Brinkman
Fotos: Steve Brinkman, Hawaii
Lektorat: Angela Herrmann, Freiburg
Umschlaggestaltung: Atelier Seidel, Altötting
Herstellung: Sebastian Strohmaier, München
Satz/DTP: Martin Strohkendl, München
Druck und Bindung: Clausen & Bosse, Leck
Das Papier wurde aus chlorfrei gebleichtem Zellstoff hergestellt
ISBN 3-89405-147-7
Printed in Germany

www.frederking-und-thaler.de

ZUM GEDENKEN AN ERIC SATO

Wir waren drei,
als wir dieses Vorhaben in Angriff nahmen,
dann ging Eric von uns,
um andere Gefilde zu betreten.
Er sagte immer: »Alles ändert sich.«

»Um die Zukunft zu gestalten,
mussten wir zurück in die Vergangenheit.«
NAINOA THOMPSON

Inhalt

Einführung

Wir schreiben das Jahr 1777. Das hawaiische Volk hat eine der am höchsten entwickelten Gesellschaften Polynesiens geschaffen. Die Hawaiianer stammen von Vorfahren ab, die den gesamten Pazifik erkundeten, Jahre bevor sich die Europäer auf den Atlantik wagten – und das, indem sie nur aufgrund ihrer tiefen Vertrautheit mit der Natur navigierten. An Land galten sie als die besten Ackerbauern Ozeaniens, die über 200 verschiedene Sorten Süßkartoffeln und *taro* züchteten. Ihre Felder bewässerten sie mit einem ausgeklügelten System, und ihre Kleidung bestand aus dem feinsten Rindenstoff, der jemals in alter Zeit hergestellt wurde. Sie kannten keine schweren Krankheiten wie Diabetes, Krebs, Cholera oder Pocken. Selbst von Erkältungen oder Grippeinfektionen blieben sie verschont.

Ein Jahr später kam Captain James Cook mit seinen englischen Seeleuten nach Hawaii. Sie trafen auf ein wirtschaftlich unabhängiges und aktives Volk mit einer fortgeschrittenen und blühenden Kultur. Weder Cook noch die Hawaiianer ahnten damals, wie schnell das alles der Vergangenheit angehören würde.

Hundert Jahre später schrieb Samuel Kamakau, ein berühmter hawaiischer Gelehrter:

Die Menschen hier sind mittellos; Kleidung und Nahrung beziehen sie aus fernen Ländern und sie arbeiten auch nicht wie ihre Vorfahren es getan haben … Man findet niemanden mehr, der noch ein tiefes Wissen über sein Land besitzt; diejenigen, die man heute gelehrt nennt, sind Vagabunden. …Unterjocht von fremden Sitten, hat dieses Volk den Werken seiner Ahnen den Rücken gekehrt ...

Wenn Kamakau dies bereits im ausgehenden 19. Jahrhundert schrieb, welche Hoffnung kann es dann 100 Jahre später geben? Wenn die Menschen im späten 19. Jahrhundert »verarmt und mittellos« waren und ihren Traditionen »den Rücken kehrten«, was kann bei dem heutigen Volk noch übrig sein von seiner ursprünglichen Kultur?

Die Antwort wäre beinahe gewesen: Nichts.

Westliches Gedankengut, rigide kalvinistische Lehren und eingeschleppte Krankheiten löschten die hawaiische Kultur und das hawaiische Volk nahezu aus. In den zweihundert Jahren seit Cooks Ankunft hat Hawaii sich radikal verändert. Eine Kultur, die unberührt geblieben war und sich seit dem zwölften Jahrhundert nur wenig verändert hatte, ging bald in Dosenbier und Zellophan-*hula*-Röcken unter.

In den Neunzigerjahren gab es nur noch wenige, die die alten Traditionen verstanden oder Interesse daran hatten. *Hula* zum Beispiel wurde selten getanzt, wenn man einmal von der verkitschten Hollywood-Version in den Touristenhotels absieht. Der alte *hula* wurde so gut wie nie öffentlich aufgeführt. Die Kunst, *kapa* herzustellen, den Rindenstoff, mit dem sich die frühen Hawaiianer bekleidet hatten, war tot – kein einziges Stück war in heutiger Zeit geschlagen worden; niemand konnte es mehr. Die Navigation, die einst so lebenswichtige Kunst der hawaiischen Seefahrer, war ebenfalls verloren gegangen. Es gab keinen einzigen Navigator mehr auf Hawaii.

Alles Hawaiische galt als wertlos und dieses einst so stolze Volk, das seine Herkunft von den Göttern ableitete, befand sich nun auf einem sozialen Tiefststand. Viele der Ältesten, die in diesem Buch interviewt werden, sprechen von den Minderwertigkeitsgefühlen, mit denen sie aufgewachsen sind. Eine derart niedrige Selbstachtung forderte ihren Tribut. Die Hawaiianer von heute haben eine lange Liste katastrophaler Statistiken vorzuweisen: die kürzeste Lebenserwartung unter allen ethnischen Gruppen in Hawaii, den höchsten Prozentsatz an Herz-Kreislaufkrankheiten, Hirnschlag, Krebs, Diabetes, die höchste Kindersterblichkeitsrate, das niedrigste Durchschnitts-Familieneinkommen, die höchste Kriminalitätsrate, die höchste Schulabbrecher-Rate, um nur einige zu nennen.

Nach zweihundert Jahren endlosen Niedergangs war eine Veränderung bitter nötig. Sie kam in den Siebzigerjahren, parallel zur Bürgerrechtsbewegung. Damals setzten die Hawaiianer eine Renaissance der hawaiischen Kultur in Gang, von der sie selbst überrascht waren – sie kam so schnell und mit einer ungeheuren emotionalen Intensität. Die Leute nahmen *hula*- und Gesangsstunden, setzten durch, dass Hawaiisch in den Schulen unterrichtet wurde, sprachen ihre Sprache wieder und entdeckten die alten Handwerke neu.

Die Menschen in diesem Buch waren maßgeblich an dieser Renaissance beteiligt, einige in aller Stille, einige öffentlich. Durch sie wurde Hawaii wiederhergestellt und seine Kultur erneuert. Heute sind sie Älteste, hoch geachtet wie die *kupuna* seit alters her.

Kupuna bedeutet Ältester. Im alten Hawaii wurden *kupuna* als Bewahrer von Weisheit und Wissen geehrt. Auch heute noch rät man den jüngeren Hawaiianern: *Nānā i ke kumu* – schau auf die Quelle.

Als *kāhuna* wurden Älteste bezeichnet, die in ihrem Bereich Herausragendes leisteten. Sie waren Meister ihrer Zunft – im Kanubau oder Heilen oder Gesang. Alle vierundzwanzig Männer und Frauen, die in diesem Buch porträtiert sind, wären in den alten Zeiten *kāhuna* gewesen. Jeder von ihnen repräsentiert einen bestimmten Aspekt der hawaiischen Kultur. Zweiundzwanzig dieser Interviewten sind Älteste; die restlichen zwei stehen stellvertretend für die nächste Generation – zwei jüngere Männer, die aber zweifellos *kāhuna* sind, der eine ein Meister im Holzschnitzen und Kanubau, der andere der berühmteste Navigator Polynesiens.

Nicht nur die Geschichten und Persönlichkeiten dieser vierundzwanzig sollen hier vorgestellt werden; durch jeden von ihnen erfahren wir etwas über eine Disziplin, ein Talent oder eine Kunstfertigkeit, die in der hawaiischen Kultur geschätzt werden: von Mary Kaauamo, warum der *taro*-Anbau so wichtig war; von George Nā'ope die Bedeutung des *hula* in der Kultur; von Edith McKinzie, wie die Gesellschaft in den alten Zeiten durch die Genealogie strukturiert wurde.

Es sind vierundzwanzig Menschen, die ein Leben geführt haben, das alle angeht; wobei für sie stets das Wichtigste war, die Flamme einer beinahe erloschenen Kultur am Leben zu erhalten. Dank ihrer Bemühungen konnten die hawaiischen Traditionen ins 21. Jahrhundert hinübergerettet werden. Sie haben mehr als eine kulturelle Wiedergeburt in Gang gesetzt, sie haben den Lebensmut neu entfacht.

NATUR

Die Natur ist der Ursprung aller Dinge für die Hawaiianer. Nicht umsonst nennen sie sich *keiki o ka'aina* – »Kinder des Landes«.

'Āina ist nicht nur Boden, Sand oder Erde. *'Āina* ist eine Herzensangelegenheit für die Hawaiianer. Bereits das Wort *'āina* löst tiefe Empfindungen aus, die sich in den Zeiten der Ahnen herausgebildet haben, als die Menschen in der Natur lebten und sich als Teil von ihr fühlten. Die Menschheit und die Natur wurden als Geschwister angesehen, vor undenklichen Zeiten von denselben Eltern gezeugt.

Das Wort *'āina* bedeutet wörtlich »das, was nährt«, und *maka'āinana*, ein Ausdruck für die normalen Sterblichen, bedeutet »Augen des Landes«. Die Natur nährt also den Menschen und der Mensch seinerseits wacht über das Land. Das Land gab den Alten alles, was sie brauchten – nicht nur Essen, sondern auch Kleidung, Unterkunft, Waffen, Werkzeuge, Musikinstrumente, Kanus. Was immer sie herstellten, trugen oder aßen, stammte von Pflanzen und Tieren – vor allem von Fischen. Sie waren abhängig von der Natur und sie verehrten und achteten sie.

»Die Menschen meines Volkes haben seit undenklichen Zeiten das Land bebaut; der Ackerbau war ihre Lebensgrundlage«, schrieb der hawaiische Gelehrte Kamakau.

Die Hawaiianer galten als die besten Ackerbauern im Pazifik. Sie züchteten hunderte verschiedener Sorten von Süßkartoffeln und *taro*, die beiden wichtigsten Grundnahrungsmittel. Sie klassifizierten und benannten ihre Pflanzen, noch ehe Linné das Licht der Welt erblickte, und sie wussten, wie die einzelnen Pflanzenteile sich verwenden ließen – Holz, Rinde, Wurzeln, Blätter, Früchte und Blüten. Ihre Ärzte verfügten über ein hoch entwickeltes Wissen in Kräuter- und Heilkunde.

Ihr Ortssinn war so ausgeprägt, dass jedes Tal einen Namen erhielt, ja sogar jeder Wasserfall, Bach und Berg, jede Schlucht und jeder Strand. Es gab zahlreiche Namen für Regen und die Bezeichnungen der Winde gingen in die hunderte. Nebel und leichte Regen galten als Segen der Götter und in der Dichtung symbolisierten Regen und Wasser Fülle und Leben. Wasser ist das grundlegende Element einer Inselkultur. So war auch das Wort für Wohlstand *waiwai* (doppeltes Wasser), während der Begriff des monetären Wohlstands in alter Zeit unbekannt war. In der Natur fanden die frühen Hawaiianer alles *waiwai*, das sie brauchten.

Mary Kaauamo

taro-Bäuerin

Es heißt, *taro*, das Grundnahrungsmittel Hawaiis, sei noch vor dem Menschengeschlecht geboren worden. Eine vielfach verschlungene Legende enthüllt, dass *taro* der ältere Bruder des Menschen sei, beide vor undenklichen Zeiten geschaffen. In der Legende symbolisiert *taro* die Natur, und als älterer Bruder nährt und erhält er den Menschen. Die Menschheit ihrerseits kultiviert und schützt die Natur. Zwei Geschwister, die in Harmonie miteinander leben.

Es ist ein schönes und symbolträchtiges Bild und Mary Kaauamo (ausgesprochen Ka-wah-mo) hat ihr ganzes Leben lang danach gelebt. Dabei hat sie diese Legende niemals gelesen, ja nicht einmal davon gehört. Als *taro*-Bäuerin, die seit fünf Jahrzehnten ihrer Arbeit nachgeht, weiß Auntie Mary alles, was ein Bauer über *taro* wissen muss, aber nichts davon hat sie jemals aus Büchern gelernt. Sie hat sich ihr *taro*-Wissen erworben, indem sie knietief in schlammigem Wasser stand, jätete, erntete und neu auspflanzte.

»Ich lese diese Legenden und Geschichten nicht. Ich hab gar nicht solche Bücher«, sagt Auntie Mary in ihrer einfachen, direkten Art. »Obwohl es interessant ist, das alles zu lesen, damit man weiß, was vorher war. Aber ich weiß nur, was jetzt ist – meine eigene Lebenszeit.«

Meine eigene Lebenszeit. Eine Zeit und eine Lebensweise, die so legendär geworden sind wie die Mythen der Alten. Nur wenige leben vom *taro*-Anbau, so wie Auntie Mary mit ihren über

17

»Mein Mann arbeitete mit der Natur. Er ging immer mit dem Mond, wenn er seinen *taro* pflanzte. Und wenn der *taro* dann geerntet wird, ist er gut. Vollmond. *Mahea-lani Hoku* – das ist der gute Mond zum *taro*-Pflanzen. So war es in alter Zeit. Hawaiischer Mondkalender: Der sagt dir, bei welchem Mond du *taro* pflanzen und bei welchem Mond du Kartoffeln pflanzen sollst. Es gibt einen Fruchtmond, einen Gemüsemond. Und es gibt einen *taro*-Mond. Auf dem Meer haben sie ihren eigenen Mond. Auch die Bauern haben ihren eigenen.«

---

achtzig Jahren. Und nur wenige Hawaiianer leben in einem so unverfälscht hawaiischen Dorf wie Wailua.

Wailua liegt auf der berühmten Maui-Halbinsel Ke'anae, die entstand, als ein Lavastrom sich bis ins Meer ergoss. Von einem Aussichtspunkt auf den Klippen schauen jeden Tag hunderte Touristen auf Ke'anae hinunter und staunen über die urtümliche Atmosphäre dieser Landschaft. Sie gleicht einer Postkartenidylle mit schäumender Brandung und schwankenden Palmen, aber was der Halbinsel ihr unverwechselbar hawaiisches Aussehen verleiht, sind die endlosen Reihen rechteckiger *taro*-Parzellen. Deshalb wurde Ke'anae in einer 1950 durchgeführten Volkserhebung zum ursprünglichsten Ort Hawaiis erklärt.

Auntie Mary stammt nicht aus Ke'anae, auch wenn sie schon seit sechzig Jahren hier lebt. Sie ist im Wüstengebiet von Ost-Maui aufgewachsen, in einer Gegend namens Kaupo.

»Meine Eltern, die haben Süßkartoffeln gepflanzt, nicht *taro*. Zu trocken in Kaupo. Dort gibt es kein Wasser. Wir aßen *taro*, aber wir mussten nach Ke'anae gehn und ihn dort kaufen«, erklärt sie.

Als 1935 Kamuela Kaauamo auftauchte und ihr den Hof machte, fand sich die junge Mary bald im regnerischen Ke'anae wieder, wo die Familie ihres Mannes seit Jahrzehnten *taro* anbaute.

»Er ist hier geboren und bei seinen Eltern aufgewachsen. Hat es mir beigebracht. Das erste Mal wollte ich gar nicht in den Schlamm rein. Ist nur so nach und nach gegangen, bis man dran gewöhnt war. Dran gewöhnt habe ich mich inzwischen sehr«, gesteht sie lachend.

Und als sie älter wurde und mit Krampfadern und Kreislaufproblemen zu tun bekam, sagte ihr der Arzt sogar, dass es eine gute Medizin für ihre Beine sei, durch den Schlamm der *taro*-Felder zu waten.

Taro ist ein Knollengewächs, das einen unterirdischen Kormus – einen Spross – von etwa der Größe und Form einer kleinen Ananas hervorbringt. Der Kormus wird wie eine Kartoffel gekocht; er kann nicht roh gegessen werden. Die gekochte Knolle wird auch zu einer klebrigen Paste namens *poi* zerrieben – dem hawaiischsten aller Gerichte. Viele Touristen erinnert *poi* an Tapetenkleister, aber wer mit frisch geriebenem *poi* groß geworden ist, kann nicht mehr ohne ihn leben. So wie die Asiaten zu jeder Mahlzeit Reis essen und die Europäer Brot, verzehren die Hawaiianer *poi* als Grundnahrungsmittel. Auntie Mary sagt, ihre Familie esse es zu »jeder Mahlzeit – jeden Tag«.

Die *taro*-Knolle ist ein sehr nahrhaftes, komplexes Kohlenhydrat. Die großen grünen Blätter der Pflanze werden wie gekochter Spinat gegessen und haben genauso viele Vitamine.

Die Hawaiianer, die als die besten Bauern im Pazifik gerühmt wurden, sollen einst über 300 verschiedene *taro*-Sorten angebaut haben. Jetzt gibt es nur noch ungefähr 100 bekannte Sorten.

Für Auntie Mary jedoch »ist aller *taro* gleich«. Die einzelnen Sorten sind ihr egal. »Manche sind so heikel in der Wahl ihres *taro*, na, man kennt ja den Typ. Ich merk da keinen Unterschied. *Taro* ist *taro*. Der Geschmack ist derselbe. Ich weiß nicht, warum sie mehr vom roten als vom weißen *taro* wollen. Ich weiß nicht, warum. Ist ganz dasselbe, kein Unterschied.«

Taro wird im Allgemeinen auf überfluteten Feldern angebaut. In Ke'anae wird Flusswasser in säuberlich angeordnete Gräben geleitet, die alle Parzellen speisen, die *lo'i*, wie sie auf Hawaiisch heißen. Diese exakt angelegten *lo'i*, die Auntie Mary und ihre Nachbarn bewirtschaften, sind dieselben Äcker, die schon ihre Vorfahren bebaut haben. Von oben gesehen ist die Anlage der *lo'i* so symmetrisch wie die Kornfelder im amerikanischen Mittelwesten.

Bis ins sechzehnte Jahrhundert hinein führte kein Häuptling Krieg in Ke'anae. Das Gebiet war zu wichtig für alle Beteiligten – es war der »Brotkorb«, der die Leute ernährte.

Die meisten *taro*-Bauern sind finanziell auf einen Nebenerwerb angewiesen, zum Beispiel im Baugeschäft oder bei Straßenarbeiten. Sogar in Ke'anae, wo *taro* in jedem Hinterhof wächst, sind die Kaauamos eine Seltenheit. Mary und ihr Mann haben nie eine andere Arbeit angenommen. Sie lebten 61 Jahren zusammen und haben sieben Kinder aufgezogen – und tonnenweise *taro*.

»Mein Mann hat niemals für andere gearbeitet, bis er gestorben ist (1995)«, sagt sie. »*Taro*-Pflanzen ist eine gute Arbeit. Bist dein eigener Boss. Wenn es regnet, gehst du nicht hin, du bleibst zu Hause.«

Man muss jedoch bereit sein, an der Armutsgrenze zu leben, wie manche das nennen würden. Aber Auntie Mary sagt, ihre Lebensqualität hänge nicht vom Geld ab.

»Hier geht's armen Leuten gut«, sagt sie von Ke'anae. »Wenn du nicht faul bist und auf deinem *taro*-Feld arbeitest und wenn du auf deinem eigenen *taro*-Land lebst, dann macht die Arbeit Spaß. Uns gefällt es. So ist das eben. Geduld muss man haben, das ist die Hauptsache.«

»Anfangs, als unsere Kinder noch klein waren, haben wir sie mit *taro* großgezogen. Da haben wir kein *taro* verkauft, wir haben alles für uns gebraucht.«

In jener Anfangszeit, in den Dreißiger- und Vierzigerjahren, gab es kein Geld im Haushalt der Kaauamos. Damals kaufte oder verkaufte niemand *taro*.

Wie konnten die Kaaumos dann kaufen, was sie für die Familie benötigten?

Gar nicht.

»Kein Geld. Rein gar nichts. Bloß *taro*«, erklärt Auntie Mary mit einem Schulterzucken, als ob das keine große Sache wäre. »Wir haben vom *taro* leben müssen. Das ist alles, wovon wir gelebt haben. *Taro*. Du hast für deine Familie gearbeitet.«

Nach dem Zweiten Weltkrieg änderten sich die Dinge etwas. Auf einmal wurde *taro* zu einer florierenden Handelsware.

»1948 wollten Leute aus anderen Orten *taro* – aus Honolulu. Da haben wir angefangen, *taro* zu ernten (und zu verkaufen). Aber zu dieser Zeit haben wir nur drei Dollar den Sack bekommen. Für 100 Pfund pro Sack. Das ist wirklich wahr. Anfangs waren es nur acht Säcke die Woche. Jetzt versuchen wir 1.000 Säcke im Jahr zu schaffen. Und wir bekommen nun 40 Dollar für 80 Pfund. Von drei Dollar auf 40.

Damals war das Essen nicht so teuer wie jetzt. Einkaufen tun wir nicht viel; wir gehen häufiger aufs Meer und in die Berge, gehen fischen.

Alle halfen sich damals gegenseitig. Sie fuhren raus zum Fischen, und wenn sie zurückkamen, teilten sie den Fisch mit allen anderen. Was wir hatten, war für alle da.

Seitdem haben wir *taro* gepflanzt, mein Mann und ich, und wir müssen unseren Lebensunterhalt mit dem *taro* verdienen. Er ging nicht jagen. Ging nicht fischen. Ich ging fischen. Er musste daheim bleiben und das *taro*-Feld hüten. Man muss jeden Tag arbeiten.

Wir haben Fisch, wir haben *lu'au* (*taro*-Kraut). Das bisschen Geld vom *taro*-Verkauf – damit kaufen wir Kuttelfisch und eingesalzenen Lachs im Laden, das billigste an Essen, was sie im Laden haben. Das essen wir. Gepökelten Lachs mit *poi*. Wir brauchen nichts anderes als das, was wir jetzt haben.«

Die zwei Morgen Land, auf denen Auntie Mary bis heute lebt, haben die Kaauamos in der Anfangszeit als Siedler bewirtschaftet. Nach zehn Jahren Landarbeit waren sie in der Lage, es für 2.700 Dollar zu kaufen. Auf ihren zwei Morgen gibt es vier Parzellen, aber sie pachtete 28 weitere dazu. »Ich hab' dazugepachtet«, erklärt sie. »Man kann nicht nur von vier *lo'i* leben.«

Seit dem Tod ihres Mannes kommt ihr Sohn Wilkins Penimana Kaauamo tagtäglich, um die *taro*-Felder zu bestellen, und das mindestens sechs Tage pro Woche, oft sieben.

»Selbst wenn man sie jeden Tag bearbeitet, kommt man immer noch nicht nach. Zu viel Arbeit«, sagt Wilkins gutmütig. »Ist ein hart verdienter Lebensunterhalt. Ein Knochenjob. Aber mir gefällt's.«

Alle Kaauamo-Kinder haben von frühester Kindheit an gelernt, *taro* anzubauen. »Es war unser Leben. Wir haben einfach von klein auf gearbeitet – mit sechs, sieben, acht Jahren. Damals hat jeder arbeiten müssen«, sagt er ohne Bedauern.

Bereits als sein Vater noch lebte, half Wilkins an den Wochenenden, und als er vorübergehend aus seiner Arbeit am Bau entlassen war, arbeitete er fast jeden Tag auf dem *lo'i*. Dann starb sein Vater plötzlich an einem Herzanfall, nachdem er den ganzen Morgen das *taro*-Feld gejätet hatte.

»Er war achtzig, als er gestorben ist«, sagt Auntie Mary. »Er war krank, aber wenn man im *taro*-Geschäft ist, muss man ran an die Arbeit. Ich war beim Senioren-Lunch und als ich nach Hause kam, lag er schon tot da. Gerade eine Stunde, bevor ich zurückgekommen bin.«

»Ich hab nicht damit gerechnet, dass mein Vater so schnell stirbt«, sagt Wilkins. »Aber ich mach einfach weiter. Meine Mutter hat es so gewollt. Ich hab sie nicht drum gebeten. Sie hat gesagt, ich soll die Arbeit tun. Meine Mom hat beschlossen, dass ich das Geschäft führen soll, die *taro*-Farm.

Beim Bau hab ich mehr Geld verdient und ich bekam gute Zuschüsse. Ich geb einen Job mit 26 Dollar pro Stunde für niedrigen Lohn auf. Aber ich liebe halt das Land.«

Er tritt in die schlammigen Fußspuren eines Mannes, für den dieses Land hier alles war. »Er war ein guter und starker und hart arbeitender Mann«, sagt Wilkins von seinem Vater. Und wie der Vater, so der Sohn. »Ich möchte mein eigener Boss sein. Ich mag einfach das Leben hier«, sagt er.

Mālama ka'āina – hüte das Land – ist das hawaiische Credo, nach dem die Kaauamos leben.

»Man muss gut für das Land sorgen«, sagt Auntie Mary. »Mein Mann arbeitete mit der Natur. Er ging immer mit dem Mond, wenn er seinen *taro* pflanzte. Und wenn der *taro* dann geerntet wird, ist er gut. Vollmond. *Mahea-lani Hoku* – das ist der gute Mond zum *taro*-Pflanzen. So war es in alter Zeit. Hawaiischer Mondkalender: Der sagt dir, bei welchem Mond du *taro* pflanzen und bei welchem Mond du Kartoffeln pflanzen sollst. Es gibt einen Fruchtmond, einen Gemüsemond. Und es gibt einen *taro*-Mond. Auf dem Meer haben sie ihren eigenen Mond. Auch die Bauern haben ihren eigenen.«

Der hawaiische Mondkalender, an dem ihr Mann sich orientierte, ist der Kalender seiner Vorfahren. Die alten Hawaiianer haben die Mondzyklen beobachtet, gepflanzt, wenn der Mond voll war, auf dem Meer gefischt, wenn der Mond dunkel war. Vieles aus dem Kalender beruhte auf dem gesundem Menschenverstand. Zum Beispiel kommt das Plankton in dunklen Nächten heraus und dadurch werden die Tiefseefische angezogen; also ist Meeresfischen gut bei dunklen Mondphasen.

Im Übrigen ging der Mondkalender auf spirituelle Vorstellungen zurück. Mehrere Tage von jedem dieser 28-tägigen Mondzyklen waren bestimmten Göttern geweiht und diese Tage galten als Zeiten der Ruhe und der Erneuerung – kein Pflanzen, kein Fischen, nur Spiele, Feiern und religiöse Rituale.

Wie die meisten Bauern sind die Kaauamos praktische Menschen, verantwortungsbewusst, ohne viel Aufhebens davon zu machen. Zum Beispiel versprühen sie keine Pestizide oder Insektizide.

»Wir sprühen kein Gift. Das schadet dem Boden«, erklärt Auntie Mary. »Wenn der *taro* krank wird, kann man nichts dagegen tun. Die Krankheit kommt immer unten auf die Knolle (des *taro*). Auf manchen sind kleine Insekten. Wir wissen nicht, wie das kommt, aber wir sprühen nicht. Wir machen einfach das Feld sauber, damit das Zeug austrocknet, und wir lassen der Natur ihren Lauf. Man kann nichts anderes machen. Man kann sie nicht vergiften. Lass einfach der Natur ihren Lauf. Wenn es gut wird, wird es gut, und wenn es schlecht wird – was willst du machen? Da kannst du gar nichts machen.

So wie bei den Menschen, nicht? Manchmal bist du gesund, manchmal wirst du krank. Und du kriegst eine bestimmte Krankheit oder was immer, genau wie die Pflanzen.

Wir haben Probleme mit so einer gelben Schnecke (eine große Wasserschnecke, die die *taro*-Pflanzen auffrisst). Man sagt uns, wir sollen sie alle ansprühen. Wenn du das aber machst, schadest du dem *taro*. Nein, du pflückst sie einfach beim Arbeiten ab (die Schnecken ablesen). Wir nehmen unsere Hände. Gott hat unsere Hände gemacht, damit sie alles tun, was sie tun sollen. Damit die Leute sie gebrauchen. Mein Mann, der hat ganz dicke Fingernägel gehabt. Fast wie Hufe. Weil er meistens mit den Fingern im Boden gearbeitet hat, wenn er Unkraut jätete.«

Die Kaauamos leben gemäß *lōkāhi* – Einheit, Harmonie –, einer geistigen Haltung, die besonders wichtig ist, wenn man *taro* anbaut, weil dasselbe Bachwasser von der ganzen Dorfgemeinschaft benutzt wird. In den Feldern muss ständig Frischwasser zirkulieren, weil stehendes Wasser sich aufheizt und den *taro*-Spross verdirbt.

»Du musst zusammenarbeiten, ob du willst oder nicht«, sagt Auntie Mary. »*Lōkāhi* – tut euch zusammen. Alle müssen sich zusammentun. Wissen Sie, so wie ich, ich mach meinen eigenen *lo'i* sauber. Der nächste Nachbar macht seinen sauber, jeder den seinen. Und wenn der Hauptgraben auf dem Berg oben nicht viel Wasser hat, dann helfen alle zusammen, alle Bauern, die *taro*-Felder haben, und sie gehen rauf und machen sauber. So geht das. Jeder nimmt ein Bambusmesser oder eine Sichel, die Frauen gehen mit dem *ōpae*-Netz – das macht Spaß, wissen Sie. Die Männer sind alle vorne, sie schütteln das Wasser, das Wasser rinnt runter, die '*ōpae* (Shrimps) und '*o'opu* (kleine Fische) gehen ins Netz. So machen sie es. Alle zusammen.«

Vor kurzem hat eine Familie außerhalb von Ke'anae ein Stück *lo'i*-Land gekauft, um ein Haus darauf zu bauen. Das brachte die Gemeinde mit *lōkāhi* zusammen.

»Sie haben von jemand hier gekauft und dann wollen sie kein *lo'i*, sie wollen ein Haus. Wir haben ihnen gesagt, das ist Ackerland, da kann man kein Haus bauen. Wie wollen sie durch die *taro*-Parzellen kommen? Man kann keinen Lastwagen oder Traktor nehmen und damit über anderer Leute Grund und Boden fahren. Ich hätte es nicht erlaubt. Die Gemeinde soll zusammenkommen. Es ist eben kein Bauland, es ist Ackerland. Wir müssen sie aufhalten.«

Und genau das hat man getan.

Jede Entwicklungsmaßnahme in Ke'anae würde den Staat erschüttern. Es gibt nur wenige Orte, die noch so hawaiisch sind. In akademischen Kreisen spricht man gar von einem kulturellen *kīpuka* – einer Oase der Hoffnung, in der das alte Hawaii noch immer als lebendiges Beispiel für die modernen Hawaiianer existiert. In der Naturwissenschaft ist ein *kīpuka* ein Gebiet, das von einem frischen Lavastrom unberührt bleibt, weil es auf höherem Gelände liegt. Ein *kīpuka* ist eine grüne Oase inmitten trostloser, nackter Lava. Die Samen der Pflanzen in einem *kīpuka* lassen Leben im kahlen Fels ringsum aufkeimen. Auf kultureller Ebene ist Ke'anae ein *kīpuka* für den gesamten Staat. Hier sind die alten Bräuche lebendig geblieben und die Menschen leben mit der Natur.

Auntie Mary hegt jedoch keine romantischen Vorstellungen über ihre Lebensweise; in ihren Augen ist sie kein symbolisches *kīpuka*. Sie stellt sie nicht in Frage und sie verherrlicht sie auch nicht. Sie lebt einfach so. Sie wird nicht »poetisch«, das überlässt sie anderen, die ihr jedoch zweifellos aus dem Herzen sprechen.

»Einundsechzig Jahre war ich mit meinem Mann verheiratet und ich lebe hier und ziehe *taro* seit dieser Zeit bis zum heutigen Tag. Für uns ist Ke'anae das Beste. Das Leben mit den Leuten hier ist schön. Man kann hier mehr machen. Man hat das *taro*-Land, auf dem man lebt. Ke'anae ist das *taro*-Land. Das ist meine Meinung. Sonst nix.«

Isabella Aiona Abbott

Algenexpertin und Ethnobotanikerin

Isabella Aiona Abbott sucht in ihrer Erinnerung nach dem Namen eines Bekannten, während sie gedankenverloren vor sich hinschaut, dann sagt sie verschmitzt: »Solange ich die Namen der Pflanzen nicht vergesse … Mag sein, dass ich die Namen der Leute vergesse, aber nicht die der Pflanzen.«

Es ist höchst unwahrscheinlich, dass Dr. Abbott jemals ihre geliebten Pflanzen vergessen könnte. »Izzy«, wie ihre Freunde sie nennen, ist Botanikerin und Ethnobotanikerin, eine der bedeutendsten in ganz Hawaii, und lehrt seit 1977 an der Universität von Honolulu. Sie hat über 140 Forschungsartikel veröffentlicht und acht Bücher geschrieben, darunter das aktuelle Ethnobotanik-Lehrbuch der Universität Honolulu (Ethnobotanik ist eine Disziplin, in der erforscht wird, wie Pflanzen bei den alten Völkern verwendet wurden). Aber ihre wahre Leidenschaft, die große Liebe in ihrem Leben sind *limu* (Algen). Tatsächlich ist sie eine international bekannte Algenexpertin oder Phykologin.

Sie kann nicht sagen, wie viele neue Algenspezies sie in ihrer langen Laufbahn identifiziert und benannt hat. »Viele neue Spezies in Kalifornien«, sagt sie. »Und hier (in Hawaii) noch mehr als in Kalifornien. Ich habe auch einige neue Gattungen benannt.«

Dr. Abbott unterrichtete zwischen 1977 und 1981 in den Herbstsemestern an der Universität Honolulu, während sie die Frühjahrssemester an der Stanford University in Kalifornien mit Forschung und Lehre zubrachte. Sie war seit 1950 in Stanford gewesen, aber 1982 fassten die Abbots (Isabellas Mann Donald war ein bekannter Wirbellosen-Zoologe in Stanford) den Entschluss, vorzeitig in den Ruhestand zu gehen, um das ganze Jahr über in Hawaii zu leben. Stanford war ihr »anderes Leben«, wie sie es ausdrückt, bevor sie auf ihre Heimatinseln zurückkehrten. In Hawaii jedoch trat die Algenforschung ihrer kalifornischen Zeit in den Hintergrund und machte der Ethnobotanik Platz.

»Ich habe bereits zwei sehr ausgefüllte Leben hinter mir. Auf zwei Gebieten. Weil ich Ethnobotanik lehre, werde ich in Hawaii damit in Verbindung gebracht. Aber ich bin bekannter für meine Algenforschungen als für meine Arbeit in der Ethnobotanik«, erklärt sie sachlich. »Es gibt vielleicht zehn Studenten in der Botanikabteilung (an der Universität Honolulu), die wissen, worüber Dr. Abbott eigentlich forscht. Sie sind ganz aus dem Häuschen, wenn sie erfahren, dass sie jemanden in ihrer Mitte haben, der für seine Algenstudien international bekannt ist.«

Was hat es mit Algen auf sich, dass eine junge Hawaiianerin vor mehreren Jahrzehnten so in ihren Bann gezogen und in eine derart unkonventionelle Laufbahn gedrängt wurde?

Es gab, wie sie berichtet, weitblickende Menschen in ihrer Jugend, die ihr Mut machten, in erster Linie ihre hawaiische Mutter.

»Ich bin immer mit meiner Mutter Algen sammeln gegangen, als ich noch klein war. Mit ihr und ihren hawaiischen Freundinnen. An schönen, sonnigen Tagen haben sie sich auf ein Schwätzchen getroffen und uns Kinder spielen lassen. Ich war ganz wild auf solche Ausflüge. Meine Mutter kannte die Namen der häufigsten Meeresalgen. Als ich das erste *limu*-Büchlein schrieb, fragte ich die Leute, ob ihre Mütter ihnen je die Namen der Algen oder Pflanzen beigebracht hätten, und sie sagten Nein. Ich kenne niemanden meines Jahrgangs, dessen Eltern die hawaiischen Pflan-

»Ich versuche, den Studenten Stolz einzuimpfen, ob sie Hawaiianer sind oder nicht. Ich möchte so gern, dass die Nicht-Hawaiianer wissen, was die Hawaiianer geleistet haben. Niemand soll sie mehr ein primitives Volk nennen dürfen. Wer kein Hawaiianer ist, soll aus tiefster Seele sagen können: ›Junge, diese Hawaiianer haben nicht bloß unter Kokospalmen herumgesessen, das waren fähige Leute …‹ Dass die Studenten, wenn sie weggehen, stolz sind auf die Leistungen der Hawaiianer sind, das ist mein Ziel.«

zennamen gekannt und an ihn weitergegeben hätten. Ich hatte also großes Glück in dieser Hinsicht.

Meine Mutter liebte Pflanzen. Sie lernte, wie ein Bauer lernt: zu welcher Jahreszeit man dies oder jenes mit der Pflanze macht, welche Art Boden sie mag, wie viel Wasser sie braucht. Die Dinge, die man in *La'au Hawai'i* nachlesen kann (ihrem Botaniklehrbuch), habe ich zum großen Teil von meiner Mutter gelernt.

Mit meinem *limu*-Buch bin ich zum ersten Mal als Ethnobotanikerin an die Öffentlichkeit getreten; darin sind alle hawaiischen Namen der häufigsten Algen aufgeführt, die bei uns gegessen werden. Ich habe nur das wiedergegeben, was mir meine Mutter beigebracht hat. Es steht nichts drin – außer den wissenschaftlichen Namen –, was ich nicht von meiner Mutter gelernt habe.«

Ihre Mutter war ihr erster, aber nicht ihr einziger Einfluss. »Meine Mutter hatte einen Onkel, der demnach mein Großonkel war und dem ich als Kind nicht von der Seite wich. Er brachte mir viele Dinge bei: fischen, pflanzen, *poi* zubereiten, *taro* kochen, Seile drehen, Tintenfische fangen. Ich habe ihn als

31

freundlichen alten Mann in Erinnerung, der mich offensichtlich ins Herz geschlossen hatte und mich gern unterrichtete. Er war meine Verbindung zu den *kūpuna*.

Später, als ich auf der Kamehameha war (einer Schule für Kinder der einheimischen Bevölkerung), hat die Direktorin der Mädchenschule gemerkt, dass ich mich für Pflanzen interessierte, so wie sie selbst, und da hat sie mich angespornt. Ich glaube, sie war diejenige, die mir gesagt hat, dass ich unbedingt Botanik studieren sollte. Und so bin ich an die Universität gegangen und habe mich für Botanik als Hauptfach eingeschrieben.«

Für sie selbst stand fest, dass sie mit der Botanik ihre Lebensaufgabe gefunden hatte, aber für ihre Familie war es ein bisschen verwirrend. »Meinen älteren Brüdern war diese Schwester ein Rätsel«, sagt sie mit spitzbübischem Lächeln. »Da hieß es immer: ›Warum machst du nicht etwas, das wir verstehen und über das wir reden können?‹ Sie sind stolz auf mich, aber nicht, weil sie wissen, was ich mache.«

Dr. Abbott wurde in der fernen Stadt Hāna auf Maui als Tochter eines chinesischen Vaters und einer hawaiischen Mutter geboren. Ihr Vater war von Südchina nach Hawaii gekommen, um in den Zuckerrohrplantagen zu arbeiten, aber nachdem sein Fünf-Jahres-Vertrag abgelaufen war, gab er die Plantagenarbeit auf und eröffnete einen Lebensmittelladen in Hāna. Seine bildschöne chinesische Frau starb jung und ließ ihn mit sechs Söhnen zurück, die er großziehen musste, und so suchte er eine neue Gefährtin, die ihm dabei helfen würde. Schließlich machten ihn Freunde auf eine Hawaiianerin aufmerksam, die an der Mädchenschule auf Big Island Unterricht im Flechten gab.

»Ich glaub nicht, dass es besonders romantisch war«, sagt Dr. Abbott über diese Partnervermittlung. »Aber auf jeden Fall haben sie geheiratet. Dann wurde ich geboren und bekam später noch einen jüngeren Bruder.«

Da alle ihre älteren Brüder eine Ausbildung brauchten und es in der kleinen Stadt Hāna keine Highschool gab, zog Dr. Abbotts Vater mit der Familie nach Honolulu, als die kleine Izzy zwei Jahre alt war.

»Mein Vater investierte sein ganzes Geld in eine Reihe von Geschäften in Honolulu, praktisch in jede Bank oder jeden Laden. Und viele davon hat er mit begründet. Er war ein kluger Kopf – ein Chinese mit einem Computer im Kopf«, sagt Dr. Abbott.

»Ich hatte einen wunderbaren Vater. Alles, was den Chinesen Gutes nachgesagt wird, dass sie freundlich und umsichtig und hilfsbereit sind – genau so ein Mensch war mein Vater.«

Weil sie in Hawaii lebt, würde die Tochter dieses Vaters jedoch gern mehr hawaiisch als chinesisch aussehen.

»An manchen Tagen, wenn ich so in den Spiegel schaue, sage ich mir: ›Wer ist diese chinesische Dame? Ich werde es nie verwinden, dass ich nicht hawaiischer aussehe. Und dann noch ein Name wie Abbott (der Name ihres Mannes), wie soll man sich da noch auskennen? Aber was meine Einstellung und mein Herz angeht, da bin ich hundertprozentig hawaiisch.«

Warum ist es so wichtig, hawaiisch auszusehen?

»Weil ich so hawaiisch bin«, antwortet sie einfach. »Ich denke hawaiisch.«

Dann meldet sich die Wissenschaftlerin in ihr zu Wort und sie korrigiert sich: »Ich fürchte, ich muss das zurücknehmen und sagen, in meinem Berufsleben denke ich in erster Linie als Wissenschaftlerin. Das Erste, was mir in den Sinn kommt, wenn mir jemand etwas erzählt, ist: ›Wo ist der Beweis? Wie kannst du das behaupten? Hast du irgendeinen Anhaltspunkt für das, was du sagst?‹ So bin ich als Wissenschaftlerin und auch mein ganzes restliches Leben wird davon beherrscht. Ich gebe tiefe Stoßseufzer von mir, wenn meine Studenten mit irgendwelchen Behauptungen daherkommen. Da lehre ich sie das ganze Semester über, dass man fähig sein muss, etwas, das man sagt, auch zu beweisen, und sie erzählen mir hirnrissiges Zeug, als ob sie noch nie mit wissenschaftlichem Denken in Berührung gekommen wären. Es macht mich wahnsinnig.

In einem Jahr hatte ich in meinem Kurs für Fortgeschrittene vier Studenten unter einundzwanzig, die mir immer wieder gesagt haben: ›Hätte ich doch bloß Ihren Kurs schon früher belegt, weil Sie so viel dazu beigetragen haben, das hawaiische Denken zum Leben zu erwecken und mir klarzumachen, dass ich für das, was ich sage, verantwortlich bin.‹«

Diese Kombination von wissenschaftlichem Denken und hawaiischem Lebensgefühl hat Dr. Abbott zu einem Vorbild für ihre Studenten werden lassen und es macht sie hellhörig für deren Bedürfnisse.

»Der hawaiische Zugang ist in meinen Augen weicher«, erklärt sie. »Das heißt nicht, dass man die Dinge nicht so sieht wie ein wissenschaftlich geschulter Mensch, aber man geht sie nicht frontal an. Wenn man mit Hawaiianern spricht, ist es dasselbe – man greift jemand anderen nie direkt an. Man würde nie im Leben sagen: ›Das stimmt nicht, was du da sagst. Ich glaube dir nicht.‹ Das denkt man vielleicht, aber man kommt durch die Hintertür herein, redet um den heißen Brei herum. Nach fünfzehn Minuten hat man entkräftet, was der andere behauptet hat, aber man hat ihm mit keinem Wort ins Gesicht gesagt: ›Du hast Unrecht.‹ Allein die Sprache bietet sich dazu an, dass man sich so verhält. Jemandem geradeheraus zu sagen, was Sache ist – das ist nicht die Art und Weise, wie Hawaiianer auf Hawaiisch sprechen, und deshalb denken sie auch nicht so.

Hawaiianer sind emotionale Menschen und ihre Sprache ist ebenfalls sehr emotional. Sie hat viele Nuancen. Das Englisch, das ich als Wissenschaftlerin kenne, hat überhaupt keine Nuancen. Man sagt etwas ohne Umschweife – und fertig. Ich glaube, das ist der Grund, warum meine Studenten immer wieder ins

Hawaiische verfallen. Sie müssen auf andere Weise kommunizieren als im englischen Wissenschaftsjargon.

Sie sehen also, es ist, als ob ein Teil von mir mit einem scharfen Messer abgetrennt wäre, wenn ich mit Hawaiianern zu tun habe, und ein anderer, wenn ich ich selbst bin (als Wissenschaftlerin).«

Doch wenn sie Ethnobotanik lehrt, gibt es diese Spaltung nicht. Da arbeiten die Wissenschaftlerin und die Hawaiianerin in ihr Hand in Hand, um Pflanzen und Kulturen zusammenzubringen. In ihrem Lehrbuch *Lā'au Hawai'i* schreibt sie über das »elementare Band zwischen hawaiischer Flora und hawaiischer Kultur«. Nahezu alles, was die Alten zum Leben brauchten, lieferten ihnen die Pflanzen: Kleidung, Essen, Medizin, Waffen, Behausung, Kanus, Seile und Netze, Musikinstrumente.

Tatsächlich war der Ackerbau für die frühen Hawaiianer wichtiger als das Fischen. »Auf jeden hawaiischen Fischer kamen hunderte, die auf dem Land arbeiteten. Praktisch alle Mitglieder der Gemeinschaft verbrachten einen Teil ihrer Zeit damit, Pflanzen zu sammeln oder im Garten zu arbeiten«, schreibt sie in ihrem Buch.

»Wenn man für seinen Nahrungsbedarf so abhängig von Pflanzen ist, wie es bei den Hawaiianern der Fall war, dann muss man sie achten und gut behandeln«, erklärt Dr. Abbott. »Meine Mutter zum Beispiel hat immer gesagt: ›Wenn du schöne Blüten magst, dann musst du der Pflanze deine Aufmerksamkeit schenken, wenn sie nicht in Blüte steht, damit sie für dich aufblüht.‹ Ich glaube, die Hawaiianer waren den Pflanzen unendlich dankbar für alles, was sie ihnen zum täglichen Leben lieferten. Und ich wette, sie waren den *koa*-Bäumen ewig dankbar, weil sie das Rohmaterial für ihre Kanus darstellten.«

Pflanzen spielen bei allem, was die Alten getan haben, eine Rolle. Zum Beispiel erzählt Dr. Abbott ihren Studenten gern von einer Alge namens *kala*, was so viel bedeutet wie »verzeihen«.

Kala wird als Verband auf offene Korallenschnittwunden getan. Desgleichen wird es in einer Mediations-Zeremonie namens *ho'-oponopono* verwendet, um seelische Wunden zu heilen, die in einer Familie geschlagen wurden.

»Wenn es Streit in der Familie gibt«, erklärt sie, »ist es üblich, dass die Mutter etwas *kala* besorgt und jedem in der Familie davon zu essen gibt. Sie setzen sich im Kreis zusammenund beten und der Tenor der Gebete ist: vergib uns allen, dass wir uneins sind. Verstehen Sie, was der springende Punkt dabei ist? Nicht: vergib mir, sondern vergib uns ALLEN. Der psychologische Vorteil dabei ist, dass jeder einen Teil der Schuld für das, was in der Familie passiert ist, auf sich nimmt. Die, die böse aufeinander sind, sehen ein, dass es eine gemeinsame Schuld ist. Man geht nicht mit dem Gefühl weg, dass man Unrecht hat, dass man immer alles falsch macht. Manchmal dauert es eine Woche oder sogar bis zu zehn Tagen – Abend für Abend, so lange, bis jeder im Kreis das Gefühl hat, dass er allen anderen ohne Wenn und Aber verzeihen kann. Das hat eine reinigende Wirkung.

In Esalen in Big Sur bezahlt man 450 Dollar für genau dieselbe Sache. Wenn ich mit Psychologen rede und ihnen das erzähle, sind sie meist ganz fassungslos, weil es ihnen unbegreiflich ist, wie ein ›primitives Volk‹ sich so etwas ausgedacht haben kann. Ich sage ihnen dann: ›Das ist ja gerade der springende Punkt – sie waren nicht primitiv.«

Die Rolle, die die Pflanzen im Leben der Alten spielten, ist »eng mit der Religion verknüpft«, sagt Dr. Abbott. In ihrem Text *Lāʻau Hawaiʻi* schreibt sie: »Der Gebrauch, den die Hawaiianer von den Pflanzen machten, und ihre Beziehung zum Pflanzenreich waren von Grund auf religiös. Das beruhte auf ihrer Vorstellung, »dass es die wichtigste spirituelle Aufgabe des Menschen ist, mit den Göttern und der Erde in Einklang zu leben.«

Das hört sich vielleicht so an, als wollte Dr. Abbott die Vergangenheit verklären und die frühen Hawaiianer zu makellosen höheren Wesen hochstilisieren, aber für derlei Ambitionen hat sie nur Verachtung übrig. Sie will, dass ihre Studenten in ihren Kursen »ein unvoreingenommenes Bild« davon erhalten, »wie die Hawaiianer früher gelebt haben«. Nichts Romantisiertes, nichts Halbgares, nichts Beschönigendes.

»Ich versuche, den Studenten Stolz einzuimpfen, ob sie Hawaiianer sind oder nicht«, sagt sie. »Ich möchte so gern, dass die Nicht-Hawaiianer wissen, was die Hawaiianer geleistet haben. Niemand soll sie je wieder ein primitives Volk nennen dürfen. Wer kein Hawaiianer ist, soll aus tiefster Seele sagen können: ›Junge, diese Hawaiianer haben nicht bloß unter Kokospalmen herumgesessen, das waren fähige Leute.‹ Und die Hawaiianer, die sollen sich vor Augen halten, dass ihr Volk (von Tahiti und den Marquesas-Inseln nach Hawaii) mit einer Tuchfaser (*kapa*) gekommen ist, die ihren Zweck bestens erfüllte, die mehr als tauglich war, und was ist passiert? Sie waren nicht damit zufrieden, sie sind die Hügel hinaufgestiegen und haben andere Fasern entdeckt, mit denen sie *kapa* gemacht haben. Sie sind mit Tauwerk aus Kokosnussfaser gekommen, völlig ausreichend, nichts war falsch daran. Und was haben sie gemacht? Sie sind hingegangen und haben *olonā* gefunden (einen Strauch, der die strapazierfähigste Pflanzenfaser der Welt liefert). Dann kamen die Experimente. Eine Spezies nach der anderen ausfindig machen und ausprobieren, wie sie beschaffen ist, was daraus gemacht werden kann. Dass die Studenten, wenn sie weggehen, stolz auf die Leistungen der Hawaiianer sind, das ist mein Ziel.«

Ein weiteres Ziel ist für sie, ihren Landsleuten die hawaiischen Pflanzenarten nahe zu bringen, Spezies, die sonst nirgends auf dem Planeten zu finden sind. Hawaii hat weltweit die höchste Anzahl einheimischer Pflanzen, doch viele dieser Pflanzen sind heute ausgestorben oder vom Aussterben bedroht.

»Ich nenne diese endemischen Pflanzen die ersten Hawaiianer, und wenn das so ist, sollten wir uns dafür interessieren, wie sie es geschafft haben, sich als erste Hawaiianer am Leben zu erhalten«, sagt sie.

»Ingwerpflanzen und Heliconias werden auch anderswo wachsen. Die endemischen Pflanzen nicht. Bei einigen Spezies kann man die Exemplare, die noch übrig sind, an einer Hand abzählen. Man schaut eine Pflanze an und es kann sein, dass es die letzte ist, und man weiß das; das lässt einen nicht unberührt.«

Auf die Frage, warum man sich die Mühe machen sollte, bedrohte endemische Pflanzenarten zu retten, schaut sie ratlos drein, als ob die Antwort sich von selbst verstünde. »Das ist ihre Heimat. Es ist nicht anders als bei den hawaiischen Menschen – sie gehören hierher.«

So wie Dr. Abbott. Sie denkt daran, sich ein zweites Mal in den Ruhestand zu begeben, aber sie hat nicht vor, wieder in Kalifornien zu leben. Hawaii bedeutet Heimat für sie. Sie wird zwischen Maui und Honolulu hin und her pendeln.

»Zeit, etwas anderes zu machen«, sagt sie über ihre Ruhestandspläne. »Oder vielleicht nicht. Nichts tun.«

Tatsächlich? Das Bishop-Museum in Honolulu hat »hunderte von Algenspezies, die nur darauf warten, dass ich sie unter die Lupe nehme«, räumt sie ein.

Hat sie denn nicht *limu* genug in ihrem Leben gesehen?

»O nein«, erklärt sie voller Enthusiasmus. »Das ist dasselbe wie bei jeder anderen Art von Wissen auch. Man denkt, man kennt alles, und dann kommt einem eine neue Pflanze unter die Augen und man weiß, dass man eben nicht alles weiß. Die alten Dinge, die man zu kennen meint wie einen alten Freund – wie kommt es, dass ich das nicht vorher erkannt habe? Irgendwie überprüft man die eigene Beobachtungsgabe.

Die Wissenschaft ist hypothetisch, wissen Sie. Es ist immer wieder ein In-Frage-Stellen. Man hat eine Hypothese, man benennt eine Spezies, man benennt eine Gattung, man benennt eine neue Familie. Das alles ist hypothetisch und die nächste Alge, die man aufliest, kann die ganze Klassifizierung zunichte machen, die man so sorgfältig aufgebaut hat. Das würde man nie erfahren, wenn man aufhören würde, die Dinge anzusehen.«

Dr. Abbott kann nicht einmal in ihrer Freizeit mit dem Hinsehen aufhören. Sie hat einen Zweitwohnsitz auf Maui und man sollte meinen, dass sie dorthin geht, um von allem wegzukommen, aber stattdessen führt sie ein wissenschaftliches Experiment direkt vor ihrer Haustür durch – eine Unterwasserlinie, die sich hundertachtzig Meter weit von einem Kokosnussbaum vor ihrem Haus geradewegs in den Ozean hinaus erstreckt. Seit 1979 überwacht sie das Unterwasserleben entlang dieser Linie, anfangs noch zusammen mit ihrem Mann Donald. Es ist ein Forschungsprojekt, das sowohl ihr eigenes Spezialgebiet als auch das ihres Mannes umfasst – Algen und Wirbellose.

Donald ist 1986 gestorben, nach dreiundvierzigjähriger Ehe, die immer von der aufrichtigen Liebe zur wissenschaftlichen Forschung geprägt war, die sie miteinander teilten. Ihre beiden Spezialgebiete »haben sich sehr gut ergänzt«, sagt Dr. Abbott. »Mein Mann hat mich in jeder Weise unterstützt, besonders, was meine wissenschaftliche Laufbahn angeht. Er war bekannter als ich – in der Wirbellosen-Zoologie: Schnecken und Krabben und ähnliche Geschöpfe.«

Wann immer er von einer Forschungsreise zurückkam, brachte er seltene Algenexemplare als Geschenk mit – das perfekte Souvenir für eine Ehefrau wie Izzy Abbot.

»Mein Mann war so lieb zu mir, so hilfsbereit und fürsorglich. Die Leute fanden es immer ›süß‹ von ihm, dass er mir Algen mitbrachte, aber es hat meinen Datenbestand stark erweitert und als Wissenschaftlerin wusste ich die Exemplare zu schätzen.«

Sie führt die Basisstudie weiter, die sie zusammen auf Maui begonnen haben, und Freunde von ihr helfen ihr bei ihren Beobachtungen.

»Es ist eine der wenigen Basisstudien auf den Hawaiiinseln«, sagt Dr. Abbot. »Auf jedem Meter sammeln wir irgendwas ein. Unser Hauptaugenmerk gilt den Seeigeln und dem, was sie fressen, denn die meisten Seeigel sind Algenfresser. Wir möchten wissen, welche Spezies sie fressen. Seeigel sind sesshaft. Sie bewegen sich in einem Umkreis von 600 Metern von ihrem Standort fort, aber sie kommen zu dem Felsen zurück, unter dem sie gesessen haben. Und Algen sind festsitzend. Wenn man also vor zwanzig Jahren herausgefunden hätte, dass sie Meerlattich fressen und dieselbe Spezies von Seeigeln noch da ist, dass aber kein Meerlattich mehr zu finden ist, was fressen sie dann? Solche Veränderungen kann man festhalten. Manche Spezies kommen, manche gehen, vielleicht kehren sie nie zurück.

Solange man nicht über diese Art von Informationen verfügt, redet man ins Blaue hinein. Man hört die Leute von katastrophaler Verschmutzung reden oder dass es im Gegenteil keine Verschmutzung gebe, und hier hat man den Beweis direkt vor der Nase, der einem Aufschluss darüber gibt, was über einen Zeitraum von mehreren Jahren passiert ist.

Im Bereich der Meeresumwelt gibt es auf dem ganzen Planeten sehr wenig Basisstudien dieser Art. Deshalb bin ich froh, dass wir ein solches Projekt direkt vor meiner Haustür haben.«

Dann mischt sie sich unter eine Gruppe von Studenten der Universität Maui, die den Strand nach Algen absuchen, und wenn man sie so sieht, weiß man, dass die Wissenschaftlerin und Lehrerin in ihr sich nie zur Ruhe setzen wird.

»Wir sind so froh, dass wir sie jetzt hier auf Maui kriegen«, sagt der Lehrer der Gruppe. »Honolulu hat sie jahrelang gehabt. Wir können ihr Wissen hier gut gebrauchen.«

Währenddessen scharen sich die Studenten am Strand um Dr. Abbott, ehrfürchtig und respektvoll, alle sichtlich begierig, von dieser Berühmtheit zu lernen.

»Wie kann man Parasitenbeulen von anderen Beulen unterscheiden?«, fragt einer von ihnen, während die Gruppe knietief im Meer steht.

»Wie würden Sie das hier klassifizieren?«, unterbricht ein anderer und hält ein schleimiges Etwas hoch.

»Muss man *ogo* kochen, bevor man es isst?«

»Warum haben die meisten Algen Luft in sich? Damit sie oben schwimmen?«

»Kann man die hier essen?«

»Ist das Kalziumkarbonat?«

Dr. Abbott ist nicht weniger eifrig bei der Sache und beantwortet alle Fragen, als ob sie nicht bereits dieselben oder ähnliche jahrzehntelang für ganze Heerscharen von Studenten beantwortet hätte. Ihre Neugier und ihre Geduld sind unerschöpflich.

»Das Streben nach Wissen«, nennt sie es. »Die Wissenschaft ist ein Spiel, das nie endet.«

Eddie Pu

Ranger eines Nationalparks

Für Eddie Pu ist *'āina* alles. Er hat draußen auf dem Land gearbeitet, an jedem einzelnen Arbeitstag seines Lebens, zuerst als Strandwächter am Strand von Hāna, Maui, und seit 1972 als Ranger im Nationalpark Kipahulu in Maui. Mit dem Ergebnis, dass er ein tiefes Gespür für die Bedeutung von Mutter Erde entwickelt hat.

»Ich liebe die *'āina* so sehr«, sagt er. »Die *'āina* ist mein ganzes Leben. Ohne sie kann ich mich an nichts freuen. Ich spüre, dass das Land Energie abgibt.

Maui ist meine Insel. Sie hat mich hervorgebracht und aufgezogen. Ich nenne sie meine Mutter. Jeden Morgen sage ich: ›Mutter Maui, ich liebe dich.‹ Wenn die Sonne am Morgen aufgeht, sage ich: ›Danke, Herr, für diesen schönen Morgen; danke, dass du uns diese Sonne gegeben hast. Lass mich deine Sonnenstrahlen mit meinem Körper aufnehmen, damit ich sie an alle weitergeben kann, mit denen ich in Berührung komme.

Wenn ich in den Park komme, sage ich: ›*'Āina*, lass mich zu dir an diesem Morgen und nimm mich an, wenn ich vorübergehe. Vielleicht bin ich heute nicht demütig genug, aber lass mich deine Energie in meinem Körper empfangen. Ich weiß, dass du mich durch den Tag führen wirst.‹«

Bevor er seinen Arbeitstag beginnt, sammelt sich Pu, indem er um fünf Uhr morgens aufsteht und sich zum Meditieren hinsetzt, bis der erste blasse Hauch der Sonne am Horizont aufscheint. Er meditiert seit 30 Jahren, nachdem er durch die japanische Kriegskunst Aikido zum ersten Mal damit in Berührung gekommen ist.

»Ich behalte dieses Orange klar in meinem Geist, den ersten Schimmer des Sonnenaufgangs. Ich konzentriere mich einfach auf die Energie des *la*, der Sonne, weil sie die stärkste Energie ist, die wir heute erhalten können. Ich warte, dass sie in der Dunkelheit aufsteigt, hinauf in die Helligkeit.

Daher habe ich meine Energie – von der Sonne, vom Land.«

Pu braucht diese Energie fünf Tage in der Woche, weil er als Park Ranger bis zu 2.000 Leute pro Woche in Empfang nimmt. Er ist umgeben von Schönheit bei seiner Arbeit im Wasserfall-Wunderland ʼOheʼo Gulch, einem der spektakulärsten Gebiete in dem 28.665 Hektar großen Haleakala Nationalpark. Als er 1972 als Park Ranger eingestellt wurde, gab es nur wenige Parkbesucher, aber heute ist der Parkplatz in den Hauptbesuchszeiten fast immer voll. Ein endloser Strom von Menschen schiebt sich an dem berühmten ʼOheʼo-Bach entlang, Leute, die immer wieder dieselben Fragen stellen, viele noch ganz in ihrer Festlandhektik gefangen. Nur ein Mann voll Geduld und *aloha* (Liebe, Mitgefühl) kann diesen Job mit Würde versehen. Pu macht seine Sache so gut, dass er oft »der lächelnde Eddie« genannt wird.

»Die Leute fragen mich, warum ich immer lächle. Ich merke gar nicht, dass ich das tue«, sagt er, als wir ihn auf sein strahlendes Gesicht ansprechen. »Wenn der Wind bläst, wehen die Blätter – sie lächeln. Wenn man einen Stein in einen Teich wirft und die Ringe sich ausbreiten, dann lächelt das Wasser. Das ist die Energie. Das nenne ich meine Energie.«

Wer immer ihm im Park begegnet, wird mit einem *aloha* willkommen geheißen und Pu besteht darauf, dass jeder Ranger im ʼOheʼo die Touristen mit diesem hawaiischen Gruß empfängt.

»*Aloha* bedeutet ›Willkommen‹«, erklärt er. »Wenn die Leute in unsere Ranger-Station kommen, ist das Erste, was man hört ›Howzit‹ (die hiesige Pidginform für ›How is it?‹ oder ›How are

»Ich begrüße ungefähr 2.000 Leute pro Tag und 90% von ihnen haben gute Energien, aber 10 % haben schwankende. Deshalb ist mein Körper fünf Tage in der Woche aus dem Gleichgewicht gebracht von ihren Energien. Ich mache diese (spirituelle) Wanderung, um wieder ins Gleichgewicht zu kommen. Ich gehe raus und sammle die ganze Energie von verschiedenen Gegenden (in Maui). Ich suche mir einen Platz zum Meditieren aus. Ich sammle diese ganze Energie und wenn ich zurückkomme, gebe ich sie an die Leute weiter.«

---

you?‹). Das ist unhöflich. Wir setzen uns hin und sagen: ›Okay, lasst uns einen Augenblick Pause machen. Achten wir diese Leute, die so weit gereist sind, um hierher zu kommen, wenn wir sie mit ›howzit‹ begrüßen? – Aber was soll man sonst sagen? – Nun: *Aloha*.

Wir haben einen neuen Ranger aus San Francisco, eine Frau. Sie sagt: ›Warum kann ich nicht *welcome* sagen?‹ Ich sag ihr: ›Das hier ist Hawaii, der *aloha*-Staat, wir sagen gern *aloha*.‹«

Ob sie ihm nicht auf die Nerven gehen, diese Menschenhorden, die tagtäglich in den Park einbrechen?

»Nein, wirklich nicht«, sagt er. »Ich kann sowieso nichts dagegen machen – kann sie nur in Empfang nehmen. Ich liebe sie alle. Ich weiß, dass ich jeden Tag noch mehr haben werde. Jedes Jahr.

Das ist der Grund, warum ich hier bin. Das sind meine Wurzeln. Ich bin hier als kleiner Junge herumgelaufen, ohne zu wissen, wie wertvoll der Park eines Tages sein würde.«

Mit Pu zu gehen schärft den Blick und ist eine gute Wahrnehmungsübung. Er kennt die Pflanzen, die einheimischen und die fremden, und begrüßt sie wie ein alter Freund, in der Überzeugung, dass sie alle fühlende Wesen sind.

»Verzeih mir«, sagt er zu einem unscheinbaren Kraut, wenn er ein Blatt davon abzupft. »*Mahalo* (danke).« Dann zeigt er, wie er das Blatt zusammenknüllen würde, um das Jod, das darin enthalten ist, herauszubekommen, wenn er sich irgendwo geschnitten hätte.

Er reißt ein großes Blatt von der *ti*-Pflanze ab, die dem hawaiischen Gott Lono heilig ist, und legt es als Stirnband um seinen Kopf.

»Das hilft mir, meine Gefühle freizusetzen«, erklärt er. »Es hilft mir, demütig zu sein.

Sehen Sie diese *hau*-Pflanze? Aus ihrer Rinde kann man einen *hula*-Rock machen.

Die hier (eine nordamerikanische Verbene), von der nimmst du die Blätter und zerquetschst sie und legst sie auf Schnitt- oder Schürfwunden jeglicher Art und das brennt wie die Hölle. Stillt die Blutung. Drei- oder viermal drauflegen, mit *ti*-Blättern umwickeln und es bleiben keine Narben zurück. Gibt auch einen wunderbaren Tee für die Blutzirkulation. Aber die Leute trauen sich nicht, sie zu verwenden, weil man sie nicht im Laden kaufen kann.

Sehen Sie den vielen Bambus dort? Schrecklich. Die am schnellsten wachsende Pflanze der Welt. Hier überwuchert er alles und es gibt nichts, was wir dagegen tun können; ist schon ein gutes Stück die Hänge raufgewachsen. Aber er war schon da, bevor ich hierher gekommen bin.

Auf einer meiner Wanderungen hab ich mal einem Polizeibeamten aus Los Angeles gesagt, dass der Bambus (ganz in der Ferne) Cannabis sei. Er hat es in sein Buch geschrieben. ›Was machen Sie damit?‹, hat eine Frau gefragt. ›Ich rauche es‹, hab ich geantwortet. Na, die haben vielleicht Augen gemacht, als wir dann zum Bambus hochgekommen sind und sie gesehen haben, was es war.«

Pu setzt einmal im Jahr seinen Rangerhut ab und lässt die Massen weit hinter sich. Zwei Tage nach seinem Geburtstag im November zieht er seine Wanderstiefel an, packt eine kleine Tasche zusammen und zieht los, um die ganze Insel Maui auf Küstenhöhe zu umrunden, eine Strecke, die er auf ungefähr 150 Meilen schätzt.

Er nennt es einen spirituellen Gang und er unternimmt ihn jedes Jahr seit 1976, weil er, wie er sagt, »nicht aufhören kann«. Er wollte es in aller Stille tun, aber sein Ruhm eilt ihm stets voraus, und jedes Jahr rufen Leute an, die ihn unbedingt begleiten möchten.

»Am Ende musste ich mir eine Geheimnummer zulegen. Ein Anruf reißt mich heraus, bricht den Bann«, sagt er. »Ärzte, Professoren, Polizisten, Feuerwehrleute, alle wollen sie mit mir gehen. Aber mit mir geht niemand. Ich spreche mit den Bäumen. Ich spreche mit den Pflanzen. Ich spreche mit dem Wasser. Ich brülle laut heraus. Und dann sagen die Leute womöglich, ich sei verrückt. Sie würden mich daran hindern, meine Sache so zu machen, wie ich es will.«

In einem Jahr kamen zwei junge Leute, die von Pus Wanderung gehört hatten, zu ihm und fragten ihn ohne Umschweife, ob sie ihn im nächsten Jahr begleiten dürften. Pu wollte nicht unhöflich sein und versuchte sie abzuwimmeln, indem er ihnen erzählte, es sei gut möglich, dass er die Insel das nächste Mal im Kajak umrunden würde. Super, antwortete die junge Frau begeistert – sie hätten selbst Kajaks und würden es auch gern auf diese Weise machen.

Es dauerte nicht lange und Pu erhielt Anrufe von Kajakprofis, Leuten, die Kajaktouren organisierten und sagten, sie würden gerne mitkommen. Da merkte er erst, was er sich eingebrockt hatte, und musste einen Rückzieher machen, indem er vorschob, dass seine Frau Beverly die Idee nicht gut finde – er würde wahrscheinlich in Japan landen. Er hatte noch nie in einem Kajak gesessen und er dachte gar nicht daran, sich den Boden unter seinen berühmten Füßen wegziehen zu lassen.

Auf seiner ersten Wanderung im Jahr 1976 hatte Pu das Gefühl, dass er von seinem verstorbenen Großvater geführt und unterwiesen wurde. Er gibt zu, dass er auf diesem ersten Gang gar nicht wusste, was er überhaupt tun sollte. »Ich hab einfach meine Sachen zusammengepackt und bin losgegangen. Und ich konnte spüren, dass jemand vor mir war und mich geführt hat, auch wenn ich nicht wusste, dass es mein Großvater war.

Als ich zum ersten Mal im Freien genächtigt habe, in Kaupo, war er wieder da, im Traum, und hat gelächelt. Er hat gesagt: ›Du wirst die Küstenlinie von Mokulau nach Nu'u abgehen.‹ Ich habe zwei Tage für diese Küstenlinie gebraucht. Von dort aus, sagte er, führt die *alanui* (die Straße) weiter. Das ist, als ob er mir gesagt hätte, dass ich um Maui ganz herumgehen sollte.

In meinem zweiten Jahr hab ich es nicht gemacht; ich dachte mir, das sei nur fürs erste Jahr, aber er ist wieder zu mir gekommen und hat gesagt, es gebe mehr Dinge auf der Welt, als bloß in Reichweite des Hauses zu bleiben. Ich hab mir eine Kamera gekauft, Filmrollen und ich hab Fotos gemacht, aber als ich zurückgekommen bin und sie entwickelt habe, war nichts drauf, alles schwarz. Ich kauf mir eine neue Kamera, geh im nächsten Jahr wieder los, mache Aufnahmen von allen Orten, an die ich komme, und wieder ist nichts drauf. Das ist dreimal so gegangen.

Sagt mein Großvater: ›Das ist deine Kamera‹«, erklärt Pu und zeigt auf seinen Kopf.

»Es ist so, als wäre da ein Geist, der mich nach links zieht, dann muss ich mich hinsetzen, dann zieht er mich hoch und nach rechts weg, dann muss ich mich wieder hinsetzen, dann ab, den Berg rauf und die Küste runter. Ich sehe Dinge, die ich nicht sehen würde, wenn ich mit dem Auto unterwegs wäre – Pflanzen, archäologische Fundorte, Grabstätten, Kunstwerke.«

Die Wanderung dauert im Allgemeinen mehrere Wochen und doch hat er nur eine Gallone Wasser (4,5 Liter) bei sich, etwas zur Stärkung (Nüsse, Rosinen und Schokostückchen), eine drei mal drei Meter große Plastikplane, eine dünne Isomatte und Kleider zum Wechseln. Unterwegs deckt er sich mit zusätzlichem Essen und Wasser ein, wenn irgendwo etwas zu haben ist.

Probleme hatte er so gut wie nie auf seinen Wanderungen, außer in dem Jahr, als zwei junge Männer, ein *haole* (Weißer) und ein Hawaiianer, in dem abgelegenen Gebiet auftauchten, wo er sich für die Nacht niedergelassen hatte. Es war klar, dass sie nichts Gutes im Schilde führten, also stand Eddie auf, hielt sich an seinem Wanderstock fest und sagte: »Ich hab nichts bei mir, falls ihr mich ausrauben wollt. Bloß meine schmutzigen Socken und ein paar Nüsse und Wasser.«

Der Hawaiianer rief aus der Dunkelheit: »Woher kommen Sie?«

»Von der ʾāina«, erwiderte Pu in seiner typischen Art. Dann sagte er ihnen, sie sollten nicht in »seinen Kreis« treten – den Platz, den er für die Nacht in Anspruch genommen hatte.

»Das haben sie akzeptiert und es wurde mein Platz für die Nacht«, erklärte er später. »Dieser Kreis wurde mir gegeben, damit ich mich niederlegen konnte.«

Mit ruhiger Stimme machte er diesen um Jahrzehnte jüngeren Burschen klar, dass er sie über die Klippe werfen würde, wenn sie in seinen Kreis träten.

Der Hawaiianer fragte wieder: »Woher kommen Sie?«

»Maui«, sagte Pu einfach.

Hat er wirklich geglaubt, dass er zwei kräftige Männer mit seinem Wanderstock und seinen Aikido-Künsten in Schach halten könnte?

»Ja«, beharrt er. »Ich wusste, sie würde mir helfen, meine Mutter Erde. Sie sind in meinen Kreis eingedrungen und das war falsch. Ich war dort akzeptiert worden.«

»Woher sind Sie?«, fragte der Hawaiianer ein drittes Mal.

»Hāna.«

»Ich hab Verwandte in Hāna«, sagte der junge Bursche und taute zusehends auf. »Vielleicht kennen Sie sie. Mein Onkel heißt Eddie Pu. Kennen Sie ihn?«

»Ja, ich kenne ihn«, antwortete Pu.

»Also wenn Sie ihn das nächste Mal sehen«, sagte der Junge großspurig, »dann richten Sie ihm Grüße von mir aus.«

»Das werde ich machen«, antwortete Pu. Er hatte noch nie etwas von dem Jungen gehört.

Als sie gegangen waren, legte Pu sich nieder. Am nächsten Morgen machte er einen Abstecher in ein nahes Dorf, um alte Freunde zu besuchen. Eine Frau kam an die Tür und strahlte, als sie ihn sah.

»Kinder! Kommt her und begrüßt Eddie Pu!«, rief sie ihren Kindern aufgeregt zu. Da kam der junge Hawaiianer vom vorigen Abend heraus, und als er Eddie Pu vor sich stehen sah, fiel er voller Entsetzen auf beide Knie und beichtete Pu, dass er und sein Kumpel vorgehabt hatten, ihn »aufzumischen« und auszurauben, und er bat Pu um Verzeihung.

Im selben Jahr nahm Pu die Gewohnheit an, eher nachts zu gehen – nicht aus Angst, sondern aus einem neuen inneren Antrieb heraus.

»Es ist schön, im Mondlicht zu gehen«, erklärt er. »Wunderschön. Ich gehe meilenweit in der Nacht. Ich sehe Dinge, die die Leute normalerweise nicht sehen. Und ich singe aus voller

Kehle. Ich tanze und sage ›danke, *mahalo*‹ und singe. Dann, so gegen vier (in der Frühe), suche ich mir einen Platz und lasse mich zum Meditieren nieder; später, wenn die Sonne aufgeht, lege ich mich für ein paar Stunden schlafen; dann bin ich wieder auf den Beinen. Ich gehe die Hänge hinauf, folge einfach dem Bach. Niemand ist unterwegs. Ziehe meine Kleider aus, schwimme, ganz allein, singe aus voller Kehle. Die Vögel singen alle mit mir. Die Wasserfälle, das Wellengekräusel. Es ist einfach herrlich.«

Natürlich fragt jeder Eddie Pu, was ihn dazu treibe, Jahr für Jahr eine solch anstrengende Wanderung auf sich zu nehmen, und das, obwohl er längst über das normale Pensionsalter hinaus ist. Weil es ein Teil seiner spirituellen Suche sei, so meint er, und ihn außerdem den Rest des Jahres gesund und fit für seinen Job halte.

»Ich begrüße ungefähr 2.000 Leute pro Tag und 90 Prozent von ihnen haben gute Energien, aber 10 Prozent haben schwankende. Deshalb ist mein Körper fünf Tage in der Woche aus dem Gleichgewicht gebracht von ihren Energien. Ich mache diese Wanderung, um wieder ins Gleichgewicht zu kommen.

Ich gehe raus und sammle die ganze Energie von verschiedenen Gegenden (in Maui) ein. Ich sammle diese ganze Energie, und wenn ich zurückkomme, gebe ich sie an die Leute weiter.

Ich bin nur ein einfacher Hawaiianer«, sagt er mit einem breiten Grinsen und einem Schulterzucken. »Ich tu gern was für die Leute.«

SPIRITUALITÄT UND HEILEN

Ein Kanubauer betet zu der Göttin Lea, bevor er einen Baum fällt. Wenn sie in der Gestalt des *'elepaio*-Vogels erscheint und an dem Baum herumpickt, ist das ein Zeichen für ihn, dass der Baum nicht für ein Kanu taugt.

Eine stillende Mutter betet um genügend Milch zu Nu'akea, der Göttin des Milchflusses.

Eine Familie betet in der Morgendämmerung zu ihren *'aumākua*-Ahnen (ihren Familienschutzgöttern).

Ein Fischer ruft sein *'aumākua*-Familientier an, den Hai, bevor er sein Netz auswirft.

Ein *hula*-Tänzer, der Farne im Wald sammelt, bittet die Göttin Laka um ihre Erlaubnis.

Nichts wurde im alten Hawaii getan, ohne die Gegenwart und Macht der Götter und Göttinnen zur Kenntnis zu nehmen. Es gab kein Wort für Religion in alter Zeit; das ganze Leben war Religion.

Mary Kawena Pukui, die berühmteste hawaiische Gelehrte dieses Jahrhunderts, schrieb: »Alles, was sie machten, war vom Gebet begleitet.«

Es gab zwar vier Hauptgötter (Lono, Kū, Kāne, Kanaola), aber daneben existierte ein derart verwirrendes Pantheon von verwandten und kleineren Göttern und Göttinnen, dass niemand genau sagen konnte, wie viele es waren. Offenbar hatten sie die Neigung, sich bei Bedarf zu vervielfachen. Wie die Götter der frühen Griechen und Römer zeichneten sich die hawaiischen Götter durch menschliche Eigenschaften und Empfindungen aus – Wut, Eifersucht, Leidenschaft, Begierde, Mitleid, Freundlichkeit. Und wie in Griechenland und Rom verwoben sich die Geschichten ihrer Götter zu einer vielschichtigen, faszinierenden Mythologie.

Auch das Heilen und die Medizin hatten spirituelle Wurzeln. Wenn jemand krank war, suchte man die Schuld nicht bei Mikroben oder Viren, sondern in der eigenen Seele. Was war schief gegangen im Leben der betreffenden Person, dass sie aus dem Gleichgewicht geraten war? Welche mentalen oder emotionalen Probleme hatten das körperliche Leiden verursacht? War es ein Problem, das auf die Ahnen zurückging? War ein Gott nicht zufrieden gestellt worden?

In den Familien war es üblich, Krankheit, Konflikte oder *pilikia* (Ärger) mit einer Mediationszeremonie namens *ho'oponopono* aus der Welt zu schaffen. Unter der Anleitung eines Ältesten trug jedes Familienmitglied das Seine dazu bei, bis das Problem gelöst war.

Wenn die Familie eine Krankheit nicht heilen konnte, wurde ein *kahuna* zu Hilfe gerufen, und diese Ärzte waren Spezialisten, nicht anders als heute – ob für Knocheneinrenken, Geburtshilfe, Säuglingskrankheiten oder Massage, Diagnose, Geistheilen, Kräutermedizin – es gab zahllose *kāhuna*. Allerdings waren in jenen Zeiten die Krankheiten harmlos verglichen mit den heutigen.

Wie Kamakau schreibt: »Noch waren keine Fremden von anderen Ländern gekommen; es gab keine tödliche Krankheit, keine Epidemien, keine ansteckenden Krankheiten, keine Krankheiten, die den Körper aufzehren, keine Geschlechtskrankheiten.«

1820, als die ersten Missionare kamen, hatten die Hawaiianer – Ironie des Schicksals – gerade ihr *kapu*-System abgeschafft (die

Gesetze, die ihr soziales Leben regelten), und da diese Gesetze eng mit den religiösen Glaubensvorstellungen verwoben waren, hatten sie auch viele ihrer Tempel zerstört. Es war eine Zeit großer Umwälzungen in Hawaii – seit vierzig Jahren standen sie unter dem Einfluss von Fremden (seit der Ankunft von Captain James Cook 1778); und da die Fremden sich ständig ungestraft über das *kapu* hinwegsetzten, stellten die Hawaiianer allmählich selbst die Gültigkeit ihres eigenen Wertesystems in Frage. Folglich trafen die Calvinisten, als sie die Insel betraten, auf ein zutiefst spirituelles Volk, das aber keine religiösen Regeln oder Rituale mehr hatte. Der neue westliche Gott und das neue Buch (die Bibel) übten eine starke Faszination auf sie aus.

Der Wandel war jedoch nicht leicht. Dieser neue Gott ließ keinen Raum für die alten Götter; die alten hawaiischen Namen, die voll poetischer Bedeutung waren, wurden durch christliche Namen ersetzt; Sex außerhalb der Ehe war sündhaft; Nacktheit war sündhaft; die ganze Menschheit wurde als von Natur aus unwürdig und sündig verurteilt.

Obwohl der Begriff der Sünde dem hawaiischen Denken fremd ist, setzten sich die calvinistischen Lehren durch, und heute sind die meisten Hawaiianer Christen. Reverend Kawika Ka'alakea (in diesem Kapitel) wurde zum Beispiel sehr hawaiisch erzogen, aber er glaubt und predigt auf die neue Art, nicht auf die alte. Doch obwohl er ein christlicher Geistlicher ist, hat er Eingebungen von Gott, treibt Geister aus und heilt mit Gebeten und Kräutern, nicht viel anders, als seine Vorfahren es gemacht haben.

Aus der Sicht der frühen Hawaiianer war die Menschheit nicht von der übernatürlichen oder der natürlichen Welt getrennt. Götter, Geister, Natur und Menschen waren alle Teil derselben Lebenskraft. Die Hawaiianer waren ein Volk, das an die Symbolhaftigkeit der Dinge glaubte, an *mana* (spirituelle Lebenskraft), an Träume, Visionen, Hexerei, Magie, Propheten, Geistheilen – Dinge, die für sie genauso wirklich waren wie das tägliche Leben. Wie Mary Pukui schreibt: »Es gibt viele Hinweise auf übernatürliche oder mystische Begebenheiten … Man kann das Leben und Denken der Hawaiianer nicht verstehen, ohne etwas darüber zu wissen.«

Margaret Machado

Meisterin der *lomilomi*-Massage

»Was sie verkörpert, ist der Geist von *aloha*. Sie ist der Geist von *aloha*.«

Glenna Wilde, Naturheilkundlerin
Juneau, Alaska

»Ich habe gesehen, wie sie Dinge getan hat, die man nur als Wunder bezeichnen kann.«

Maka'ala Yates, *lomilomi*-Lehrer
Oregon

»Sie stellt einem kaum Fragen, aber sie kann genau sagen, wann jemand niedergedrückt ist. Sie liebt einfach ihre Patienten; und schließlich lernen sie, sich selbst zu lieben, und ihr Körper wird heil und sie sind fähig, ein paar von ihren zähen, schmerzlichen, traumatischen Kindheitserinnerungen zu überwinden.«

Tochter Nerita Machado, Krankenschwester
Hawaii

»Das war das erste Mal in meinem Leben, dass ich bedingungslose Liebe erfahren habe – durch Auntie, durch den Ort, durch das Heilen.«

Pamela Haggerty, Studentin
Hawaii

Auntie Margaret Machado sagt diese Dinge nie selbst. Sie schaut dir nur in die Augen, hält deinem Blick stand, ohne wegzusehen, ja, ohne zu blinzeln, und liest in deinem Gesicht.

»Du hast eine Spannung in deinem linken Kiefer«, wird sie dir sagen, immer mit diesem Lächeln oder dem spitzbübischen, liebevollen Blick in ihren Augen, als würde sie dir etwas ganz Wunderbares erzählen.

Von ihrem Ruf als Heilerin sagt ihr Mann Daniel: »Sie rechnet es sich nie als Verdienst an. Nie. Sie sagt, das ist die Gnade des Herrn, die durch sie wirkt. Sie ist eine sehr bescheidene Frau und eine sehr fromme Frau. Der Herr ist ihr Meister.«

Und noch während ihr Mann spricht, schaut sie dir fest in die Augen, ohne zu blinzeln, unbeirrt, ohne ein Wort zu sagen, einfach nur lächelnd.

Auntie Margaret ist berühmt als Meisterin des *lomilomi*, der traditionellen hawaiischen Massage. Sie ist die Einzige in Hawaii mit einem staatlichen Diplom, das sie berechtigt, *lomilomi* zu lehren. Die Leute kommen von überall auf der Welt zu ihr und bezeugen, dass sie wahre Wunder mit ihrer Arbeit vollbringt, aber sie selbst erhebt keine derartigen Ansprüche.

»Es ist nicht ihr Verdienst. Und sie ist die Erste, die Ihnen das sagen wird«, erklärt die Naturheilärztin Glenna Wilde. »Sie heilt durch die Liebe Gottes. Es geht nie um sie selbst, oder ›Ich hab das gemacht‹; sie sieht es als Gnade, dass sie erfahren und miterleben durfte, wie Gott dies bewirkt. Ich habe bei vielen Gelegenheiten mit angesehen, wie die göttliche Kraft durch sie hindurchging. Sie liebt Gott mit jeder Faser ihres Herzens. Ihre ganze Botschaft bei der Massage ist, den Körper zu lieben. Ich höre noch immer ihre Stimme, wie sie im *lomilomi*-Kurs sagte: ›Liebe den Körper, Glenna, liebe den Körper.‹ Sie berührt die Menschen, als berührte sie ihre Seele .«

Lomilomi wird in den einzelnen Familien von Generation zu Generation weitergegeben. Das Wissen von Auntie Margarets

Familie wurde ihr von ihrem Großvater vermittelt, einem Mann, den sie kaum kannte. Auntie Margaret ist nicht bei ihrer Familie in Big Island aufgewachsen; stattdessen hat ihre Mutter, bevor sie starb, die kleine Margaret in ein Missionsheim in Honolulu geschickt, um ihr eine christliche Erziehung angedeihen zu lassen.

Als Margaret zehn war, kam ihr Großvater mit dem Flugzeug zu ihr herüber, um ihr seinen Segen zu geben und seine Weisheit und das Wissen über seine Abstammung in ihre Hände zu legen. Schon vor ihrer Geburt hatte er sie *Kalehuamakanoelulu'uonapali* genannt, ein Name, der besagte, dass er sie dazu ausersehen hatte, die Familiengeheimnisse weiterzutragen. Der Name schließt mehrere Bedeutungen ein: die *lehua*-Blüte, Augen, Nebel, verstreuter Blütenstaub, Abgrund.

»Ich war die Auserwählte in der Familie, die den Segen empfangen sollte«, erklärt sie. »Weil mein Großvater mich *Kalehua-*

»Ich kann durch Sie hindurchsehen und Ihnen genau sagen, wo es ist. Wenn ich Sie anschaue, weiß ich alles über Sie. Sie brauchen mir nichts über sich zu erzählen. Es ist in ihrem Anlitz eingeschrieben. Alle Ihre Muskeln und Ihre Knochen spiegeln Ihren Gesichtsausdruck wider, wie Sie mit Ihrem Körper umgehen.«

makanoelulu'uonapali genannt hatte, musste er dieses kleine Mädchen sehen. Er wollte mir den Segen geben, weil er mir vor der Geburt einen Namen gegeben hatte. Hawaiische Kinder bekommen vor der Geburt einen Namen. Den Eltern oder Großeltern wird ein Traum gesandt, der ihnen sagt, wie sie das kommende Kind nennen sollen.

Er hat mich also gesegnet und er hat über mir gesungen. Es war ein langer, langer Gesang. Die Tränen sind ihm übers Gesicht gelaufen. Dann hat er mich auf beide Wangen, auf die Stirn und auf den Kopf geküsst und ist gegangen. Er lebte danach nicht mehr sehr lange und starb bald. Mit sechzehn kam ich schließlich nach Hause.

Als ich heranwuchs, war es für mich ganz natürlich, alle Leute zu lieben, egal wen. Und als ich dann ins Arbeitsleben trat und meinen Abschluss auf der Highschool machte, war es ganz natürlich für mich, Massagen zu machen. Das war einfach meine Begabung.«

Wie es Brauch ist, blieb das Wissen ihrer Vorfahren auf die Familie beschränkt. »Meine Familie wollte nicht, dass ich unterrichte«, sagt Auntie Mary. »Sie dachten, dass es etwas ist, was vielleicht nur in die Familie gehört. Aber weil ich in einem Missionsheim aufgewachsen bin, wollte ich mein Wissen weitergeben. Der Herr will, dass ich es mit anderen teile. Noch heute sagen meine Verwandten: ›Du darfst nicht lehren, Auntie. Du darfst nicht.‹ Ich sage, doch, weil es ein Liebeswerk ist und weil ich Gott liebe, werde ich unterrichten.«

Und das tut sie seit 1940. Sie hat keine Ahnung, wie viele Leute sie in ihren einmonatigen Kursen unterrichtet oder im Lauf der Jahre massiert hat. Sie weiß nur eins: dass ihre Inspiration von ihrem Namen herrührt.

»Meine Name steht für meine Arbeit. *Ka lehua* bedeutet Blume – ich bin eine Blume. *Maka*, das sind die Augen – ich schaue Sie an. Ich kann durch Sie hindurchsehen und Ihnen genau sagen, wo es ist. Wenn ich Sie anschaue, weiß ich alles über Sie. Sie brauchen mir nichts über sich zu erzählen. Es ist in Ihrem Antlitz eingeschrieben. Alle Ihre Muskeln und Ihre Knochen spiegeln Ihren Gesichtsausdruck wider, wie Sie mit Ihrem Körper umgehen. Wenn ich Sie ansehe, weiß ich, dass das alles von Ihren Händen und Füßen in Ihr Antlitz steigt. Es zeigt sich in Ihrem Gesicht. Ich schaue in Ihr Gesicht, die eine Seite ist verspannt. Ich schaue in Ihr Gehirn, eine Seite hat nicht genug Sauerstoff.

Sie fragen mich: ›Woher wissen Sie das?‹ Ich sage: ›Es ist da. Ich habe es nicht gemacht. Sie haben es gemacht. Das ist Ihr Gesicht, das ist Ihr Körper.‹

Ihr Körper ist ein Tempel des Heiligen Geistes. Daher das *pali* (in ihrem Namen) – das ist Ihr *pali*, das ist mein *pali*, mein Berg, mein Tempel. Also werde ich es öffnen, damit Ihr Kreislauf besser funktioniert, damit Sie sich besser fühlen. Ich will, dass Sie sich besser fühlen.«

Lomilomi ist die einzige Massage, die Auntie Margaret anwendet. Sie kennt die anderen Massagetechniken, findet sie aber zu hart. »Da wird zu fest zugepackt«, sagt sie. *Lomilomi* dagegen ist in ihren Augen »sehr tief gehend«, und sie sagt, dass es »mit dem Herzen funktioniert«.

Die lomilomi-Massage folgt einem dreischrittigen-Rhythmus: Der Körper wird immer rhythmisch zum Herzen hin massiert, damit das Blut besser zirkuliert.

»*Lomilomi*, das ist zum und vom Herzen, es bringt das Blut schneller zum Herzen«, erklärt sie. »Ich massiere zu den Armen und Beinen hin und von den Armen und Beinen weg und presse so das Blut schneller zum Herzen, hin und weg. Hin und weg, hin und weg. Das Eins-Zwei-Drei ist derselbe Rhythmus, in dem *hula* getanzt wird. *Lomilomi* – eins, zwei, drei. Eins zwei drei, und wegdrücken.

Lomilomi ist eine liebevolle Berührung, die bewirkt, dass sie dich fühlen können. Wenn sie deine liebenden Hände auf ihrem Körper spüren, sprechen sie darauf an: ›Sie liebt mich, ich bin in guten Händen bei ihr und ich werde gesund werden.‹ Es ist dein Reden und die Art, wie du auf sie zugehst. Sie wissen, dass du sie liebst. Sie dazu zu kriegen, dass sie ihren Körper entspannen, damit es ohne Stress geht – das ist Liebe!

Wenn deine Hände sanft und liebevoll sind, wird dein Patient die Aufrichtigkeit deines Herzens spüren. Seine Seele wird sich nach deiner ausstrecken. Sie wird wissen, dass du sie liebst, und sie wird sich einfach gehen lassen.

Der Herr heilt. Ich heile nicht«, erinnert sie. »Deshalb spreche ich ein Gebet. Ich bitte den Herrn einzugreifen. Es heißt, dass die hawaiische Massage vor allem Gebetsarbeit ist.«

Das Beten und die hawaiische Kunst der Familienmediation (*ho'oponopono*) sieht Auntie Margaret als die besonderen Zutaten ihres Heilens.

»Wir beten und singen jeden Morgen«, sagt sie von ihren Massageschülern, »weil ich will, dass sie ihre Herzen ganz leer machen, damit sie bereit sind, jemand anderem zu helfen. Wenn du ein Problem hast, musst du das Problem ausleeren.

Ich sage meinen Schülern: Wenn du rausgehst, um Pflanzen zu pflücken, bete; wenn du sie zubereitest, bete; wenn du sie verabreichst, bete. Dann wird dein Patient gesund werden.

Und der geheime Teil dabei ist, dass du, bevor die Sonne untergeht, *ho'oponopono* machst, dass du dein Herz prüfst. *Ho'oponopono* bedeutet, dass wir uns alle ganz leer machen und um Vergebung bitten, bevor die Sonne untergeht. Man kann nicht mit einem bekümmerten Geist oder einem bekümmerten Herzen schlafen gehen. Du fühlst dich gut, weil du offen bist.

Macht es als Familie. Kommt immer zusammen und setzt euch auf eine *lau hala*-Matte (eine Matte, die aus den Blättern des heimischen *hala*-Baums gemacht wird) und betet. In unserer Familie haben wir das jeden Tag gemacht. Es war schön. Meine Tante hat immer gebetet, mein Onkel hat gebetet, und aller Kummer war vorüber. Jeden Tag mit meiner Familie, jeden Tag bittest du um Verzeihung. So öffnen sich deine Blutgefäße, deine Muskeln öffnen sich, du entspannst dich. Gräme dich nicht. Ich gräme mich nie. Der Herr wird dir einen Weg weisen.«

Mark LaMore, Arzt der Naturheilkunde, der Auntie Margaret bei ihren Kursen hilft, hat viele Leute die hölzernen Stufen zu ihrem Strandhaus hinauf- und hinuntergehen sehen und Beten ist immer ihre Einführung in das Heilen. »Das Erste, was sie macht, wenn jemand hierher kommt, ist Beten«, sagt er. »Das gibt ihr mehr Inspiration. Wenn du nicht gleich auf Anhieb weißt, was du tun sollst, betest du; dann fliegt es dir zu.«

Ihr ganzes Lehren und Heilen findet in einer Umgebung statt, die direkt aus dem alten Hawaii stammt. Sie hat ein Holzstrandhaus im Plantagenstil, nur ein paar Schritte vom Saum des Ozeans entfernt, auf Big Island, der Großen Insel von Hawaii. Die Schüler und Patienten müssen eine weite Strecke vom großen Highway fahren, einen holprigen Weg, der zu Aunties Haus führt, um dort auf einem Futon unter den Sternen zu schlafen. Viele Patienten kommen eigens wegen Aunties berühmter Zehn-Tage-Reinigungskuren, die aus Fasten, Kräutern, Klistieren und Meerwassertrinken bestehen.

Für eine Patientin aus New Mexico, die nicht genannt werden möchte, war Auntie die letzte Zuflucht, nachdem sie beinahe an einer seltenen Hautkrankheit gestorben wäre. Mit ihren eigenen Worten:

»Auntie Margaret hatte einen so mächtigen Einfluss auf mein Leben. Ich war seit zwei Jahren bei Naturheilärzten in Behandlung, aber ich war erschöpft. Es waren zwei Jahre harter Arbeit gewesen und ich kam immer noch auf keinen grünen Zweig. Ich hatte immer noch dieselben Symptome: Meine Haut löste sich ab und ich hatte Tag für Tag fürchterliche Schmerzen. Ich war ausgemergelt, 88 Pfund, und ich hatte nur noch wenig Haare auf dem Kopf. Ich sah wie ein gerupftes Huhn aus.

Eine Freundin schickte mich zu Auntie Margaret. Ich fand es total ausgeflippt – am Strand, auf diesen Futons zu schlafen. Und dann diese schlichte Hawaiianerin.

Du wirst um vier Uhr aufgeweckt und das Erste, was du machst, ist beten. Und genau das hatte mir gefehlt – beten. Das war der fehlende Schlüssel, den sie mir in die Hand gab, abgesehen davon, dass sie meinen Darm reinigte, indem sie mich Meerwasser trinken ließ. Die hawaiischen Kräuter ziehen die Gifte heraus und das Meerwasser schwemmt sie aus.

Als ich gesehen habe, was aus mir herauskam, habe ich gesagt: ›Der Herr sei gelobt‹, so wie sie es gesagt hat. Ich konnte es nicht fassen, was aus meinem Körper herauskam. Das schießt nur so aus dir heraus.

Meine Augen waren gelb verfärbt und am achten Tag habe ich Unmengen gelbes Zeug ausgeschieden. Ein ganzer Schwall von Gelb und meine Augen wurden wieder klar. Am letzten Tag, dem zehnten, ist so etwas wie Teer aus mir herausgekommen.

Sie sagte, nachdem ich jetzt auf der körperlichen Ebene losgelassen hätte, würde ich auch auf der emotionalen Ebene loslassen. Sie sagte, meine Augen würden anfangen zu zucken und ich würde nachts sabbern und so war es auch. Es war unglaublich.

Es war die erschütterndste Heilerfahrung, die ich je hatte. Du hast gesehen, was aus dir herauskam, und das konntest du nicht abstreiten.«

Diese Ergebnisse überraschten Auntie Margaret natürlich nicht. Sie erlebt das seit vielen Jahren bei jedem, der ihre Reinigungskuren ausprobiert.

»Ich gebe ihnen nichts als Klistiere mit purem warmem Was-

66

ser«, sagt sie offen. »Manche von ihnen haben vier, fünf Tage lang keinen Stuhlgang. Wow. Viele von den Schülern hier haben noch nie ein Klistier gesehen.

Wir machen ein Darmprogramm, um den Darm zu reinigen. Ich mische Meerwasser in einem bestimmten Verhältnis in einem Zweiliterkrug. Wir gehen zum Labor und kaufen Meerwasser; die gehen auf sechshundert Meter runter, um es heraufzuholen. Zu viele Boote da draußen.« Sie zeigt auf den Ozean vor ihrem Haus, als Erklärung, warum sie das Meerwasser nicht einfach direkt vor ihrer Tür schöpft. »Sie trinken einen Viertelliter am Morgen, gleich nach dem Aufstehen. Ein Drittel Meerwasser, zwei Drittel Frischwasser.«

Meerwasser ist in den Augen des hawaiischen Gelehrten Samuel Kamakau »das Allheilmittel«. In einer Zeitungskolumne, die 1860 publiziert wurde, beschrieb Kamakau, was er über diese alte Heilmethode wusste: »Für die *ka po'e kahiko* (die Menschen der alten Zeiten) war das Meer ein Heilmittel, auf das alle angewiesen waren – wenn die Leute krank wurden … war ein Meerwassertrunk das Allheilmittel, das angewendet wurde … Das Meerwasser brachte die Gedärme in Bewegung und es arbeitete weiter, bis die gelblichen und grünlichen Ausscheidungen kamen.«

Auntie Margaret ergänzt die Meerwasserreinigung mit ihren eigenen modernen Zusätzen: »Wir geben ihnen Meerwasser um sechs Uhr morgens. Um neun Uhr bekommen sie Psyllium und Bentonit als Ballaststoffe in Traubensaft. Traubensaft hat einen natürlichen Zucker, er gibt dir genug Energie, damit du nicht ohnmächtig wirst. Um zwölf, drei und sechs nehmen sie Psyllium, Bentonit und Traubensaft. Oh, Mann, was stinkst du! Aber nachdem du deinen Darm gereinigt hast, fühlst du dich zehn Jahre jünger.

Keine Nahrung bis zum vierten Tag. Am vierten, fünften, sechsten, siebten Tag morgens Früchte, nachmittags Gemüse. Kein Fleisch, kein Fisch, keine Krabben, keine Fleischnahrung. Für die Suppen nur Meerwasser. Meerwasser ist dasselbe wie menschliches Blut – 97 Elemente befinden sich im Meerwasser, genau wie im Menschenblut.

Du fühlst dich gut. Bewegung ist sehr wichtig, weil sie die Blutgefäße öffnet und die Nerven und Muskeln, so dass dein Kreislauf besser funktioniert. Sie gehen spazieren, sie gehen schwimmen und sie nehmen jeden Tag Dampfbäder und schwitzen aus den Poren. Von da gehts auf ein schräg gestelltes Brett, um das Zwerchfell wieder in die richtige Lage zu bringen. Sie atmen ein und aus. Sie fühlen sich gut.«

Wenn du die Lektion gelernt hast, gibst du auf dich Acht. Du machst nicht dasselbe wie vorher. Du änderst dich. Wenn du dich nicht änderst, dann willst du nicht Acht auf dich geben.

Zu mir kommen Leute von überallher – Deutschland, Schweiz, Norwegen, aus Japan, aus Alaska, aus Kanada. Von überallher. Sie tun mir Leid – sie haben so viel Stress.«

Die Ärztin der Naturheilkunde Glenna Wilde hilft Auntie Mary bei diesen Reinigungskuren und hält sie für äußerst wirksam. »Auntie preist nie ihre Reinigungen an«, sagt Ms. Wilde. »Hat sie nie gemacht, brauchte sie auch nicht. Es ist alles Mundpropaganda. Die Leute sind von überallher gekommen und sie waren so elend krank. Ich denke, am anschaulichsten ist es bei den Leuten mit Hautproblemen, wenn die Haut sich klärt. Wir hatten Patienten mit einer schrecklichen, nässenden, tränenden Schuppenflechte, die hier ihre zehn Tage verbracht haben, und als sie wieder gegangen sind, war ihre Haut so rosig wie ein Babypopo.«

Im Lauf der beiden Jahrzehnte, in denen Maka'ala Yates mit Auntie Margaret zusammengearbeitet hat, wurde er Zeuge so mancher Heilung, für die es keine medizinische Erklärung gibt.

»Ich habe dann zu Auntie Margaret gesagt: ›Ich hab es gesehen, ich war da, aber was zum Kuckuck ist eigentlich passiert?‹«, sagt Yates, immer noch perplex. »Sie hat geantwortet: ›Ich weiß es nicht, Maka'ala. Aber es ist die Macht des Gebets.‹ Das war ihre typische Antwort auf meine Frage – ganz schlicht in ihrem Glauben und ihrem Vertrauen.«

»Es ist Liebe – einfach nur Liebe«, erklärt sie immer und immer wieder.

Lanakila Brandt
Lono-Priester

»Aloha e ka lā, e ka lā!
E ola mai e ka lā, i ka honua nei.«
»Ich grüße die Sonne, das Leben, die Erde.«

Lanakila Brandt singt diesen Gruß in der Morgendämmerung, wenn die Sonne hinter dem wuchtigen Big Island-Vulkan Mauna Loa aufsteigt und den Himmel hell zu färben beginnt. Brandt ist *kahula pule* (ein Tempelpriester) an einer der eindrucksvollsten Tempelstätten, die es noch in Hawaii gibt – Pu'uhonua o Honaunau, auf Englisch »Place of Refuge« genannt – die »Zufluchtsstätte«.

In ein gelbes Gewand gehüllt und mit einem *ti*-Blatt-Stirnband um den Kopf betet Brandt vor einem strohgedeckten Steinbau, der einst die Knochen von 33 Generationen der herrschenden Keawe-Linie heiliger Häuptlinge und Priester von Honaunau beherbergte. Die Knochen sind längst fort, aber das heilige Gefühl bleibt, wenn man unter den riesigen Holz-*ki'i* (Statuen) steht, die von ihren Tempelsitzen herunterstarren und bewachen, was einst war.

»Die Sonne zu grüßen, wenn sie aufgeht – das war die Tradition der Ahnen«, erklärt Brandt später. »Alle wandten sich der Sonne zu, mit Gebeten der Liebe und Dankbarkeit, weil die Priester glaubten, dass jeden Tag mit dem Aufgehen der Sonne das *mana* (die Lebenskraft) auf die Erde zurückkehrt. Und mit dem *mana* zusammen Heilen, Wachstum, das Leben selbst, für alle Geschöpfe und die Erde.«

Brandt ist ein geweihter *kahuna* des *Mo'o Lono* oder Lord Lono-Ordens. Als Junge wurde er von seinem Urgroßvater unterrichtet, der von einer langen Reihe von Lono-Anbetern abstammt. Lono ist die hawaiische Gottheit, die dem Ackerbau und den friedlichen Tätigkeiten zugeordnet ist. In Brandts Abstammungslinie galten die Lono-Leute auch als Heiler.

»Meine Einweihung in die alten Traditionen begann, als ich noch sehr jung war. Obwohl ich die blauen Augen und die helle Haut meines Vaters geerbt habe, bin ich das Kind meiner hawaiisch-portugiesischen Mutter. Ich hatte vier Brüder und ich war der jüngste. Der nächst ältere Bruder war dreizehn Jahre älter als ich«, sagt Brandt über seine persönliche Geschichte.

»Mein Vater war ein sehr erfolgreicher österreichischer Geschäftsmann, Import, Export, aus Hamburg, Deutschland. Er war ständig auf den alten Dampfern zwischen den Inseln unterwegs;

»*Mana* ist die Lebenskraft, die Energie, die uns zum Leben befähigt … Das Geschenk des *mana* gehört uns allen und wir können dieses *mana* beherrschen. Man schafft *mana* durch Beten, durch tiefes Atmen und durch Meditation.«

folglich habe ich nicht viel von ihm gesehen. Sein Englisch war nicht besonders, aber er hat ein schönes Hawaiisch gesprochen.

In hawaiischen Familien hatten die Großeltern normalerweise das Recht, das erstgeborene Kind zu sich zu nehmen. Und es gehörte sich, dass das junge Paar das Kind weggab. In meiner Familie war mein Vater nicht damit einverstanden, denn er weigerte sich, die ersten vier Jungen Tūtū Man zu geben (Lanakilas Urgroßvater mütterlicherseits, Kehauleo Waiwai'ole). Aber mein Vater war nicht da, um mich aufzuziehen, und meine Mutter, die ihre vier anderen Söhne endlich groß gekriegt hatte, war nicht versessen darauf, noch einen weiteren großzuziehen.

Als ich dann daherkam, stand mein Großvater bereit und sagte: ›Du bist es.‹ Er wiederholte es viele, viele Male. ›Du bist es, auf den ich gewartet habe.‹«

Mit dem Ergebnis, dass der kleine Lanakila von Tūtū Man und seinen Freunden, Hawaiianer, die noch im 19. Jahrhundert geboren waren, in die Bräuche und Sitten der Alten eingeweiht wurde.

»Tūtū Kehau war über hundert, als er gestorben ist«, sagt Brandt. »Er war bis zuletzt aktiv. Wo immer er hinging, ging ich neben ihm. Bei einem *kupuna* redeten Kinder wenig, aber wir lauschten und lernten. Und so habe ich es gemacht. Ich war gern mit den alten Leuten zusammen.

Ich hatte den Vorteil, unter Lehrern aufwachsen zu können, die noch aus dem vergangenen Jahrhundert stammten. Sie sind in der hawaiischen Kultur groß geworden und die meisten von ihnen waren nur wenig mit der westlichen Sprache und den westlichen Traditionen vertraut. Sie waren immer mit Heilen oder Religion oder Dingen, die mit dem spirituellen Leben zu tun hatten, beschäftigt. So waren die Hawaiianer – ihr ganzes Leben war spirituell.

Als ich achtzehn war, wurde ich von zwei sehr alten Priestern des Lono-Ritus am Eingang des Kalihi Valley auf O'ahu geweiht, was damals das *taro*-Land meines Urgroßvaters war.«

Aber es war eine andere Welt, die Brandt erbte. Es gab keine Möglichkeit für ihn, als Lono-Priester seinen Lebensunterhalt zu verdienen, und so fing Brandt, der auch in *hula* und Gesang unterrichtet worden war, mit seiner *hula*-Truppe eine erfolgreiche Karriere als Entertainer in den großen Hotels an.

Daneben beschäftigte er sich weiter mit Heilen und hawaiischer Spiritualität. Eine seiner ersten Lehrerinnen in medizinischem Heilen war Auntie Ida (deren Nachnamen er lieber nicht preisgeben will).

»Ich habe sie kennen gelernt, als ich einen Freund mit einem gebrochenen Arm zum Heilen in ihr Haus brachte. Auntie hat fast nur Hawaiisch gesprochen und so hat sie mich gebeten, ihr zu helfen«, erzählt Brandt über ihre erste Begegnung. »Sie hat Salzwasser aus dem Meer genommen, *'ōlena* (Kurkuma) hinzugefügt. Sie hat die ganze Zeit zu ihren *'aumākua* und ihren Heilgöttern gebetet. Gleichzeitig hat sie im Wasser gelesen, die Bilder im Wasser gelesen. Sie hat gesagt, es sehe alles günstig aus, deshalb würde sie mit dem Heilen weitermachen.

Als sie fertig war, hat sie ihm gesagt, er soll den Küchenstuhl hochheben. Er hat vorsichtig den Stuhl hochgehoben und an seinem ängstlichen Gesicht konnte man sehen, wie er nur darauf wartete, dass jeden Moment seine beiden Knochenenden hervorschnellen würden. Aber das taten sie nicht. Er stieß einen erleichterten Seufzer aus, dann hievte er den Stuhl vier oder fünf Mal in die Höhe und grinste Auntie Ida an.

Auntie hat ihm gesagt, er müsse noch zweimal wiederkommen. In unserer Heilkunst wird alles in Dreier- oder Fünferschritten gemacht. Jeder, der die traditionelle Naturheilkunde praktiziert, arbeitet mit heiligen Zahlenkombinationen, normalerweise mit Dreiern, Fünfern oder Siebenern.

Als er zurückkam, war seine Haut vollständig verheilt. Er ging wieder ins Krankenhaus und ließ Röntgenaufnahmen von seinem Arm machen, doch es gab keinerlei Anzeichen mehr, dass er ihn je gebrochen hatte. Der Doktor merkte sofort, dass er bei einem *kahuna* gewesen war. Damals konnte ein praktizierender *kahuna* laut Gesetz ins Gefängnis geworfen und mit einem Bußgeld von 1.000 Dollar bestraft werden und dieser Arzt wollte sie verhaften lassen und dafür sorgen, dass sie Strafe bezahlen musste, weil sie meinen Freund geheilt hatte. Aber die Sache sprach sich schnell in der Gemeinde herum und da ließ er sie in Ruhe.

Auntie Ida hatte fünf erwachsene Kinder, aber keines wollte von ihr lernen oder etwas von dieser wunderbaren Gabe wissen, die sie hatte. Sie war eine Spontanheilerin, etwas, das man meines Wissens sonst nirgends mehr in Hawaii findet. Den meisten Heilern sind heutzutage sehr enge Grenzen gesetzt bei dem, was sie tun können.

Sie hat mir angeboten, mich zu unterrichten, weil sie nicht sterben wollte, ohne ihre Fähigkeiten weitergegeben zu haben. Ich nahm ihr Angebot an und blieb ungefähr eineinhalb Jahre bei Auntie Ida. Sie war sehr berühmt. Die Leute kamen aus allen möglichen Teilen der Welt, um sie zu konsultieren.«

Auntie entstammte der Hai-Linie, der '*aumākua*. Wir Hawaiianer glauben, dass wir von verschiedenen Linien abstammen – dem Hai, der hawaiischen Eule, der Schildkröte. Jeder entstammt irgendeiner Linie. Mindestens einmal in der Woche standen wir lange vor Sonnenaufgang auf, um den Hai zu füttern. Wir nahmen '*awa* (ein traditionelles Getränk), Fisch, Bananen mit. Auntie Ida trug immer ihren *mu'umu'u*, ein wahres Zelt. Wir beteten am Strand zu den '*aumākua*. Ich habe nie erlebt, dass sie etwa keine Antwort bekommen hätte. Die Haie kamen und einer schwamm vor und zurück, wie Haie es machen, und arbeitete sich so heran. Der Strand, an dem wir waren, war flach bis weit hinaus, also ging sie hinaus und streckte ihre Hände aus, in denen sie das Opfer hielt, und sang, um den Hai zu sich herzurufen. Der Hai kam direkt vor ihr hoch und blieb da. Sie hatte immer ein Korallenstück in der Hand und sie redete mit ihm und rieb seinen Rücken mit der Koralle. Und dann gab sie ihm das Opfer. Es war unglaublich.«

Der Hai ist auch der Familien-'aumakua von Brandts Waiwai'-ole-Sippe. Der 'aumakua ist ein persönlicher Geistführer, entweder in Gestalt eines Tier- oder eines Ahnengeists. Ein Mensch kann mehrere 'aumākua haben, die er um Hilfe anrufen kann.

»Er ist unser *kahu* oder Hüter vom Augenblick der Geburt an. Er ist unser wichtigster Führer, das ist seine Aufgabe. Der *'aumakua* ist immer an deiner Seite. Er ist für dich da und du kannst ihn in jedem Augenblick deines Lebens anrufen. Immer wenn ich in einer schwierigen Lage bin, halte ich einen Augenblick inne und bitte um Hilfe«, erklärt Brandt.

»Jeder Mensch hat einen Familien-*'aumakua*. Das ist dein Schutzgeist, dein Schutzengel, wie immer du es nennen willst. Jeder hat ihn. Aber wenig Menschen verstehen mit dem *'aumakua* umzugehen. Der *'aumakua* soll mithelfen, dich und deine Familie zu beschützen, dir Weisheit zu geben, Vision und Weitblick, damit du sicher durchs Leben kommst, Erfolg hast.«

Brandts wichtigster Ahnen-*'aumakua* ist sein geliebter Urgroßvater, Tutu Man Kehauleo. »Er ist mir mehrmals erschienen und immer, um mich zu warnen«, sagt Brandt. »Anfang der Achtzigerjahre hatte ich Probleme mit dem Herzen. Der Doktor hat mir ganz offen gesagt, er hätte seine Zweifel, ob ich es schaffen würde. Ich musste alle möglichen Tests machen und ich ging zu verschiedenen Spezialisten und jeder hat mir Medikamente gegeben. Schließlich hatte ich achtzehn verschiedene Medikamente und ich wurde immer kränker und kränker.

Eines Nachts bin ich plötzlich aus dem Schlaf hochgeschreckt und war hellwach und das Zimmer war in strahlendes Licht getaucht und mein Großvater war da, direkt vor mir. Er hat mir ohne Umschweife gesagt: ›*Keiki* (Kind), du bist dem Tod sehr nahe.‹ Er hat mir alles aufgezählt, was ich falsch mache – die

Ärzte, die Medikamente, alles falsch. Wenn ich mein Leben retten und meine Kinder aufziehen wolle, dann würde ich mein ganzes Leben vollkommen umkrempeln müssen.

Er hat gesagt: ›Wenn du leben willst, musst du diese ganze *lā'au haole* (westliche Medizin) wegwerfen. Du musst zur *lā'au maoli* zurückkehren‹, womit er meinte, dass ich zu einem Kräuterheiler gehen sollte, der mir eine hawaiische Medizin geben würde. ›Du musst zum Tempel zurückkehren – sofort.‹ Und das meinte er ganz wörtlich – sofort! Ich war so krank gewesen, dass ich nicht in den Tempel gegangen war.

Plötzlich war ich aus meinem Körper heraus und schaute von oben auf ihn herunter, wie er steif und wie tot auf dem Bett lag. Dann erlosch das alles und er (der Großvater) kam wieder zurück und gab mir seinen Segen und dann ging er. Es war vier Uhr morgens.

Ich habe meine Kinder gerufen und ihnen gesagt, dass wir zum Tempel gehen würden. Sie haben mir keine Fragen gestellt. Ich habe meinen Umhang umgelegt. Mein Sohn hat eine Hand voll *ti*-Blätter für den Tempel gepflückt. Meine Tochter hat *'awa* gemacht, die Opfergabe. Sie mussten mir helfen, ich konnte nicht gehen. Ich habe mich abgemüht, in meiner vornüber geneigten Haltung zu singen. Dann, als die Sonne aufging, fingen sie an zu beten. Ich bin eingeschlafen oder in Trance gefallen. Als ich aufgewacht bin, hab ich mich sehr stark, sehr gut gefühlt und ich hatte das Bedürfnis, aufzustehen und mein Leben weiterzuleben. Und so kam ich ohne Hilfe auf die Füße. Wir gingen nach Hause und ich zog meine Trainingssachen an und ging eine Runde laufen.«

Da solche Wunder nicht jedem beschieden sind, schlägt Brandt Meditation als den besten Weg vor, die persönlichen *'aumākua* anzurufen. Er legt großen Wert darauf, dass Meditation die Grundlage allen spirituellen Lebens ist, »denn durch Meditation werden wir spirituell geführt«. Meditation, sagt er, ist »der Augenblick, in dem du in direktem Kontakt mit den *'aumākua* bist, in direktem Kontakt mit den Göttern.«

Er befolgt eine Acht-Stufen-Technik, durch die man, wie er eindringlich sagt, »das Licht erreicht und *mana* schafft.« Seine Technik ist nichts Althergebrachtes, sondern etwas, das er über die Jahre hinweg selbst entwickelt hat.

»Wir lehren, dass Übung alles ist. Ich glaube nicht, dass eine halbe Stunde pro Tag ausreicht. Ich glaube nicht, dass es möglich ist, zur Erleuchtung zu kommen, wenn man so nebenbei dreißig Minuten am Tag meditiert. Ich glaube, man muss regelmäßig morgens und abends meditieren. Die Buddhisten machen es so – mindestens zwei volle Meditationen pro Tag.

Wenn man diese Technik befolgt, wird es passieren. Ich kann nur das eine sagen, dass es passieren wird. Denn diese Technik ist von tausenden angewandt worden.«

Seine Acht-Stufen-Technik sieht folgendermaßen aus:

1) DIE RICHTIGEN BEDINGUNGEN
»Wähle einen bestimmten Ort und eine bestimmte Zeit aus. Wenn du die richtige Stellung gefunden hast, wirst du, nachdem du es ein paar Mal gemacht hast, feststellen, dass sich alles auch richtig anfühlt, sobald du dich niederlässt, dass alles fließt. Wir brauchen diese Vertrautheit.«

2) ATMOSPHÄRE
Der Ort muss so sein: »Vertraut, bequem, sicher. Setz dich mit gekreuzten Beinen oder aufrecht auf einen Stuhl. Keine Unterbrechung durch Telefon, Straßenlärm, Kinder oder andere Störungen. Das würde deine Meditation zunichte machen.«

3) ERÖFFNUNGSGEBET

»Das ist ein rituelles Gebet, mit dem du die Macht anrufst, die du verehrst, damit sie dir den Weg öffnen möge. Du rufst deine Gottheiten oder deine *'aumākua* an, damit sie dich ermächtigen. Ob du beten willst oder einfach nur dein Ziel vorbringst, das bleibt dir überlassen.«

4) ZIEL

»Das ist die Hauptsache: deine Ziele kundzutun. Nenne ein Ziel oder ein Bedürfnis und richte deinen Geist darauf. Ich betone: *ein* Ziel – ein einziges Ziel, das du in dieser Meditation erreichen willst. Wenn du hingegen nur den Frieden in der Meditation suchst, bittest du einfach darum, ins Licht geführt zu werden, und dann genießt du deinen Frieden und deine Stille und die Kraft, die dir zufließt.«

5) ATMEN

»Tief atmen: das ist der kritische Punkt bei der ganzen Sache, denn wenn du das nicht gut machst, wird sich höchstwahrscheinlich nichts ereignen. Durch dein Atmen schaltest du alle unnützen Gedanken in deinem Kopf ab. Bring dich auf einen Punkt, wo du nichts mehr hörst, nicht einmal deine eigene Stimme. Ich atme einfach, bis ich eine kleine Lichtraute sehe. Wenn ich atme, spüre ich, wie ich leichter werde, und das Licht und ich bewegen uns aufeinander zu, bis ich irgendwann ganz in das Licht gehüllt und vollkommen in Trance bin.«

6) LICHT

»Möglicherweise nimmst du, wenn du dich darauf konzentrierst, ein winziges helles Licht im fernen Äther wahr, das sich ausdehnt, bis du ganz in seinen Glanz gehüllt bist. Manchmal geschieht deine Vereinigung mit dem Licht sofort – wusch, schon bist du da. Wenn du es erreichst, bist du ermächtigt, du wirst eine beträchtliche Zeit so bleiben.«

7) KONZENTRATION

»Lass nicht nach in deiner Konzentration, während du durch Zeit und Raum reist. Halte deinen Geist auf dein Ziel gerichtet, bis das Licht erlischt und die Kraft abnimmt.«

8) BEENDIGEN

»Bleibe so meditativ und wachsam für Rat und Führung wie nur möglich. Halte dich offen und frei, bis deine Sinne dir bestätigen, dass die Arbeit vollendet ist.«

Brandt sagt, er beginne die Meditation mit dem absoluten Vertrauen, dass »wenn ich das hier richtig mache, alles geschehen wird, und so ist es auch. Wenn man diese Arbeit mit all zu vielen Selbstzweifeln angeht, wird es nicht funktionieren. Wenn du es gut gelernt hast und wenn du Vertrauen zu dir hast, funktioniert es auch – du wirst das *mana* erhalten, du wirst Führung erhalten.«

Mana ist für Brandt einer der Hauptgründe für die Meditation. Er lehrt die Leute, wie sie ihr »*mana* bündeln«, wie sie ihre Kräfte freisetzen können.

»Das Geschenk des *mana* gehört uns allen und wir können dieses *mana* beherrschen. Man schafft *mana* durch Beten, durch tiefes Atmen und durch Meditation. Hast du ein starkes Bedürfnis, etwas in deinem Leben zu verändern? Mehr Reichtum, eine bessere Gesundheit, wie man ein besserer Mensch sein kann? Gut, dann konzentriere dich darauf.

Was blockiert das *mana*? Die Unfähigkeit, sich zu konzentrieren. Wir müssen uns auf einen Punkt äußerster Konzentration bringen – allen oberflächlichen Müll in unserem Kopf ausschalten. Das können wir durch richtiges, tiefes Atmen erreichen. Atmen ist der Schlüssel.«

80

Heiler haben natürlich ein stark entwickeltes *mana*. Brandt, der sein ganzes Leben lang Geistheilungen gemacht hat, besteht darauf, dass jeder die Fähigkeit zum Heilen hat, sofern er seine Kräfte genügend bündelt. »Du kannst die *'aumākua* anrufen, die Götter, damit sie das *mana* freisetzen und dir die Ermächtigung dafür geben«, sagt er.

Manche Krankheiten, räumt er ein, sollten allerdings nur von einem erfahrenen *kahuna* behandelt werden – Krankheiten, die einem von einem Zauberer angehext wurden. Diese schwarze Magie heißt *'anā'anā* und es gibt nur eine einzige Heilmethode: den Fluch zum Zauberer zurückschicken.

»Ich schicke ihn zurück und bestrafe diese Person. Es kommt durchaus vor, dass ich mit Zauberei zu tun habe. Ich habe das schon viele Male erfolgreich gemacht«, sagt Brandt.

»Einmal war es eine Frau aus Frankreich. Um einem Fluch zu entgehen, ist sie mit ihrem Mann nach England, dann nach Australien geflogen. Aber du kannst vor dem Fluch nicht weglaufen, er reist mit dir mit. Nachdem sie in der ganzen Welt herumgeirrt waren und vergeblich Heilung für sie gesucht hatten, riefen sie mich von Australien aus an. Nicht lange danach trafen sie auf Big Island ein. Wir blieben fünf Abende zusammen und es war wirklich ein schweres Stück Arbeit. Ich wurde hochgehoben und zu Boden geworfen, aber ich war stark genug und ich wusste genug, um mich dagegen zu behaupten. Am Ende brachte ich einen erfolgreichen Gegenzauber zu Stande. Wenn ich versagt hätte, hätte ich dabei umkommen können.«

Anscheinend hatte die erste Frau des Mannes eine Zeit lang in Afrika gelebt und sie hatte eine afrikanische Zauberin gebeten, den Zauber anzubringen – ohne dass das betroffene Paar auch nur das Mindeste ahnte. Nach Brandts spiritueller Heilung flogen sie nach Australien zurück, dann riefen sie an, um ihm von der Zauberin zu erzählen – sie war offenbar gestorben, während Brandt seine Heilung durchführte.

»Mit ihrem Tod war die Frau aus Frankreich befreit«, sagt Brandt. »Es ist wirklich so ernst. Das ist kein Spaß. Es gibt zahllose Fälle, von denen das berichtet wird. Es ist eine ganz reale Sache. Ist mir auch schon angetan worden. Hat aber nicht funktioniert, wie man sieht.«

Als Brandt noch ein junger Mann war, bat der Exmann einer Freundin seine Tante, das Todesgebet zu schicken, um Brandt zu töten. »Seine Großtante war eine *kahuna 'anā 'anā*, die ich nicht kannte«, sagt Brandt. »Kein ausgebildeter *kahuna* wird je auf diese Weise getötet oder in Gefahr gebracht werden können, wenn er tut, was ihm beigebracht wurde, das heißt, wenn man sich selbst schützt. Ich mache das zweimal am Tag durch Beten, indem ich mich den Göttern verschreibe. Das gehört einfach zu unseren spirituellen Opferritualen. Aber es ist mir nie in den Sinn gekommen, dass ich verzaubert sein könnte. Das war mein Fehler. Ich wusste genug, um auf der Hut zu sein, aber ich war Hals über Kopf verliebt und habe die Kontrolle über mich verloren, nehme ich an.«

Auf jeden Fall fand er sich im Krankenhaus wieder und nach einer Woche hörte er die Ärzte zu seiner Schwester sagen, dass sie nichts mehr für ihn tun könnten.

»Ich habe ihr gesagt, sie soll Auntie Luka rufen, aber die Leute an der Pforte wollten sie nicht ins Krankenhaus lassen, weil sie wussten, wer sie war. Damals war es noch ein Verbrechen, als *kahuna* zu praktizieren, vom Gesetz unter Strafe gestellt. Aber sie musste gar nicht durch die Vordertür hereinkommen. Das Plantagenhospital hatte eine *lānai*, eine Veranda, die ringsherum ging. Und so ist sie in mein Zimmer gekommen, wo sie meinen Astralleib untersucht und dann festgestellt hat, was mit mir nicht stimmte.« Sie holte ihn aus dem Krankenhaus zu sich nach Hause, wo er eine Woche lang vor sich hindämmerte und immer wieder das Bewusstsein verlor. Als er schließlich zu sich kam, war er 35 Pfund leichter und sehr schwach.

»Auntie Luka hat mir unverblümt die Meinung gesagt und mich heruntergeputzt, wie ich nur ein solcher *lolo* (Dummkopf) sein könne, dass ich mich beinahe von *'anā' anā* hätte umbringen lassen. Sie hat mir sogar gesagt, wer es war, nicht mit Namen, aber den Ort, so dass es keinen Zweifel mehr daran gab. Auntie Luka hat gesagt, wir müssen es zu ihr zurückschicken, und das haben wir gemacht, sehr erfolgreich.«

1967 rief Brandt eine gemeinnützige Organisation namens *Kahanahou* (Erneuerung) Hawaiian Foundation ins Leben, deren Aufgabe es sein sollte, die hawaiische Jugend in ihrer Kultur zu unterrichten. Er zog sich von seinem Entertainer-Unternehmen in den Hotels zurück, um sich ganz der Stiftung zu widmen.

»Wir waren immer noch ziemlich erfolgreich (als Entertainer)«, sagt er. »Aber mein Urgroßvater zeigte sich mir wieder einmal im Traum. Er sagte mir, es sei jetzt der Zeitpunkt in meinem Leben gekommen, mich noch tiefer unserer Kultur, unserem Volk zu verschreiben. Er sagte: Konzentriere dich ganz auf den *hula maoli*, unseren einheimischen Tanz, und auf den Gesang.

Wir arbeiteten zu fünft in einem Raum, der eigentlich ein Eselsstall war, wir schnitzten und ich machte Trommeln. Dann kamen andere Hawaiianer dazu. Nicht lange, und es arbeiteten zwölf von uns zusammen. Dann schauten immer wieder Eltern bei uns vorbei und fragten: ›Warum unterrichtet ihr denn nicht?‹ Also unterrichtete ich. Wir bauten im Handumdrehen eine *hālau* (Schule) auf. Es war nie eine große Sache. Nur ein paar Hawaiianer, die zusammenarbeiteten. In den ersten siebzehn Jahren haben wir nur Hawaiianer unterrichtet und nur Hawaiianer haben sich bei uns betätigt.

Aber es war auch die Zeit, als die New Age-Bewegung aufkam, und ich hatte mich mit Peter und Eileen Caddy (von der Findhorn Foundation in Schottland) angefreundet. Andere New Age-Lehrer wurden aus den unterschiedlichsten Gründen angezogen. Ich kam also ziemlich viel mit New Age-Philosophien in Berührung und ich fand sie gar nicht übel. Sie gefielen mir wesentlich besser als die christliche *haole*-Gemeinde. Wir öffneten uns diesen Leuten und ich hatte meine eigene Offenbarung.

Von da an wurde jeder bei uns aufgenommen. Und ich bereue nicht, dass wir das gemacht haben. Wir teilen unser Wissen mit allen, die lernen wollen. Es kommen Leute aus vielen Ländern hierher, um mit uns zu lernen, die nach der kulturellen Wahrheit Hawaiis suchen.

Es ist eine Zeit großer Veränderungen. Und der Wandel hat gerade erst begonnen. Es wird viel radikaler und ganz anders sein, als wir in unserer Generation es uns je hätten träumen lassen. Zum Glück bin ich so vertraut mit New Age, dass ich keine Probleme mit den Veränderungen habe, die auf uns zukommen werden.«

Kawika Ka'alakea
Geistlicher und Naturheilkundiger

»Ich habe Geister in meinem Kopf«, bekennt der vierzigjährige japanisch-amerikanische Mann stockend und leise, während er still vor sich hinweint, den Körper gebeugt unter der Last seines Geheimnisses.

Seine Eltern haben ihn zu Reverend (*kahu*) Kawika Ka'alakea gebracht, einem Geistlichen der Pfingstkirche, der sein ganzes Leben lang mit Geistern und Wundern umgegangen ist. Ka'alakea ist ein gesprächiger, freundlicher, bescheidener Mann, der jeder Lebenslage mit *aloha* begegnet.

»Können Sie ihn heilen, Reverend?«, fragt die Mutter des Mannes. »Er kann nachts nicht mehr schlafen. Er glaubt, ein Geist sei in seinem Kopf. Er hat immer bei uns gewohnt, aber jetzt wohnt er nur noch in einem dreckigen Schuppen.«

Sie steht mit ihrem Mann zusammen, der die ganze Zeit kein Wort sagt, beide zerbrechlich und dünn wie Kleiderbügel. Sie redet in einem singenden Pidgin-Englisch, wie es unter den Nachfahren der Zuckerrohrplantagenarbeiter verbreitet ist.

Kahu Ka'alakea legt seine große Hand auf den Kopf des Sohnes und befiehlt Satan, von ihm zu weichen. »Du gehörst nicht ihm«, sagt er dem Mann. »Du gehörst Gott. Du trägst Gottes Bildnis in dir.«

Während Ka'alakea noch aus dem Gedächtnis aus der Bibel zitiert, unterbricht ihn der Mann: »Ich bin kein Christ. Ich bin Zen-Buddhist. Ich glaube nicht an einen persönlichen Gott. Aber ich glaube, dass Jesus existiert hat.«

Für Ka'alakea ist das in Ordnung. »Das gefällt mir«, antwortet er. »Es ist Ihre Entscheidung.« Aber er will zu dem Schuppen des Mannes mitkommen, um den Ort gegebenenfalls von Unsichtbarem oder Unbekanntem zu befreien – von Geistern, die sich vielleicht dort aufhalten. »Sie müssen Ihr Haus reinigen«, mahnt er, was in spirituellem Sinn, nicht wörtlich, gemeint ist.

»Er ist ein guter Junge«, sagt die Mutter von ihrem gequälten Sohn. »Er ist ehrlich. Er sagt die Wahrheit und glaubt an den hawaiischen *kahuna* .«

Reverend Ka'alakea will sich nicht mit den mächtigen *kāhuna* in alter Zeit vergleichen. Viele von ihnen hatten ein solches *mana*, dass die Kräfte, die ihnen zugeschrieben wurden, heute wie Magie anmuten. Ka'alakea betrachtet sich einfach als Landgeistlichen. Tatsächlich aber ist er eine Mischung aus traditionell und modern – ein sehr hawaiischer Mann, der *lā'au lapa'au* praktiziert – Kräutermedizin –, es aber vorzieht, mit Handauflegen zu heilen, während er glühend zu seinem christlichen Gott betet.

Er hat eine hawaiische Kindheit verlebt, wie sie heute keinem mehr beschieden ist – er ist in einem Paradies namens Kipahulu auf Maui aufgewachsen, wo die Luft vom Duft der Blumen und reifenden Früchte erfüllt ist, ein Ort, wo die Pflanzen ins Riesenhafte wuchern, voll gesogen von üppigem Regen, Sonne, Vulkanboden und *aloha*. Die dschungelgrüne Erde wiegt sich auf der einen Seite in der Bläue des unverschmutzten Ozeans, auf der anderen Seite wird sie von einem dreitausend Meter hohen sanften Berg bewacht, der nach der Sonne benannt ist, Haleakala. Es ist ein Ort, von dem Ka'alakea in gedämpftem, ehrfürchtigem Ton redet, als ob er von einer großen Kathedrale spräche. Ein Ort, an den er sich mit großem Heimweh erinnert.

»Ich bin am 8. Dezember 1919 in Kīpahulu geboren«, so fängt er an. »Ich bin reinblütiger Hawaiianer. In Kīpahulu zu leben war einfach wunderbar. Alles – Berg, Meer und Land – alles war

»Damals, als Gott Himmel und Erde erschaffen hat, gab es nur Wasser. Also trinkt Wasser, dann bleibt ihr gesund. Wasser ist Leben. Im Wasser ist etwas, das ihr nicht seht und das ich nicht sehe. Aber nach dem Willen Gottes bewegt sich der Geist Gottes im Wasser.«

da. Der Berg war so wichtig. Er war mein Lehrmeister. Ich bewegte mich dort ganz allein. Ich verirrte mich nie, kein einziges Mal. Ich kenne alle Pflanzen dort oben, was Medizin ist, was nicht Medizin ist, was man nehmen kann, was man nicht nehmen kann, wie man sie (die Pflanzen) abschneiden muss.

Den Berg rauf, den Ozean runter. Man hat mir viele gute Dinge beigebracht. Ich hatte Glück. Ich lernte das ganze Land kennen. Ich lernte, wie man *taro* pflanzt, wie man Süßkartoffeln pflanzt. Fischen. All diese Dinge. So haben wir überlebt. Wir mussten es tun; niemand sonst hätte es für uns getan. Deshalb hat meine Großmutter gesagt: ›Leg deine Hand auf das Land. Und was in das Land eingeht, wird dir zugute kommen.‹

Das Land enthält vieles. Unsere Nahrung kommt dorther. Unsere Kultur kommt dorther und unsere Sprache kommt vom Land. Alles. Das ist *ʾāina*. Wir Hawaiianer kommen von der *ʾāina*.«

Als junger Mann hat er sich nie viel um spirituelle Dinge gekümmert. Er ging nach der vierten Klasse von der Schule ab

89

und half seinem Vater beim Fischen. Mit vierzehn arbeitete er auf der örtlichen Ranch als Hilfsarbeiter. 1938 heiratete er und sechs Jahre später, mittlerweile Vater von drei kleinen Kindern, hatte er seine erste »Erleuchtung« – ein Einschnitt in seinem Leben durch die Hand Gottes.

»Ich empfing den Heiligen Geist«, erinnert er sich. »Ich wurde von meinem ältesten Bruder zur Kanzel gezerrt, damit für mich gebetet werden sollte. Ich fühlte etwas, das ich noch nie in meinem Leben gefühlt hatte, und ich fing an zu weinen. Danach rauchte ich nicht mehr. Trank keinen Alkohol mehr.«

Obwohl er glaubt, dass das seine erste Berufung war, lebte er zunächst sein Leben weiter wie zuvor. Tagsüber arbeitete er als Cowboy auf der Ranch und nachts spielte er Steel Guitar in einer populären Band im einzigen Hotel der Stadt Hāna, zehn Meilen von dem Ort entfernt, in dem er aufgewachsen war. Er hatte noch nicht begriffen, wohin das Schicksal ihn führen würde. Es kostete ihn beinahe das Leben, bis ihm endlich ein Licht aufging.

»1948 hatte ich einen Unfall«, sagt er und erzählt die Geschichte, die sein Leben veränderte. »Mein Vater (Diakon der Kirche) bat mich ihm zu helfen, am Sonntag das Abendmahl des Herrn vorzubereiten. Aber dann kam mein Freund und ich ging mit ihm. Wir nahmen unsere Netze. Fischen gehen.

Die See war rau, so rau. Ich gehe immer dorthin, aber diesmal ist mir was passiert. Ich bin ungefähr sechs bis zwölf Meter abgestürzt. Ich bin auf einen Felsen gefallen, ich bin ins Wasser gefallen. Als ich aufschaue, oh, da bin ich im Wasser. Aber ich danke Gott – es war die Liebe Gottes, die mir das Leben gerettet hat. Ich hätte sterben können da draußen. Die See war rau. Kein Mensch kann sich in einem solchen Wasser halten. Die Welle hob mich hoch und warf mich hinauf. Mein Freund langte zu mir herüber. Große Welle. Mein Freund hielt meine Hand und zog mich hoch. Hier kann keiner gehen. Wir kriechen hoch. Er setzt mich aufs Pferd und bringt mich nach Hause.

Mein Vater geht los, um Medizin für meinen Rücken zu holen. Ich denke, mein Rücken ist gebrochen. Er zerrt mich in die Nachmittagssonne hinaus und bittet Gott um Vergebung. Dann streicht er die Medizin fünfmal auf meinen Rücken. *'Ekāhi, 'elua, 'ekolu, 'ehā, lima. Hā.* (Eins, zwei, drei, vier, fünf. Atmen.) Fünfmal. Er leitet seinen Atem auf mich. Er streicht die Medizin drei Tage lang auf meinen Rücken. *'Ekāhi, 'elua, 'ekolu* – eins, zwei, drei. *Pau* (Schluss). Ich stehe auf und gehe. Es ist ein Wunder. Ich gehe. Ich spüre nichts. Mir tut nichts mehr weh. Ich gehe wieder zur Arbeit. Mein Freund sagt: ›Was, du kommst schon zur Arbeit? Du kommst viel zu früh wieder zurück. Dir geht's schlecht. Du hast dir den Rücken gebrochen!‹

Seit diesem Erlebnis weiß ich, was Gott mit mir vorhat – ich soll meinem Vater helfen. Ich war der einzige Junge, der noch zu Hause bei meinem Vater war, und mein Vater hat immer auf mich gewartet. Es war einfach meine Pflicht, meinem Vater in der Kirche zu helfen. Deshalb wurde ich verletzt. Gott hat es so gemacht. Nur gut, dass er mir nicht den Rücken gebrochen hat. Er hat mich nur gewarnt: Und Gott wollte es, dass der Zorn Gottes auf die Kinder Gottes fiel.«

Und doch … der Zorn Gottes war noch nicht verraucht. Ka'alakea wurde nicht nur in die Knie, sondern auch noch flach auf den Rücken gezwungen, bis er wirklich begriffen hatte, wie hawaiisch sein Predigeramt sein würde.

»1948 bin ich abgestürzt. Aber nicht tief genug. Gott hatte mir das Leben gerettet. Und ich habe gut gelebt. 1953, noch nicht gut genug. Gott liebte mich immer noch. Er steckte mich ins Krankenhaus.

Meine Frau sagt mir: ›Geh du lieber zum Doktor, dir geht's nicht gut.‹ Ich sage: ›Nein, ich bin in Ordnung.‹ Sie sagt: ›Oh, nein, nein, nein.‹ Meine Frau hat einen Dickkopf. Stößt mich in den Wagen und bringt mich ins Krankenhaus. Sie haben mich geröntgt und ins Krankenhaus gebracht. Ich hatte TB (Tuberkulose).

Der Arzt dort hat mit meinem Vater und meiner Frau geredet und gesagt: ›Ihr habt den Mann zu spät zu mir gebracht. Ich kann nichts für ihn tun. Zu spät. Schaut euch die Röntgenaufnahme an.‹

Also haben sie mich in ein Zimmer mit einem Filipino getan. Ich bin ungefähr eine Woche da geblieben. Dann ist mein Vater gekommen, er schaut zum Himmel auf: ›Vater, ich danke dir heute. Wenn du meinst, mein Junge soll heim zu dir, dann nimm ihn heim. Es ist dein Wille.‹ Er spricht Hawaiisch. Dann ruft er mich: ›Kawika, du und ich beten das Vaterunser auf Hawaiisch.‹

Wissen Sie, ich hatte noch nie in meinem Leben Hawaiisch gebetet. Es ist das erste Mal. Ich habe das Vaterunser zum ersten Mal in meinem Leben mit meinem Vater gebetet. (In psalmodierenden Rhythmen fängt er an, das Vaterunser zu beten: *E ko mākou Makua i luna o ka lani, e ho'anoia kou inoa …*)

Das Vaterunser ist so wichtig, alles – wie wir leben, wie wir bereuen, wie wir uns bessern, wie wir lieben sollen – all das steht in einem einzigen Gebet, dem mächtigsten Gebet, das wir heute haben.

Mein Vater steht auf, nimmt seinen Hut, geht zur Tür, sagt nichts zu mir, kein Lebwohl, gar nichts. Zwei Tage danach habe ich eine Erleuchtung. Ich sehe so ein kleines Licht, das auf mich zukommt, und es ist ein schönes Land, Weizen wächst, so weit das Auge reicht, und dieses Licht in der Mitte, das auf mich zukommt. Hinter dem Licht war jemand, kam auf mich zu. Wie ein Blitz. O nein. Der Blitz kam dreimal. Ich weiß nicht, was dieser Blitz ist.

Ich habe von zwei Ärzten geträumt, die meine Röntgenaufnahmen studiert haben. Die erste Aufnahme, die zweite Aufnahme, sie schieben diese Röntgenaufnahmen hin und her. Sie schütteln den Kopf. Sie können es nicht glauben.

Eine Woche danach röntgten sie mich. Die Ärzte kamen zu

mir: ›Sie werden wieder gesund.‹ Damals hatten sie noch nicht die Medizin für TB.

Aber der Filipino ist gestorben. Er ist an meiner Stelle hinaufgegangen. Ich sollte eigentlich gehen. Gott hat einen Plan für mich. Es war Gottes Plan, mein Leben zu retten, ihn (den Filipino) heimzuholen.

Das Komische ist, dass ich zwei ganze Jahre im Krankenhaus blieb. Es ging mir gut, aber Gott hat mich für zwei Jahre dort hingeschickt. Es gab einen Grund, warum er mich genau dort haben wollte; ich fing an, mit den Patienten zu arbeiten, ich betete für die Patienten. Es war Gottes Plan.

Ich habe dieses Licht gesehen und es war Jesus selbst, Er ist zu mir gekommen. Er war das Licht der Welt. Das ist Er.

Wie viele Male hat Gott mich gewarnt? Zweimal schon. Gottes Plan war, mich zum Prediger zu berufen. Mein einer Bruder ist Prediger, mein anderer Bruder ist Prediger, mein Onkel ist Prediger, meine ältere Schwester ist Erweckungspredigerin.

Als ich vom Krankenhaus nach Hause gekommen bin, hab ich als Erstes meine ganze Familie um mich versammelt. Sie schauten mich an und weinten. Ich war vom Geist Gottes erfüllt. Wir kommen alle zusammen und ich spreche Hawaiisch. Ich habe vom Vaterunser auf Hawaiisch geredet, auf Hawaiisch gepredigt, auf Hawaiisch vorgelesen, auf Hawaiisch gebetet. Gott wollte, dass ich diese Sprache spreche. Ich nahm die hawaiische Sprache über die ganze Insel mit. Diese eine Sprache – wie mächtig.«

Als er 1955 nach Hause kam, stellte er fest, dass sein Bruder ein Jahr lang gelähmt gewesen war; eine Kuh hatte ihn angegriffen, als er ihrem Kalb das Brandzeichen aufdrückte.

»Gelähmt. Konnte nicht gehn«, sagt Ka'alakea. »Der Arzt gab ihn auf. Konnte nichts tun. Ich kam vom Krankenhaus zurück; ich war von Gottes Gegenwart erfüllt. Also ging ich meinen Bruder besuchen. Er war Prediger seit langer Zeit. Er lag auf dem Bett. Er sieht mich, er weint. Ich schaue zum Himmel auf und sage: ›Vater, das hier ist mein Bruder. Ich liebe meinen Bruder. Kannst du machen, dass er wieder gehen kann?‹ So rede ich. Ich helfe meinem Bruder hoch und halte ihn und er fängt an zu gehen. Er geht. Das ist das erste Wunder, das Gott mir gezeigt hat. Von diesem Zeitpunkt an weiß ich, dass Gott mich gerufen hat. Später hat es noch viele Wunder gegeben.

Ich habe gesehen, wie etwas geschehen ist, als ich mit meinem Bruder angefangen habe. Von dieser Zeit an glaubte ich, dass Gott mich vielleicht im Predigeramt haben will. Das hat er zu mir gesagt: ›Geh hin und errette meine Kinder.‹ Immer wenn ich hinter der Kanzel stehe, bin ich vom Geist Gottes erfüllt.«

Kahu Ka'alakea ist nicht nur Seelsorger, er heilt auch körperliche Leiden, indem er die alte hawaiische Tradition der Kräutermedizin praktiziert. Er stammt aus einer Familie von *kāhuna lā'au lapa'au* (Kräuterheilkundige), aber er selbst hat erst 1986 angefangen, damit zu arbeiten. Als Kind hat er miterlebt, wie sein Vater, seine Großmutter und sein Großvater ihre Medizin anwandten, aber sie haben ihn, in typischer Hawaiimanier, nicht ausdrücklich unterrichtet – er hat einfach zugesehen und keine Fragen gestellt.

Die Spezialität seines Vaters war das Heilen gebrochener Knochen. In alter Zeit, so heißt es, konnte ein *kahuna* , wie er einer war, Knochen sehr schnell heilen, fast wie durch Magie. Ka'alakea hat gesehen, wie sein Vater genau das getan hat, aber er kann bis heute nicht sagen, wie es gemacht wird.

»Ich kann das nicht, was er gemacht hat. Es ist eine geheime Sache zwischen ihm und seinem Gott. Er sagt es einem nicht. Die Leute müssen vier Tage lang demütig und still sein. Dann, am vierten Tag, sind sie geheilt. Wie er es gemacht hat, weiß ich nicht. Bestimmte Methoden geben sie nicht weiter.«

Er glaubt, dass die *kāhuna* in alten Zeiten mächtiger waren, weil: »Nicht so viele Leute. Nicht so viel Hektik. Es war still. Ich weiß, dass mein Vater immer auf den Berg gegangen ist; hat vier Tage dort oben verbracht. Sie bekommen das Wissen von Gott auf eine geheime Art und sie behalten es für sich.«

Wie sich herausstellte, kam er auf ganz ähnliche Weise zu seinem eigenen Wissen. Obwohl er einiges von seiner Familie lernte, ist er der Meinung, dass er den größten Teil seiner medizinischen Kenntnisse direkt von Gott erhalten hat, auf dem Weg der Erleuchtung.

»Gott hat mich gerufen, damit ich meinem Volk die Schätze bringe«, sagt er. »Den Kindern Gottes. Gott hat mich die Medizin gelehrt. Ich fing an zu sprechen, wie er es mir beigebracht hat. Ich habe nie Bücher gelesen. Nein. Die Erleuchtung kommt von Gott … Das ist gegen Asthma, auf diese Weise verschaffst du dir die Medizin, so rührst du sie an. Rizinuspflanze, nimm das Blatt für Arthritis. Wickle es dreimal herum. Mein Vater hatte Arthritis, sogar ich hatte Arthritis. Und jetzt nicht mehr.

Lā' au lapa'au ist gut für alles, für dein Auge, für dein Haar, für deine Nase, dein Ohr, deine Zunge, was auch immer. Ob du Krebs hast, ob du Blutungen hast, egal welche körperlichen Beschwerden, wir haben eine Medizin dafür. *Lā'au lapa'au* ist ein wirksames Mittel.«

Trotzdem hat er nichts gegen die westliche Medizin. »Das ist dasselbe. Es ist egal«, sagt er. »Es kann westliche Medizin sein, es kann hawaiische Medizin sein. Es ist alles dasselbe. Aus den Kräutern machen sie Kapseln. Mir ist aufgetragen, die hawaiische Medizin weiterzugeben.«

Was ihm in Wahrheit am Herzen liegt, ist jedoch die spirituelle Heilung. »Wenn ich Kräuter geben muss, gebe ich sie. Aber meistens gebe ich sie nicht«, sagt er. »Ich bete für sie. Heilen durch das Gebet. Das ist es, was ich gebe – spirituelle Medizin. Beten ist stärker. Jesus hat Seine Hand aufgelegt, nur Seine Hand – Seine Medizin. Er machte die Blinden sehend, Er machte die

Lahmen gehend. Er machte die Toten lebendig, nur durch Seine Hand. Ich praktiziere auch mit meiner Hand. Ich glaube an das Gebet.«

Auf die Frage, was man tun soll, um gesund zu bleiben, hat Ka'alakea eine überraschend einfache Antwort: »Damals, als Gott Himmel und Erde erschaffen hat, gab es nur Wasser. Also trinkt Wasser, dann bleibt ihr gesund. Wasser ist Leben. Im Wasser ist etwas, das ihr nicht seht und das ich nicht sehe. Aber nach dem Willen Gottes bewegt sich der Geist Gottes im Wasser.

Zwei Arten von Wasser: heißes und kaltes Wasser. Bei heißem Wasser lass dir Zeit, nichts übereilen. Kaltes Wasser ist zu kalt. Die Sonne ist Leben – macht das Wasser heiß. Ich stelle meine Medizin draußen in die Sonne, die Sonne kocht die Medizin.

Um den Körper von innen zu reinigen, nimmst du Meerwasser, Salzwasser, mit halb und halb reinem Wasser, du tust Zitrone rein und dann entschlackst du. Das Wichtigste im Leben ist entschlacken, sich reinigen.«

Und die endgültige Antwort, jenseits von Medizin und Kräuterheilen, ist, wie er glaubt: »Das Entscheidende bist du selbst. Du glaubst und es geht dir gut.«

Reverend Ka'alakea empfängt alle seine Weisungen von Gott, ob es um das körperliche Wohl oder um das Seelenheil geht. Er war in keinem Priesterseminar, um Prediger zu werden, er hat keine Bücher gelesen oder studiert, um Heiler zu werden, er hat einfach eines Tages angefangen, beides zu tun.

Er sieht sich als Anhänger der Pfingstkirche; seine Kirche steht auf seinem eigenen Grund und Boden. Er hat das Land in den frühen Achtzigerjahren gekauft und eine alte Mormonenkirche dorthin versetzen lassen. Er hat sie hergerichtet und das Gelände bepflanzt, und jetzt hat er eines der schönsten Grundstücke in einem sehr belebten Touristengebiet namens Kihei. Seine winzige weiße Kirche ist eine überraschend friedliche Oase in einer Umgebung, die von Betonblöcken und Einkaufszentren beherrscht wird. Mit seinem wunderlichen kleinen Glockenturm und der einfachen Holzbauweise ist Ka'alakeas altes Kirchengebäude eine Erinnerung daran, wie diese hektische Gegend einmal war, in der Zeit, bevor Maui »entdeckt« wurde.

Er glaubt, dass seine Kirche die einzige ist, in der ebenso unbekümmert Hawaiisch gesprochen wird wie Englisch. Sein Vormittagsgottesdienst besteht aus hawaiischen Hymnen, hawaiischen Gebeten und einer Predigt, die hauptsächlich in Englisch gehalten wird. Es gibt keine Zeremonie, kein Ritual, ebenso wenig wie einen Altar, nur eine kleine hölzerne Kanzel. Ein Schild mit der Aufschrift: »Gott ist Liebe – *Aloha Ke Akua*« hängt hinter der Kanzel über einem einfachen Holzkreuz. Das ist Ka'alakeas Botschaft: *Aloha Ke Akua*.

DIE VERGANGENHEIT
BEWAHREN

Nach Captain Cooks Schätzung lebten etwa 300.000 Menschen auf Hawaii, als er 1778 dort ankam. Andere spekulierten, dass es bis zu einer Million gewesen sein könnten. Cook war gutwillig und gesittet, doch seine Männer hatten nur die Befriedigung ihrer Triebe im Sinn. Mit dem Ergebnis, dass sie – und alle anderen nach ihnen – Krankheiten einschleppten, die bis dahin auf den Inseln unbekannt gewesen waren: Geschlechtskrankheiten, Pocken, Cholera, Masern, Erkältungen, Grippeinfektionen. Die große Mehrheit der ursprünglichen hawaiischen Bevölkerung, etwa bis zu 80 oder 90 Prozent, starb innerhalb von nur wenigen Jahrzehnten.

Die alten Hawaiianer hatten keine geschriebene Sprache; sie gaben ihre Traditionen mündlich weiter, von einer Generation zur nächsten; und als die Ältesten und die *kāhuna* an den neuen Krankheiten starben, erloschen ihre Kenntnisse mit ihnen. Vieles von den alten Ritualen und Wissensschätzen war für immer verloren. Hinzu kam, dass die Missionare, als sie 1820 eintrafen, nicht viel an den Hawaiianern und ihrer Kultur entdecken konnten, das ihren Beifall fand. Hiram Bingham, der Missionsleiter, war entsetzt, als er Liholiho, dem König von Hawaii, vorgestellt wurde und dieser »die erste Gesellschaft weißer Frauen, die er je gesehen hatte … ohne Hut, Handschuhe, Schuhe, Strümpfe und Hosen empfing«. Bingham schrieb später über die »Atmosphäre bitterer Armut, Würdelosigkeit und Barbarei, die unter den schnatternden und nahezu nackten Wilden vorherrschte«.

Und doch wurden die frühen Missionare geliebt und ihr mächtiger neuer Gott übte eine starke Faszination auf die zutiefst spirituellen Hawaiianer aus. Man muss es diesen verbohrten, hart arbeitenden Neuengländern zugute halten, dass sie die hawaiische Sprache lernten, Schulbücher auf Hawaiisch druckten und die Leute in Hawaiisch unterrichteten. Innerhalb vier Jahren nach ihrer Ankunft gab es mehr als 900 Schulen über die Inseln verteilt, die meisten in der Hand von hawaiischen Gelehrten, die von Missionaren ausgebildet worden waren. Die Hawaiianer wussten wenig über den rasch einsickernden Westen und die Häuptlinge drängten die Missionare, ihrem Volk *palapala* – »Bücherwissen« – beizubringen. Innerhalb von 20 Jahren hatten die Hawaiianer die höchste Alphabetisierungsrate der Welt. Während in Amerika Sklaven, Pioniere und Indianer wenig Chancen hatten, eine Schulbildung zu erhalten, ging in Hawaii jedes Kind in die Schule.

In dem Maß jedoch, wie sich das strenge calvinistische Gedankengut in der Gesellschaft festsetzte und die westliche Technologie die überkommenen Techniken verdrängte, wurde alles Hawaiische zweitklassig. Selbst die hawaiische Monarchie konnte sich nicht lange halten – weniger als ein Jahrhundert – ehe sie vom Westen gestürzt wurde.

Die Landschaft selbst veränderte sich, als die Leute aus ihren traditionellen Dörfern in westliche Städte übersiedelten und riesige Zuckerrohr- und Ananasplantagen die ʻāina mit ihrem Anbau in die Einförmigkeit beförderten. König Kamehameha III. erließ Gesetze, die seinem Volk den Landerwerb und -besitz ermöglichen sollten, aber viele Hawaiianer verstanden das Konzept nicht oder waren unfähig, die erforderlichen Papiere auszufüllen, oder sie verkauften ihr Land, weil sie dringend Geld brauchten. Die Folge war, dass im Lauf der Jahre die meisten Hawaiianer auf ihrem eigenen Grund und Boden zu Landlosen wurden.

Die Bewahrung all dessen, was nach den beiden schwierigen letzten Jahrhunderten übrig geblieben ist, wurde für die heutigen Hawaiianer zur größten Aufgabe. Grabstätten, archäologische Fundorte, Wasserrechte, Fischrechte, Versammlungsrechte – all das gehört mit zum Schlachtruf für die Rechte der Hawaiianer.

Bis 1960 hatte sich der Tourismus zum wichtigsten Industriezweig Hawaiis entwickelt und es wurden so dringend Arbeitsplätze gebraucht, dass blindwütig gebaut wurde. Für Kāʻanapali, Maui, die erste große Touristenanlage, die auf Hawaii entstand, wurden zahlreiche archäologische Stätten dem Erdboden gleichgemacht, um Raum für Hotels, Apartmenthäuser und Boutiquen zu schaffen – notwendige Voraussetzung, um Einnahmequellen auf der Insel zu schaffen. In Māʻalea, Maui, gab es nach Meinung von Archäologen des Bishop-Museums in Honolulu eines der besterhaltenen Fischerdörfer auf Maui und es war geplant, dieses Dorf auszugraben und zu erforschen. Stattdessen wurden ein Fischteich, mehrere Petroglyphen und 45 Häuserreste zerstört, um einen Wellenbrecher zu bauen.

Es gab keine Zukunft für dieses Dorf, aber in den späten Achtzigerjahren sagten die Denkmalschützer den Baufirmen den Kampf an und siegten. Als eine teure Hotelkette Bauland für eine Luxusferienanlage umbrach, stellte sich heraus, dass die Bauherren auf eine ehemalige Begräbnisstätte mit mehr als 1.000 Toten gestoßen waren. Eine hawaiische Bürgerinitiative zog vor Gericht, um das Fortschaffen der Knochen aufzuhalten, und sie hatte Erfolg – ein großer Sieg über den »Fortschritt«. Ein anderes Hotel in Mākena, ebenfalls auf Maui, wollte die Öffentlichkeit daran hindern, das Hotelgelände zu überqueren, um auf dem alten *Pi'ilani Alanui* zu gehen, einer Straße, die um 1.500 gebaut worden war, damit die Insel umrundet werden konnte. Auch in diesem Fall siegten die Hawaiianer.

Da die Touristen sich mehr und mehr für das »wahre« Hawaii interessieren und die Bewunderung für die ursprüngliche Kultur wächst, bleibt zu hoffen, dass Denkmalschützer und Geschichtsbegeisterte auf offenere Ohren stoßen werden und ihre Stimmen nicht im Baulärm untergehen.

Lydia Namahana Mai'oho

kahu des Royal Mausoleum

Als der bedeutendste König von Hawaii, Kamehameha I., 1819 starb, wurden seine sterblichen Überreste heimlich fortgebracht und von zwei seiner getreuesten Häuptlinge, zwei Brüdern namens Hoapili und Ho'oūlu, versteckt. Sie hielten ihre Mission so geheim, dass bis zum heutigen Tag niemand weiß, wo sich das Versteck befindet. So wurde es in alten Zeiten gehalten – die Knochen von hohen *ali'i* (weibliche und männliche Häuptlinge/ Könige) waren so mit *mana* durchtränkt, dass sie versteckt werden mussten, damit niemand sie missbrauchen oder etwas von ihrer Kraft rauben konnte.

Kamehameha war der erste König von Hawaii und er lebte noch auf die alte Weise. Alle sieben Monarchen, die ihm nachfolgten, waren jedoch mit einer moderneren, christlichen Welt konfrontiert. Folglich wurden ihre *iwi* (Gebeine) nicht vom Fleisch gelöst und weggeschafft; sie befinden sich mitten in Honolulu zwischen einer sehr betriebsamen Straße und einem donnernden Highway. Mit anderen Worten – die Gebeine der *ali'i* ruhen auf dem Gelände des Mauna 'Ala, des königlichen Mausoleums.

Dennoch bleibt die Macht dieser *ali'i* bestehen. Mag der Großstadtverkehr noch so sehr um Mauna 'Ala branden, auf dem 3,7 Hektar großen Grundstück herrscht feierliche Stille. Hier ist seltsamerweise kein Auto zu hören.

»Merken Sie, wie friedlich es hier ist? Es ist ein so unglaublich stiller Ort. Als ob man weit weg in einer abgelegenen Gegend wäre.« Immer wieder kommt Lydia Namahana Mai'oho auf die

»Wir sind Nachfahren der Häuptlinge,
die die Gebeine von Kamehameha
dem Großen gehütet haben ...«

Stille zu sprechen, während sie auf dem Rasen vor ihrem Cot-
tage sitzt und die Geschichte von Mauna 'Ala mit ihrer eigenen
Lebensgeschichte verknüpft. Ihre Anwesenheit als *kahu*, Aufse-
herin, zeigt, dass die alten Bräuche nicht so leicht untergehen in
einem Land, in dem die hohen Häuptlinge einst als *ali'i akua*
(Häuptlinge der Götter) verehrt wurden. Mrs. Mai'oho ist eine
Nachfahrin der beiden Häuptlingsbrüder, die mit Kamehamehas sterblichen Überresten betraut worden waren. Ihre Familie
hat diese Tradition bis in die heutige Zeit fortgeführt. Die Königinnen und Könige, die in Mauna 'Ala begraben wurden, stehen
unter der ständigen Obhut einer Frau, die ihre Arbeit ernst
nimmt, einer Frau, deren Abstammung ihr das unbestrittene
Recht gibt, Hüterin der Gebeine zu sein. Obwohl sie selbst *ali'i*-
Blut in den Adern hat, empfindet sie es als hohe Ehre, in der
Nähe dieser großen Hawaiianer leben zu dürfen.

Auntie Namahana, die von akuter Arthritis geplagt ist und
kaum noch gehen kann, hat ihre offiziellen *kahu*-Pflichten an
ihren Sohn Bill abgegeben, der mit ihr in dem kleinen grünen

Häuschen lebt, das 1940 für ihren Vater gebaut wurde, als er noch *kahu* war.

»Wir sind Nachfahren der Häuptlinge, die die Gebeine von Kamehameha dem Großen gehütet haben«, erklärt sie und greift auf ihre Familiensage zurück, um die zweihundert Jahre alte Geschichte ein bisschen auszuschmücken. »Uns wurde immer erzählt, dass selbst Kamehameha kein Vertrauen haben konnte, weil er so viele Häuptlinge hatte. Wie konnte er wissen, welche er auswählen sollte? Also rief er alle seine Häuptlinge zusammen, um herauszufinden, auf wen er sich verlassen konnte. Aber nur zwei von ihnen kamen in ihren *malo* (Lendentüchern) und das waren Hoʻoūlu und Hoapili. Alle anderen kamen in ihren Federumhängen und Helmen und stellten sich vor ihm auf. Doch er wählte nicht sie. Er nahm die beiden Häuptlinge im *malo*. Und wissen Sie, warum? Weil sie sich nicht die Zeit genommen hatten sich anzuziehen. Als er sie rief, kamen sie sofort und er wusste, diesen beiden konnte er seine Knochen anvertrauen.

So viele Menschen möchten wissen, wo er begraben liegt. Wir wissen nur eins: dass Hoʻoūlu, als die beiden Häuptlinge zurückkamen, zu seiner Frau ging und die hatte gerade einen Sohn geboren. Bei den Hawaiianern war es üblich, ein Kind nach einem Ereignis zu nennen. Und so wurde das Kind *Kaiheʻekai* genannt, was ›die zurückweichenden Wasser‹ bedeutet. Man kann also herumrätseln: die Wasser sind zurückgewichen? Sie müssen in eine Unterwasserhöhle gegangen sein.

Kaiheʻekai wurde der erste Aufseher des Friedhofs beim ʻIolani-Palast. Und als er gestorben war, blieb er (der Name) in der Familie. Sein Name wurde meinem Vater gegeben, mein Vater gab ihn an seinen Sohn weiter, der gestorben ist, und schließlich an meinen Sohn, Bill, und jetzt trägt mein Enkel ebenfalls den Namen Kaiheʻekai. Wir stammen in direkter Linie von Hoʻoūlu ab.«

Bis 1862 wurden die königlichen Gebeine in einem Mausoleum in der Nähe des ʻIolani Palasts in Honolulu aufbewahrt. In diesem Jahr nun verloren König Kamehameha IV. und Königin Emma ihr einziges Kind. Und da es für den kleinen Prinzen Albert – einen vierjährigen Jungen, der nach dem Gemahl seiner Patin Queen Victoria benannt worden war – keinen Platz mehr im Mausoleum gab, ließen seine Eltern den königlichen Friedhof an seinen jetzigen Ort verlegen.

»Niemand hat an diesem Ort gelebt, als sie ihn aussuchten«, erzählt Auntie Namahana. »Es war Brachland. Man nimmt keinen Ort, an dem jemand gelebt hat. Er muss frei sein von allem – damit es in keiner Weise zu einer Entweihung kommen kann.«

Das neue Kamehameha-Mausoleum wurde nicht rechtzeitig für die nächste Tragödie fertig – nur fünfzehn Monate nach dem Tod seines Sohnes starb der 29-jährige König an einem Asthmaanfall. Es heißt, dass Schuldgefühle und Trauer über das Hinscheiden des kleinen Albert seinen frühen Tod verursacht hätten.

In ihrer Verzweiflung über diesen doppelten Verlust ließ Königin Emma ein Zelt auf dem Gelände von Mauna 'Ala aufstellen und schlief in einem noch unvollendeten Flügel der Mausoleumskapelle neben Sohn und Gemahl.

Vor lauter Geschichtsverehrung spricht Bill Mai'oho, Auntie Namahanas Sohn, im Präsens von der Vergangenheit Hawaiis, wenn er seine Führungen auf dem Mausoleumsgelände macht. »Königin Emma ist so vom Kummer überwältigt«, sagt er, »dass sie auf dem Gelände von Maula 'Ala kampiert und ungefähr einen Monat bis sechs Wochen in einem Flügel (der Kapelle) schläft. Die Leute wollen sie davon abbringen, aber sie hört nicht auf sie.«

Ein Trauerjahr wurde eingehalten, bis die Bauarbeiten an der Mausoleumskapelle, einer Konstruktion in Form eines christlichen Kreuzes, fortgeführt wurden. Als die Kapelle fertig war, wurden die Gebeine der anderen Kamehameha-Familienmitglieder vom 'Iolani Palastfriedhof in die Kapelle umgebettet. Sie waren allesamt derart hohe *ali'i*, dass nur ihre eigenen Nachfahren das Recht hatten, ihre sterblichen Überreste zu stören.

Bill beschreibt die fackelerleuchtete Prozession der bedeutendsten Familie Hawaiis in heutiger Zeit: »Am Abend des 30. Oktober 1865 bringen König Kamehameha V. und sein Vater Kekuanaou'a 18 Mitglieder der Kamehameha-Dynastie vom Friedhof des 'Iolani-Palasts herüber. Es ist eine nächtliche Prozession mit *kahili* (Federstandarten, ein Symbol für die Königswürde), *kukui*-Nuss-Fackeln; *mele* (Gesänge) werden gesungen. Sie legen Kränze und *pili*-Gras an der King Street und Nu'uanu Avenue auf dem Mauna 'Ala-Gelände nieder. Der König und sein Vater führen die Prozession an. Sie bringen die Kamehameha-Dynastie hierher und setzen sie in dem Gebäude auf Bahren und Sargböcken nieder.«

Mauna 'Ala, was so viel wie »duftender Berg« bedeutet, ist wahrscheinlich der hawaiischste Ort der ganzen Inselwelt, denn, wie Auntie Namahana sagt: »Es ist das einzige souveräne Gebiet im Staat Hawaii. Der Staat hat die Aufgabe, den Friedhof instand zu halten, aber er gehört den Leuten, die hier begraben liegen. Es ist heiliger Boden, wo sie begraben sind.«

»Souverän« bedeutet, »dass nur die hawaiische Flagge hier wehen darf«, erklärt Bill. »Es ist der einzige souveräne Staat, anerkannt durch einen Kongressbeschluss (von 1900).«

Weil die Toten, die hier begraben liegen, mit so viel Macht ausgestattet sind, gilt Mauna 'Ala bei denen, die an die Magie des alten Hawaii glauben, als gruselig oder unheimlich.

»Viele von ihnen sagen: ›Ich weiß nicht, wie Sie hier leben können bei diesen Toten«, sagt Auntie Namahana und zieht verschmitzt eine Augenbraue hoch. »Meistens sind es Hawaiianer, die das sagen. Sie bilden sich ein, dass es hier nicht mit rechten Dingen zugeht – dass die Toten herauskommen, dass sie dies oder jenes tun. Ich nicht. Ich habe keine Angst – ich bin froh, dass ich hier leben darf. Es ist so friedlich. Heiter. Hab nie was

Böses erlebt. Der Parkwächter ist hier, um dafür zu sorgen, dass die *ali'i* nicht entweiht werden – dass niemand die Gräber beschädigt oder die Kapelle. Das ist unsere Aufgabe: aufpassen, dass sie hier drin in Sicherheit sind. Und das sind sie auch.«

Von Zeit zu Zeit bäumt das alte Hawaii sich auf, zur großen Bestürzung seiner modernen Bürger. Als 1976 die Kapelle restauriert wurde, fand man die Knochen von 19 Skeletten, in *kapa*-Tuch gehüllt, im äußeren und inneren Umkreis des Gebäudes. Die außerhalb liegenden waren mit dem Gesicht zur Kapelle ausgerichtet; die unter der Erde ruhenden hatten ihre Köpfe nach außen gewandt. Anthropologen und Archäologen wurden hinzugezogen, um dieses Phänomen zu untersuchen, und es wurden viele Theorien aufgestellt, aber der neue *kahu* dieser *iwi*, Bill Mai'oho, meint, dass die *iwi* in Übereinstimmung mit den alten Bräuchen begraben worden seien.

»Wenn in alten Zeiten ein hoher Häuptling gestorben ist, haben andere Häuptlinge bereitwillig ihr Leben hingegeben, um diesen hohen Häuptling zu begleiten«, erklärt Bill. »Es war eine Tradition, die *moepu'u* oder ›mit dem Häuptling schlafen‹ genannt wurde. Kamehameha der Große hat es bei seinem Tod verboten. Er sagte, die Männer seien seinem Sohn geweiht und sein Sohn werde sie mehr brauchen als er. Und so wurde diese Sitte abgeschafft.

Jeder hat seine eigene Meinung, aber ich habe viel über Kamehameha V. und seine tiefe Verbundenheit mit der Kultur gelesen und ich glaube, er hat die Toten aus spirituellen Gründen so legen lassen, um seine Familienmitglieder innerhalb des Mausoleums zu schützen.«

Bill sagt nicht, dass die neunzehn von Kamehameha V. getötet worden seien. Ihre Überreste waren alt, so wie das *kapa*, in das sie gehüllt waren, und daher nimmt er an, dass sie aus ihren ursprünglichen Ruhestätten ausgegraben und umgebettet wurden,

110

als die Kapelle gebaut wurde. Nach Bills Auffassung waren sie alle hohe Häuptlinge, weil sie *niho palaoa* trugen, die Walzahn-Halskette, die ein Symbol für hohe *ali'i* war.

»Hühnerhaut«, würden die Hawaiianer in einem solchen Fall sagen.

Auntie Namahana hat noch andere mysteriöse Geschichten auf Lager. Kaum hat man Mauna 'Ala durch die imposanten Eisentore betreten, wird man auch schon mit dem ersten dieser Rätsel konfrontiert. Ein paar Meter jenseits des Tores steht ein wuchtiger, majestätischer Baum mit riesigen Ästen und gewaltigen freiliegenden Wurzeln, die den Baum mit der Erde verbinden. Der Baum hat eine ungeheuer mächtige Ausstrahlung, wie ein Naturgeist in einer Gruselgeschichte für Kinder. Kein Wunder, dass es von diesem hawaiischen *kamani*-Baum heißt, er könne sprechen. Einmal hat das auch Namahana erlebt.

»Die Hawaiianer glauben, dass er tanzt und singt«, sagt sie. »Und ich habe es selbst gesehen. Als ich einmal um Mitternacht nach Hause gekommen bin und das Tor geöffnet habe, habe ich eine Stimme über mir sagen hören: ›Namahana, Namahana.‹ Ich hatte solche Angst, aber ich sagte nichts darauf, weil meine Mutter mich davor gewarnt hatte zu antworten, wenn ich angesprochen werde.

Ein anderes Erlebnis hatte ich 1956. Ein junger Air Force-Soldat, ein *haole*-Junge, kam an die Tür und sagte, er schreibe über die *menehune* (zwergenähnliche Sagenwesen) und deshalb wolle er hier Fotos machen. Meine Mutter erklärte ihm, dass nur die *ali'i* hier begraben seien, aber er könne seine Fotos machen. Als er zum Tor hinausging, hörte er eine Stimme: ›Du kannst nicht über die *menehune* schreiben, aber mach ein Foto von mir.‹ Also fotografierte er, was er in dem Baum zu sehen glaubte. Er kam mit dem Foto zurück und es sah aus, als ob ein Häuptling mit einem *mahiole* (Federhelm) in dem Baum säße.«

Auntie erzählt auch die Geschichte von einem Polizisten, der während seines Streifendienstes auf einem Kirchenparkplatz in der Nähe von Mauna 'Ala schlief. Im Schlaf träumte er von alten Hawaiianern, die in Federumhängen umherspazierten. In der nächsten Nacht schlief eine Polizistin, die seine Streife übernommen hatte, an derselben Stelle und hatte genau den gleichen Traum, obwohl sie nichts von dem seinen wusste.

»Sie sagte ihm, sie habe einen Traum gehabt, der nicht von dieser Welt gewesen sei«, erzählt Auntie Namahana , »und er hat gesagt: ›Ich wette, du hast auch von diesen ganzen Hawaiianern in ihren Federmänteln geträumt.‹

Sie hat gesagt: ›Woher weißt du das?‹

›Weil ich denselben Traum hatte‹, war seine Antwort.

Es machte ihr Angst, aber sie sagte, sie seien wunderschön gewesen, all diese Leute, die in ihren Umhängen herumliefen.

Und dann kam 1977 ein junger Japaner hierher. Er studierte Kunst an der ›Academy of Arts‹ in Honolulu und er wollte die Kapelle zeichnen. Wir sagten, selbstverständlich, nur zu. Eine Woche später kam er mit einem Foto zurück. Er sagte: ›Mir ist was Komisches passiert. Als ich damals in der Nacht nach Hause gekommen bin, habe ich meine Skizze angeschaut und da war ein Gesicht auf der Skizze, das ich nicht gezeichnet hatte. Deshalb bin ich zurückgegangen, ohne Ihr Wissen, um ein Foto zu machen, und auf dem Foto war ein Gesicht im Fenster der Kapelle zu sehen.‹

Zehn Jahre später hat sich die Bishop-Stiftung mit mir in Verbindung gesetzt«, fährt Namahana fort. »Nach 67 Jahren haben sie endlich in das Testament von Charles Reeds (Bishop) geschaut und in diesem Testament führt er dreimal hintereinander auf: Wichtigstes und Erstes: Mauna 'Ala – Instandhaltung, Säubern der Gräber, Parkpflege. Aber wir hatten 67 Jahre lang kein Geld gesehen. Sein ganzes Geld ging an das Bishop- Museum. Aber dann haben wir endlich das Geld bekommen. Ich bin nach

Hause gegangen und habe die Zeichnung angeschaut und gesagt: ›Oh, das da im Fenster, der weiße Mann, das ist Charles Reed Bishop. Er schaut aus dem Fenster und er sieht, dass nichts getan wird. Da sagt er: ›Sie haben mein Testamanet nicht befolgt‹.

Dieser Mann hat wirklich alles gegeben. Ich weiß es, weil er meinen Dad aufgezogen hat. Er hat ihm Essen und Kleider gegeben, er hat ihm die Schulbildung ermöglicht.«

Charles Reed Bishop war ein New Yorker, der 1846 im Alter von 24 Jahren nach Hawaii gekommen war und vier Jahre später eine der mächtigsten Frauen des Königreichs heiratete, Bernice Pauahi Paki. Bernice war es bestimmt, die Letzte der Kamehameha-Dynastie zu sein, und so erbte sie die Kronländer (ungefähr neun Prozent des gesamten Landgebiets in Hawaii), und als sie starb, hinterließ sie ein riesiges Stiftungsvermögen, um hawaiischen Kindern eine Schulbildung zu ermöglichen. Ihr Mann war sowohl in Unternehmen als auch in die Regierung involviert und er war der Gründer der ersten hawaiischen Bank. Zu Ehren seiner Frau baute er das Bishop-Museum in Honolulu und hinterließ Gelder für verschiedene Zwecke, unter anderem für die Instandhaltung von Mauna ʻAla, wo er und Bernice begraben sind (in der Kamehameha-Krypta).

Auntie Namahana hat eine sehr hohe Meinung von Bishop, weil er der Adoptivvater ihres Vaters war. »Als mein Dad geboren wurde«, erinnert sie sich, »wollte Bernice Pauahi ihn adoptieren, aber meine Großmutter sagte, adoptieren könne sie ihn nicht, aber sie könne für ihn sorgen. Dann starb meine Großmutter an Auszehrung, und obwohl Bernice auch starb, sorgte Charles Reed weiterhin für meinen Vater. Als die Kamehameha-Schule eröffnet wurde, war mein Vater der erste Schüler dort. Der erste eingeschriebene Schüler. Mein Vater hatte einen krummen Daumen und sie dachten, es sei Lepra. Mr. Bishop schickte ihn nicht nach Kalaupapa (die Leprasiedlung auf Molokaʻai); er schickte ihn nach Japan. Mein Vater lebte fünf Jahre dort und sie fanden heraus, dass es nicht Lepra war. Er kam nach Hause, als er fünfzehn war. Mr. Bishop war ein freundlicher, sanfter Mann.«

Auntie Namahana mag es nicht, wenn Männer wie Bishop »haole« genannt werden – ein hawaiisches Slangwort für Weiße. Manchmal wird der Ausdruck beiläufig und ohne böse Absicht verwendet, aber manchmal ist es auch ein Schimpfwort, eine Diskriminierung.

»Ich sag immer, mein Gott, warum müsst ihr dieses Wort (*haole*) gebrauchen«, entrüstet sie sich. »Ich mag es nicht, weil viele meiner Vorfahren weiß waren. Ich bin Hawaiianerin, aber ich habe auch deutsches und englisches Blut. Ich kann das nicht einfach abtun. Das sind schließlich auch meine *kupuna* (Vorfahren).

Ich sage, hört ruhig manchmal auf die *haole*. Die *haole* lesen. Sie wissen über unsere Geschichte Bescheid, weil sie darüber lesen. Wenn einer von ihnen hierher kommt und sich so für unsere Kultur interessiert, na, dann bin ich natürlich für ihn da.

Liebe und Anteilnahme für andere Leute aufbringen, das ist überhaupt das Beste, was mir jemals beigebracht wurde. Meine Mutter hat immer gesagt, achte und liebe die Menschen, dann kannst du nie fehlgehen. Wann immer du das tust, bekommst du es zurück. Als wir heranwuchsen, haben wir immer gelernt, dass alles auf einen selbst zurückfällt.«

Auntie Namahana kommt jetzt richtig in Fahrt. Man braucht ihr kaum Fragen zu stellen – ihre Geschichten und Ansichten sprudeln nur so aus ihr heraus.

Ihre *hānai* (Adoptivtochter), Malihini Dunn-Keahi, liebt die Geschichten, die ihre Adoptivmutter erzählt. »Sie ist jemand, dem man stundenlang zuhören könnte – schön gemütlich mit einem Kissen auf dem Sofa«, sagt Malihini. »An dem Abend, als ich sie kennen lernte, hab ich das bis vier Uhr morgens so gemacht. Du hörst ihren Geschichten zu, bis du einschläfst.«

114

Eine der besten Geschichten, die Auntie erzählt, hat sich 1994 zugetragen. Auntie behauptet, dass sie die Geschichte allmählich satt habe, aber wahrscheinlich ist sie die Einzige in ganz Hawaii, die diesen berühmten Zwischenfall so langweilig findet.

Es geht um einen aufsehenerregenden Handstreich, mit dem sich eine kleine, unscheinbare Gruppe von Hawaiianern hervortat, weil sie der Meinung waren, dass den alten Bräuchen Genüge getan werden müsste. Es war ein Verbrechen – ein Raubüberfall –, aber viele bejubeln die Missetäter und betrachten sie regelrecht als Helden. Allerdings sind es anonyme Helden, denn niemand weiß, wer es war. Oder zumindest macht niemand den Mund auf.

Angelpunkt der Geschichte sind zwei geflochtene *sennit* (Körbe aus Kokosnussfasern), *ka'ai* genannt, die die sterblichen Überreste von zwei hohen Häuptlingen aus alten Zeiten enthielten, wahrscheinlich aus dem 15. oder 16. Jahrhundert. Es ist ein Stück mit vielfältigen Komplikationen und Nebenhandlungen.

Erster Akt: Es begann 1818, als Kamehamehas Lieblingsfrau, Königin Ha'ahumanu, zwei bedeutende Tempel auf Big Island zerstörte, nachdem sie die *ali'i*-Gebeine aus ihnen entfernt hatte. Die Gebeine wurden dann in einer Höhle auf Big Island erneut beigesetzt. Eine solche Tat war ein unerhörtes Sakrileg, aber Ka'ahuman glaubte nicht mehr an die alten Bräuche. Sie war erst vor kurzem zum calvinistischen Glauben übergetreten und verabscheute jetzt jeden Gedanken an die alten Tempel, in denen längst verstorbene *ali'i* vergöttlicht wurden.

»Sie hatte die christliche Religion angenommen und die alten Bräuche wollte sie jetzt einfach loswerden«, erklärt Auntie Namahana. »Heute regen sich viele Hawaiianer furchtbar über sie auf, aber ich nicht, ich bin nicht böse auf sie. Sie hat getan, was sie ihrer Meinung nach tun musste. Man kann nicht beides gleichzeitig – das Christentum annehmen und trotzdem an den alten Göttern festhalten.«

Zweiter Akt: Dreißig Jahre später, im Jahr 1858, ließ König Kamehameha IV. die alten *iwi* aus der Höhle auf Big Island bergen und nach Honolulu bringen, wo sie neben ihren neuzeitlichen *ali'i*-Verwandten in dem Mausoleum beim 'Iolani-Palast ruhen sollten. Es gab Leute, die voraussagten, dass er diesen Frevel mit dem Tod bezahlen würde; stattdessen starb der Schiffskapitän, der die Überreste von Big Island nach Honolulu gebracht hatte, wenige Tage, nachdem er seine Mission erfüllt hatte. Auf diese Weise entging der König seinem Schicksal.

Dritter Akt: 1865 wurden die *ka'ai* von Kamehameha V. in das neu gebaute Mausoleum in Mauna 'Ala umgebettet.

Vierter Akt: 1918 ließ Prinz Jonah Kuhio, der sich für den nächsten lebenden Verwandten der *ka'ai* hielt, die Gebeine ins Bishop-Museum bringen und auf ihre historische Bedeutung hin untersuchen. Die Korbflechtereien, einzig in ihrer Art in Polynesien, waren von besonderem Interesse. Kuhio starb drei Jahre später, bevor er die *ka'ai* zurückholen konnte, und so blieben sie bis 1994 in einer ein Meter langen gepanzerten Museumsschublade.

Fünfter Akt und Finale: Irgendwann in der Nacht des 17. Februar 1994 drangen drei hawaiische Männer ungehindert von Toren, Türen und Schlössern in das Bishop-Museum ein und schafften die *ka'ai* fort. Sie legten sie in zwei Koffer und stiegen in ein Flugzeug Richtung Kona Airport auf Big Island, wo sie die Koffer anderen Hawaiianern übergaben, die, so heißt es, die *ka'ai* in das Gebiet zurückbrachten, woher sie 1828 vermutlich gekommen waren – in das majestätische und heilige Waipi'o Valley.

Es war ein politischer und religiöser Akt – eine brillant ausgeführte Demonstration der hawaiischen Souveränität. Doch so kühn und aufregend das auch sein mag, Auntie Namahana hätte sich den Schlussakt anders gewünscht. Als *kahu* ihrer Verwandten ist sie der Meinung, dass die *ka'ai* in Mauna 'Ala liegen sollten. Auntie Namahana und andere einflussreiche Hawaiianer hatten sich offiziell mit dem Bishop-Museum geeinigt, dass die *ka'ai* bald nach Mauna 'Ala zurückkehren sollten. Sie ahnten nicht, dass ihnen ausgerechnet ihre eigenen Landsleute einen Strich durch die Rechnung machen würden.

Auntie Namahana räumt jedoch bereitwillig ein: »Ich bin nicht die *kahu* der *ka'ai*. Sie fallen nicht in meinen Zuständigkeitsbereich. Ich bin die *kahu* von Mauna 'Ala. Ich bewache nur, was in dieser Erde liegt.«

Aber sie wäre bald auch die *kahu* der *ka'ai* gewesen. »Wir wollten ein Mausoleum über dem Kamehameha-Grab bauen und die *ka'ai* dort unterbringen«, sagt sie mit schmerzlichem Seufzen. »Sie sind die höchsten von all diesen *ali'i* (auf Grund ihres Alters und heiligen Ranges), daher müssen sie auch auf höherem Gelände sein. Es wäre wirklich schön gewesen, sie hier in Mauna 'Ala zu haben, wo sie zuletzt gelegen haben.«

Die *ka'ai* sind nicht nur historisch bedeutsame Artefakte, sondern wichtige religiöse Reliquien von alten Häuptlingen, die möglicherweise als Götter verehrt wurden. Dass ein gewöhnlicher Sterblicher sie anfasst, geschweige denn in einen Koffer legt, ist eine unerhörte, gotteslästerliche Handlung – eine, die den Missetätern den Tod bringen kann. Es sei denn, die Götter sind auf ihrer Seite. Es sei denn, die *ka'ai* höchstpersönlich hätten zu ihnen gesprochen. (Einer der Täter hatte offenbar einen verstörenden Traum, in dem er die Botschaft erhielt: »Die beiden Krieger wollen nach Hause.« Das war Monate vor dem Überfall, bevor er überhaupt wusste, dass die *ka'ai* existierten). Selbst Auntie Namahana muss zugeben, dass es deswegen weder Pech noch Schwefel vom Himmel geregnet hat.

»Wissen Sie was?«, sagt sie, ohne auf eine Reaktion zu warten. »Es sollte wohl einfach nicht sein, dass sie hierher nach Mauna 'Ala kommen. Vielleicht wollten sie wirklich zurück nach Waipi'o. Die Erde hat sich nicht aufgetan. Es hat keinen Sturm, keine Überschwemmung gegeben. Wo immer sie auch sein mögen, ich hoffe nur, dass sie in Sicherheit sind.«

Trotzdem ärgert sie die Unverfrorenheit der Grabräuber. »Man geht doch nicht hin und nimmt so etwas weg«, verkündet sie energisch. »Das gehört einem doch nicht. Das gehört allen. Diese *ka'ai* sind für alle Hawaiianer da. Wir müssen sie gut behüten.«

So wie sie dreißig Jahre lang ihre königlichen Verwandten behütet hat. »Ich bin nicht hier, um sie anzubeten«, sagt sie. »Ich bin hier, um auf sie aufzupassen.«

Charley Keau
Archäologe

Der erste und einzige Archäologe von Maui interessierte sich
kein bisschen für alte Steine und Ruinen, als er zum ersten Mal
mit dem Thema in Berührung kam. Das war 1971, als Kenneth
Emory, der Vater der polynesischen Archäologie, Gefallen an
Charley Keau fand und ihn unter seine Fittiche nahm. Zu jener
Zeit dachte Keau anders.

»Ich habe ihm gesagt, dass ich nicht mitmache«, sagt Keau
heute. »Ich hielt es für Zeitverschwendung – war der Meinung,
dass man die Dinge in Ruhe lassen sollte. Was immer die *ali'i*
und *kūpuna* hinterlassen hatten, sollte nicht aufgestört werden.

Er hat mir gesagt: ›Und ob du mitmachen wirst!‹ Er hat gesagt: ›Charley, wenn du dich nicht um diese Dinge kümmerst,
wer soll sie dann schützen? Was wird damit geschehen?‹

Meine erste Antwort war: Zur Hölle damit. Ich habe gesagt,
ich bin *hūpō*, was so viel wie dumm bedeutet. Ich weiß nichts.

Aber Dr. Emory hat gemerkt, dass ich viel wusste und dass in
mir etwas steckte, das er fördern wollte. Weil ich Hawaiianer
bin, akzeptierten mich die Archäologen, weil ich hier aufgewachsen bin und vieles (aus Erzählungen) kannte. Ich habe ihm gesagt, dass ich nie einen Highschool-Abschluss gemacht hätte und
gar nichts über Archäologie wüsste. Er hat gesagt, das könne ich
bei ihm lernen.«

Der Bürgermeister von Maui bat Keau, mit Emory und seinem
Team zu arbeiten und ihnen zu helfen, die zwei großen *heiau*
(Tempel) in der Nähe von Wailuku Town, Haleki'i und Pihana-

»Warum wir überhaupt etwas erhalten sollen? Weil die Vergangenheit sehr wichtig ist. Kehre nicht in die Vergangenheit zurück, aber erinnere dich an sie. Bewahre die Vergangenheit, aber entwickle dich weiter. Wir müssen auch in Zukunft achten, was unsere *kupuna* hatten. Wir tragen heute noch unser *aloha* für unsere Tempel in uns, auch wenn sie zerstört sind. Unser *aloha* für all diese Dinge ist immer noch bei uns, es ist nie fort gewesen, es wird nie fort sein.«

kalani (auch Pi'ihana genannt) freizulegen. Charley ist am Fuß der Sanddüne geboren, auf der Pihanakalani steht, und so hatte er ein besonderes Gespür für das Gebiet. Bevor er wusste, wie ihm geschah, hatte es ihn gepackt und er war nicht so *hūpō*, wie er meinte.

»Jemand hat mir erzählt, dass die *heiau*-Steine aus Mā'alae kommen, und das hat mich fuchsteufelswild gemacht«, sagt er. »Sie stammten von der Mündung des 'Īao-Bachs – so haben es mir jedenfalls meine *kūpuna* erzählt. Ich bin dort geboren und aufgewachsen. Ich wusste, dass ich diese Dinge zurechtrücken musste.«

Er fing an zu lesen, so viel er nur finden konnte – alte archäologische Manuskripte und Bücher, die um 1800 von einigen der ersten schreibkundigen Hawaiianern verfasst worden waren.

»Je mehr ich las, desto faszinierender fand ich es, denn das waren alles Dinge, die meine Mutter uns erzählt hatte. Und ich hatte ihr nie richtig zugehört.

Ich las weiter – Kamakau, Fornander, Malo – das waren Geschichten, über die die alten Leute redeten. Ich glaube nicht, dass
sie jemals Kamakau und Fornander gelesen haben. Du gehst in
ihre Häuser und da ist keine Bibliothek, keine Bücher, aber sie
erzählen dieselben Dinge, die in den Büchern stehen. Mir wurde
richtig warm ums Herz. He, das hat meine Mutter auch gesagt!

Von dem Augenblick an war mir klar, dass ich diese Arbeit
einfach machen musste.«

Nach der Forschungsarbeit über die *heiau* nahm Emory Keau
in das kleine Dorf Maonakala im Süden von Maui mit, wo sie
ein paar Wochen lang mehrere Siedlungsreste unter die Lupe
nahmen, einen Brunnen, einen Kanuschuppen, eine Kochgrube
und einen Fischteich. Danach untersuchten sie sechs Monate
lang archäologische Fundstätten auf der ganzen Insel Maui.

»Das war eine große Inspektion – die staatlich finanzierte Inspektion der Geschichtsdenkmäler«, erinnert sich Keau. »Wir
haben nach Fundstätten Ausschau gehalten, die bereits in der
Vergangenheit untersucht worden waren, bis zurück ins Jahr
1850 und irgendwas. Es war die erste größere Forschungsarbeit,
die auf Maui durchgeführt wurde.

Ich engagiere mich stärker, weil ich dachte, dass ich etwas für
mein Volk tun könne. Ich konnte etwas für unsere Kinder tun, so
dass die jüngeren Generationen mehr über ihr hawaiisches Erbe
lernen würden. Ich habe viel *aloha* dafür.

Ich habe die ganzen Artefakte *in situ* auf dem Gelände gesehen. Ich fand mich allmählich in die Art und Weise hinein, wie
die Wissenschaftler die Steine betrachteten. Ich habe so viel von
ihnen gelernt. Ich kannte die wissenschaftlichen Begriffe nicht,
aber ich kapierte schnell. Selbst wenn ich zwischendurch Jobs
auf dem Bau hatte, bin ich zur Archäologie zurückgekehrt und
habe mit dem Bishop-Museum zusammengearbeitet.«

Von 1971 bis weit in die Achtzigerjahre hinein arbeitete er an
den Fundorten von Maui mit. Heute macht er zwar nicht mehr

selbst bei Ausgrabungen mit, er sitzt aber in mehreren Denkmalschutz-Organisationen, weil er den Ruf eines bedeutenden hawaiischen Historikers besitzt.

»Ich will nur als guter Freund bekannt sein, aber sie bezeichnen mich als hawaiischen Historiker. In Fachkreisen halten sie mich für einen Archäologen. Mir ist es egal, wie Sie mich nennen, solange Sie mich nicht auf den Kopf hauen!«, scherzt Keau.

Er ist bescheiden in Bezug auf seine eigenen Beiträge zur Archäologie und er hat das ganze Tamtam, das im Lauf der Jahre um ihn gemacht wurde, ziemlich satt.

»Sie lassen mich nicht in Ruhe – bombardieren mich die ganze Zeit mit Anrufen. So langsam ödet es mich an.«

Er lacht, als er das sagt, aber Keau ist im Ruhestand und will nicht länger der viel gerühmte Archäologe sein. Er mag sein ruhiges Leben und verbringt die meiste Zeit des Tages damit, seiner Tochter und seinem Schwiegersohn in ihrem vier Hektar großen botanischen Garten zu helfen, einer touristischen Sehenswürdigkeit im berühmten ʻĪao Valley auf Maui.

Doch angesichts der vielen Altertümer, die es zu erhalten gilt, unterbricht Keau gelegentlich seinen Ruhestand, um sich für den Denkmalschutz stark zu machen. Die beiden *heiau* von Wailuku, mit denen Keaus Laufbahn begonnen hat, sind traurige Beispiele dafür. Die *heiau* stehen zwar im »National Register for Historic Places« (staatlicher Katalog historischer Stätten), aber das hat sie nicht vor ihrem unmittelbaren Nachbarn bewahrt – einem Bauunternehmer, der die Sanddünen abtrug, auf denen sie standen.

»Der Staat hat mich angerufen und gebeten, da runterzugehen und mir die Sache mal anzuschauen«, erzählt Keau. »Also bin ich hin und hab die vielen einstürzenden Steine gesehen, die von den (*heiau*-)Wänden herunterkamen, und ich hab gesagt: ›Meine Güte, wir müssen das sofort stoppen.‹ Jetzt wird wieder restauriert. Sie setzen die Steine wieder an Ort und Stelle zurück.

Es ist sehr, sehr traurig. Nicht nur die *heiau,* sondern die ganze Düne.«

Die beiden prachtvollen Tempel von Wailuku sind hoch oben auf einer Düne erbaut, umgeben von weiterenSanddünen. Diese riesigen alten Dünen haben die Stadt von alters her vor dem salzigen Seewind bewahrt, doch ihnen selbst wurde nicht viel Schutz zuteil.

In einem anderen Fall von Verwüstung hat der Staat, als er die Dünen erschloss, um Wohnblocks darauf zu bauen, »eine elende Gemeinheit« begangen, wie Keau es ausdrückt. »Sie haben einen ganzen Berg abgetragen, die Sanddüne. Und das ist falsch. Sie haben eine Menge Sand verkauft. Als sie die ersten drei Meter oben weggenommen haben, sind sie auf Gräber gestoßen, eines neben dem anderen. Ein Großteil der Grabstätten und archäologischen Funde war verloren. Dort liegen die größten Knochenansammlungen von ganz Maui – von einer Düne zur anderen, tausende Menschen sind dort begraben.«

Die Misshandlung oder Entfernung von hawaiischen Ahnengebeinen ist ein religiöses und kulturelles Sakrileg. Das *mana* eines Menschen sitzt nach Auffassung der Hawaiianer in den Knochen, daher wurden sie immer mit größter Achtung behandelt. Die Knochen auszugraben, um den Sand zu verkaufen, ist eine Gotteslästerung für Hawaiianer.

»Wir sehen es als Pflicht an, die Gebeine unserer *kūpuna* zu bewahren«, erklärt Keau. »Sie sind ein Teil von uns; sie gehören zu uns. Zu meiner Familie, deiner Familie, sie sind ein Teil unseres Volkes.«

Bevor es zu spät ist, würde Keau gern noch einen anderen Ort unter Denkmalschutz gestellt wissen – das Dorf Keoneʻōʻio in der La Perouse Bay, wo er zu Beginn seiner Laufbahn gearbeitet hat. Das Gebiet wurde nie erschlossen, aber es wurde auch nie geschützt. Es sind die Dörfer, die Jean-François de Galaup de La Perouse, der erste Europäer, der seinen Fuß auf Maui setzte, bei seiner Ankunft 1786 vorfand. Die Siedlungsreste, Tempel, Fischteiche, Kanuschuppen, Wände und Dorfstraßen sind nie voll erfasst und untersucht worden, und wenn sie weiterhin von Geländemaschinen, Fischern, Campern und Surfern zerstört werden, wird es irgendwann zu spät dafür sein.

»Niemand kümmert sich darum, dass La Perouse erhalten bleibt, dabei ist es historisch sehr, sehr bedeutsam«, sagt Keau. »Wenn ich nach La Perouse runtergehe, um die Fundorte zu kontrollieren, dann sehe ich, dass Steine entfernt wurden, oder sie bauen Campingplätze an Stellen, wo möglicherweise (alte) Siedlungsreste im Boden liegen. Auf der Dorfstraße haben wir 1972 einen großen Basaltblock mit ungefähr 200 Vertiefungen in der Oberfläche gefunden, der zum Schärfen der Streitäxte benutzt wurde. Jetzt reißen ihn die ganzen Allradfahrzeuge auf. Ich weiß nicht, wann der Staat endlich was dagegen tun wird. Sogar der (alte) Pi'ilani-Fahrweg wird von Radfahrern und Motorradfahrern benutzt und zerstört.

Es kränkt mich sehr, weil ich dachte, ich könnte mit dem Bishop-Museum und dem Staat zusammenarbeiten und dass die Fundstätten dann irgendwie geschützt würden. Es ist alles, was wir haben. Man kann sie nicht in ihren ursprünglichen Zustand zurückverwandeln, so wie ich sie in den frühen Siebzigern gesehen habe. Es ist sehr schmerzlich für mich, weil wir die ganzen Artefakte verlieren. Ich glaube, es ist einfach mangelndes Interesse sowohl der Gemeinde als auch des Staats.«

Keau glaubt, dass Kaho'olawe, eine kleine Insel, die Jahrzehnte lang unbewohnt war, das beste Terrain für die Denkmalschutzarbeit im gesamten Staat ist. Teile von Kaho'olawe werden seit dem Zweiten Weltkrieg als Ziele für Raketenübungen benutzt, aber 1993 wurde die Insel dem Staat zurückgegeben und das Volk versucht jetzt zu einer Entscheidung zu kommen, was damit geschehen soll. Sie ist mit unberührten archäologischen Fundstätten übersät.

»Es ist ein Paradies für Archäologen«, schwärmt Keau. »Es ist ein schöner Ort, Kaho'olawe. Erhaltet diesen Ort als Schule für künftige Generationen – damit sie erfahren, wie wir auf den Inseln hier überlebt haben, von einer Generation zur anderen. Ich könnte mir eine schöne Hawaiiuniversität in der Natur auf dieser Insel vorstellen, um die jungen Leute zu lehren, wie wir vor vielen Jahren gelebt haben.

Man könnte Touristen hierher bringen, um dieses Projekt zu unterstützen, aber es müssten geführte Touren sein, kein unkontrolliertes Durcheinander. Es gibt viele *heiau*, Fischteiche, Überreste von Häusern, Steinbrüche, Petroglyphen (Felszeichnungen), Piktographe (Felsbilder). So viele schöne Dinge.

Ich will, dass das alles *in situ* gelassen wird, so wie es ist. Ich will keine Restaurierung. Ich will Stabilisierung. Die Steine stabilisieren, damit sie nicht wegrollen. Einheimische Gewächse drum herum pflanzen und das Erosionsproblem in den Griff kriegen.«

Keau ist jedoch kein Fanatiker, der alles Hawaiische erhalten will. Besondere Orte wie Kaho'olawe und La Perouse dürfen nicht angetastet werden, aber er ist sich darüber im Klaren, dass Entwicklung und Fortschritt in einem großen Teil des Staates weitergehen müssen. Er ist damit einverstanden, dass das Land genutzt wird.

»Als ich noch klein war, haben mir die alten Leute erzählt, dass jedes Land wertvoll ist, ob trocken oder steinig, egal – dass das Land als solches wertvoll ist«, sagt er.

»Wer hätte je gedacht, dass Wailea, Kihei, Makena (Wüstengebiete von Maui, die jetzt große Ferienanlagen sind) sich einmal so entwickeln würden, wie sie jetzt sind? Es gibt dort kein Wasser. Man kann keine Felder bebauen. Aber das Land ist trotzdem wertvoll. Da kommt so ein schlauer Kopf daher, eine Wasserleitung wird gelegt und auf einmal ist das Land wertvoll. Wer hätte das gedacht?

Aber die alten Leute sagen immer, dass jedes Land, jeder Stein wertvoll ist, weil es irgendwie Leben produziert. Macht das Land urbar, möge es uns ernähren. *Aloha ʻāina* (Liebe zum Land) wird das genannt. Niemand kann alles retten, sonst hätten wir keinen Platz mehr zum Leben auf dieser Insel.«

Das bedeutet jedoch nicht, dass Kcau für eine unkontrollierte Baulanderschließung ist. Er hat zu oft erlebt, wie archäologische Fundorte von Bulldozern zerstört wurden. »Es ist traurig«, sagt er. »Ich weiß davon, aber ich kann verdammt noch mal nichts dagegen tun.«

In der Wohnanlage Kaʻanapali zum Beispiel gibt es nahezu keine Altertümer mehr, obwohl es hier einst viele gab – sie wurden alle platt gewalzt. Das Management eines der Kaʻanapali-Hotels hatte Pläne vorliegen, nach denen ein hawaiisches Dorf rekonstruiert werden sollte. »Ich hab einen Lachanfall gekriegt«, sagt Keau. »Sie hatten es alles direkt vor der Nase – die Dörfer, die *taro*-Felder, aber sie haben es zerstört. Und jetzt wollen sie ein neues Dorf bauen? Wenn das nicht idiotisch ist.

Es ist eine Schande. Wir haben so viel Geschichte hier, die wir unseren Besuchern vermitteln können, so viele schöne Dinge in dieser ʻāina. Aber der Staat, die Komune und die einzelnen Regierungen schützen die historischen Stätten nicht. ›Kein Geld mehr‹ sind die drei berühmt-berüchtigten Worte, die wir immer wieder zu hören bekommen. Aber wenn wir die Altertümer nicht schützen, werden wir sie an die Bauindustrie verlieren. Wir verschenken die Zukunft der hawaiischen Kultur.

Warum wir überhaupt etwas erhalten sollen? Weil die Vergangenheit sehr wichtig ist. Kehre nicht in die Vergangenheit zurück, aber erinnere dich an sie. Bewahre die Vergangenheit, aber entwickle dich weiter. Wir müssen auch in Zukunft achten, was unsere *kūpuna* hatten. Wir tragen heute noch unser *aloha* für unsere Tempel in uns, auch wenn sie zerstört sind. Unser *aloha* für alle diese Dinge ist immer noch bei uns, es ist nie fort gewesen, es wird nie fort sein.

Wir Hawaiianer glauben an die Natur. Die Christen reden von Gott, dem Sohn und dem Heiligen Geist; nun, die Hawaiianer tun das auch, nur glauben sie an das, was sie vor Augen haben – an den Himmel, die Erde und den Ozean. Das, was uns Leben gibt.

Ich bin Katholik und ich bin ein überzeugter Katholik. Meine Urgroßeltern gehörten meines Wissens zu den ersten Christen auf der Insel Maui. Du kannst Katholik oder Protestant werden oder welche Religion auch immer wählen, aber das ändert nichts an dem tiefen Gefühl in dir, das dir sagt: Dies hier ist ein Teil meines Lebens, hier sind meine Wurzeln.

Wir haben uns mit Umweltverschmutzung und Umweltschutz schon viel früher als der Westen beschäftigt, weil wir hier mit dem leben mussten, was wir hatten. Wenn wir die Umwelt schädigen und aus dem Gleichgewicht bringen, haben wir keinen Platz, wo wir hinlaufen und uns verstecken können. Das hier ist unser Haus.«

POLITISCHES UND KULTURELLES ENGAGEMENT

Im Januar 1893 führte eine Gruppe von *haole*-Geschäftsleuten einen Staatsstreich gegen die hawaiische Regierung, eine Monarchie, die unter der Regentschaft von Königin Lili'uokalani stand. Fünf Jahre später, 1898, überredeten dieselben Geschäftsleute den Kongress der Vereinigten Staaten, Hawaii als US-Territorium zu annektieren. Die Hawaiianer waren jetzt Amerikaner. Zumindest wurde ihnen das eingeredet.

In ihrem Buch »Hawai'i's Story« schrieb Königin Lili'uokalani: »Die Wünsche meines Volkes wurden bei diesem Regierungswechsel nicht zu Rate gezogen …«, was eine starke Untertreibung war.

Heute, ein Jahrhundert später, machen die Hawaiianer geltend, dass Lili'uokalani widerrechtlich ihrer Regierungsmacht beraubt worden sei, und sie fordern Hawaiis Souveränität zurück. Kekuni Blaisdell, der in diesem Kapitel interviewt wird, nennt die amerikanische Regierung »autoritär, ausbeuterisch, kolonialistisch«. Sein Ziel ist eine eigene hawaiische Nation. »Kein Mensch will abhängig sein – warum also wir?«, fragt er. »Für uns gibt es keine Souveränität, solange wir nicht unabhängig sind.«

Es gibt dutzende von Unabhängigkeitsgruppen auf den Inseln, jede mit anderen Vorstellungen, wie eine neue hawaiische Regierung aussehen soll. Viele wollen auch weiterhin den USA angegliedert sein, also eine Nation innerhalb der Nation bilden. Andere, die als Amerikaner aufgewachsen sind, können sich keine andere Regierung vorstellen.

»Die Souveränität wird kommen. Die Selbstverwaltung wird kommen«, sagt Nona Beamer in diesem Kapitel, aber sie fügt hinzu: »Ich propagiere keinen Separatismus, überhaupt nicht. Ich denke, wir können innerhalb des Systems arbeiten.«

Doch nicht alle Aktivisten greifen die großen Themen auf; einige, wie Kapeka Chandler, kämpfen für Veränderungen innerhalb ihrer eigenen Gemeinde. Kapeka Chandler hat einen beachtlichen Geldbetrag für den Bau eines Gemeindezentrums auf Kaua'i zusammengebracht, aber sie hat jede Unterstützung von Seiten der Regierung abgelehnt, denn, so sagt sie: »Wir waren der Meinung, dass es am besten ist, wenn wir die Sache selbst in die Hand nehmen.« Dem Schicksal im Kleinen auf die Beine helfen.

Es war ein pechschwarzes Jahrhundert für »ein freundliches und großzügiges, aber auch stolzes und empfindsames Volk«, wie Lili'uokalani ihre Untertanen beschreibt. Wenn erst ihr Stolz zurückgekehrt ist, werden sie vielleicht beweisen, dass das *mana* ihrer mächtigen Ahnen immer noch lebendig in ihnen ist.

Auntie Nona mit *hanai*-Sohn Kaliko und Sohn Keola

Winona Beamer

Verfechterin der Unabhängigkeit Hawaiis und Lehrerin

Als wir vor so vielen Jahren unsere Götter in die Nebel der Urwaldwildnis verbannten, gingen sie hin und warteten, während wir in eine fremde Welt davonliefen und eine Wahrheit suchten, die wir bereits besaßen. Unser Erbe war die ganze Zeit da. Es ist immer noch da, wir können darauf aufbauen.

Diese poetischen Worte schrieb Winona Beamer 1976 in ihrem Buch »Nā Hula O Hawai'i«. Ihr ganzes Leben lang hat sie alles getan, um ihre Kultur aus der »Urwaldwildnis« wieder hervorzulocken, hat versucht, das Hawaiische in Hawaii in den Vordergrund zu bringen. Das war nicht leicht. Und für Pioniere wie Winona war der Kampf ein sehr persönlicher, der ihrem Herzen und ihrer Seele einen hohen Tribut abverlangte.

Man würde nie auf die Idee kommen, dass diese energische Frau derart schwere Kämpfe durchzustehen hatte, denn auf den ersten Blick mutet ihr Leben wie ein einziger Triumphzug an – als Lehrerin, Entertainerin und treibende Kraft der hawaiischen Kulturrenaissance.

Winona Kapuailohiamanonokalani Desha Beamer stammt aus einer hawaiischen Familie, die berühmt ist für ihre Kenntnisse auf den Gebieten: *hula*, Gesang und Musik allgemein. Sie selbst hat so viele Lieder und Gesänge komponiert, dass sie längst den Überblick verloren hat. Sie hat über 50 Jahre lang *hula* unterrichtet. Ihre erste Schülerin war der Stummfilmstar Mary Pickford; es folgten Hollywoodgrößen wie Shirley Temple, Mary Astor und Dinah Shore. Ihre Tanztruppe trat in allen 48 Festlandstaaten der USA auf, unter anderem auch bei einer Vorstellung in der Carnegie Hall. Sie hat für die *Radio City Rockettes* »*Hula on Ice*« choreografiert. Sie hat ein Guggenheim Stipendium für das Barnard College bekommen und außerdem an der Columbia University studiert. Zusammen mit Eleanor Roosevelt unterrichtete sie unterprivilegierte Kinder in New York City. Sie hat 50 Jahre lang in zahlreichen Schulen in Hawaii unterrichtet und als Erste dafür gekämpft, dass in den Schulen eine Abteilung für hawaiische Kultur eingerichtet wurde. Sie wurde 1983 als eine von nur drei Hawaiianern in eine staatliche Kommission gewählt, die den Auftrag hatte, die Bedürfnisse der einheimischen hawaiischen Bevölkerung zu untersuchen. Ihre beiden Söhne, Keola und Kapono, sind ebenfalls berühmte Komponisten und Musiker.

Jeder in Hawaii hat schon mal etwas von der Familie Beamer gehört.

Es war Auntie Nona, wie die Leute sie nennen, die das Wort »Hawaiiana« in einer Rede aufbrachte, die sie 1948 vor einer Gruppe von Lehrern hielt; und doch hat sie selbst ironischerweise das Gefühl, dass sie nie in der Lage war, wirklich als Hawaiianerin zu leben.

»Ich war auf westliche Weise erfolgreich«, erklärt sie. »Nicht auf hawaiische. Es ging in meinem Leben nicht so sehr um mein Hawaiisch-Sein als vielmehr darum, mich in die heutige Gesellschaft einzufügen.Ich durfte nicht meinem Herz folgen – weil man auf uns herabgesehen hat. Es gab nichts in der hawaiischen Kultur, das erhaltenswert gewesen wäre – eine wollüstige und laszive Kultur – das war die westliche Vorstellung. Dieses Hawaiisch-Sein war mir mein Leben lang sehr kostbar und ich hatte nie eine Chance, es zu leben. Es gab immer einen Bevormunder

»Ich war auf westliche Weise erfolgreich. Nicht auf hawaiische. Es ging
in meinem Leben nicht so sehr um
mein Hawaiisch-Sein, als vielmehr darum, mich in die heutige Gesellschaft
einzufügen. Ich durfte nicht meinem
Herzen folgen – weil man auf uns herabgesehen hat. Es gab nichts in der
hawaiischen Kultur, das erhaltenswert gewesen wäre – eine wollüstige
und laszive Kultur – das war die westliche Vorstellung.

Dieses Hawaiisch-Sein war mir mein
Leben lang sehr kostbar und ich hatte nie eine Chance, es zu leben. Es
gab immer einen Bevormunder, einen Stöpsel in der Flasche. Es war
eine tief sitzende Traurigkeit – so viel Schmerz und Kränkung, die sich in
meinem Leben angehäuft haben. Ich fange gerade erst an, darüber
hinwegzukommen.«

---

in meinem Leben, einen Stöpsel in der Flasche. Es war eine tief
sitzende Traurigkeit – so viel Schmerz und Kränkung, die sich in
meinem Leben angehäuft haben. Ich fange gerade erst an, darüber hinwegzukommen.«

Eine Traurigkeit, die sich jetzt in Freude verwandelt, nachdem
sie die machtvolle Renaissance ihrer Kultur miterlebt hat – die
neu erwachte Wertschätzung, die ihre Landsleute allem Hawaiischen entgegenbringen, der »Hawaiiana«. In ihrem eigenen Leben erhielt sie Auftrieb durch einen jungen Engländer, der eine
Vorliebe für alles Hawaiische hat. Simon Charles Trapp, auf der
britischen Isle of Wight geboren, wird von seinen hawaiischen
Freunden Kaliko genannt; er spricht fließend Hawaiisch und singt
wie ein Profi. Seine Begeisterung für die hawaiische Kultur über-
trug sich auf Auntie Nona und rüttelte sie wach.

»Seit es Kaliko gibt, geht es aufwärts mit meinem Hawaiisch-
Sein«, sagt sie. »Er hat eine neue Dimension der Erleuchtung in

mein Leben gebracht. Liebe. Glauben an das Gute. Für ihn sind diese alten Sachen niemals Schrott. Mein Mann hat immer gesagt: ›Ach, du lebst immer in der Vergangenheit, immer nur in der Vergangenheit.‹

Ich habe Kaliko 1992 kennen gelernt und drei Jahre später habe ich ihm ein ›Beamer Hawaiiana‹-Stipendium verliehen, eines von sieben, die ich jährlich vergebe (an sechs Abschlussschüler der Kamehameha High School und ein Gemeindemitglied wie Kaliko).«

Er ist jetzt ihr *hānai*- (adoptierter) Sohn. Auntie Nona wollte das verwandtschaftliche Band zu ihm noch fester knüpfen und so überraschte sie ihn eines Tages mit einer besonderen *hānai*-Zeremonie, die in dem berühmten Waipiʻo Valley auf Big Island abgehalten wurde.

»Es war die Idee meiner 90-jährigen Mutter – sie wollte gern, dass er ihr *hānai*-Enkel wird«, erzählt Auntie Nona. »Und mein ältester Sohn Keola und seine Frau Moana haben an der Zeremonie teilgenommen.«

Für Kaliko war das eine große Ehre. Seine hawaiische Mutter ist für ihn »ein Beispiel, wie man mit ganzem Herzen lebt«. Er sagt, in seinem neuen Zuhause herrsche »ein Geist, den man sonst auf diesem Planeten vergeblich sucht«, und er hofft, »dass wir erhalten können, was hier einst so großartig war, bevor es vollständig ausgelöscht wird oder unter fremden Einfluss gerät«.

»Mein Leben hat einen ganz neuen Aufschwung bekommen«, sagt Auntie Nona. »Ich habe jetzt Freude am Leben. Kaliko hat mir wirklich das Gefühl gegeben, dass mein Leben einen Sinn hat, und vielleicht kann ich doch noch etwas Gutes bewirken.

Man muss seinem Herzen folgen. Anders kann man nicht leben. Aber jetzt habe ich zum ersten Mal das Gefühl, dass meinem Herzen Flügel wachsen.«

Als Kind war es ganz natürlich für sie, ihr hawaiisches Erbe hochzuhalten. Erst während ihrer Schulzeit in Honolulu kam sie mit Vorurteilen in Berührung, in einer Welt, die von der ihren nichts wissen wollte.

Auntie Nona ist auf Big Island aufgewachsen, als erstes Enkelkind, *hiapo*, in der Familie. »Von klein auf hatte ich das Gefühl, dass es etwas Besonderes war, dieses Kind zu sein«, sagt sie. »Ich war die meiste Zeit mit meiner Großmutter (Helen Desha Beamer) zusammen. Es war wie Schule, wenn sie zu Besuch kam – an den Tidenbecken entlanggehen und singen, Steine umdrehen und die Lebewesen untersuchen, die darunter zum Vorschein kamen. Es war eine sehr ungewöhnliche Kindheit.«

Ihre Urgroßmutter, Isabella Ka'ili Desha, übte ebenfalls starken Einfluss auf sie aus, besonders in Bezug auf ihr Wissen über den *hula* , eine Kunst, der Nona sich mit Feuereifer widmete.

In ihrem Buch erläutert Auntie Nona die Ideale dieses alten Tanzes: »Die Techniken waren so konzipiert, dass sie Geist, Seele und Körper des Tänzers auf höchste Höhen führten. Das Ziel war künstlerische Vollendung.

Beim *hula* wurden die Tänzer eins mit allem anderen in der Natur. Sie bogen sich, schwankten und gestikulierten, bewegten sich auf unendlich viele Weisen, um ungezählte Geschichten zu erzählen, von denen die meisten eine tiefere Bedeutung hatten. Hinter diesen anmutigen, ausdrucksvollen, manchmal feierlichernsten und manchmal sinnlich-derben Tänzen steckten Jahre unermüdlichen Lernens, Meditierens und Betens.«

Auntie Nona fügt hinzu, dass die Glaubensinhalte ihrer eigenen Familie auf »der Schönheit der Natur, der Macht der Natur, ihrer Vielschichtigkeit, dem Rätselhaften, ihrer Launenhaftigkeit« basierten. »Liebe und Wahrheit und Schönheit – die drei Wörter gehen Hand in Hand. Das war unsere Religion.

In meiner 50-jährigen Laufbahn als *hula*-Lehrerin habe ich den Studenten immer gesagt: ›Was ihr seht und hört, ist nicht alles – noch wichtiger ist, was ihr fühlt, denn es ist euer Gefühl, das im Handeln zum Ausdruck kommt. Und ohne dieses Gefühl gibt es kein Handeln. Ihr könnt den Leuten also nichts vermitteln, wenn nicht etwas in eurem Herzen Feuer fängt. Egal, ob es gut oder traurig oder schlecht ist – von dort muss es ausgehen. Die Gefühle verwandeln alles. Wenn du nicht fähig bist, ein Gefühl mitzuteilen, dann bleib sitzen.‹

Es ist dein Geist, es ist deine Seele. Anders als alles andere. Niemand kann es dir sagen, niemand kann es an deiner Stelle in dich einpflanzen. Du bist damit geboren. Dieses Aufwallen in deinem Herzen ist dein persönlicher Ausdruck, deine unverwechselbare Art, etwas zu sagen. Es gibt keine zwei, die gleich sind. Es stammt von einem Ort der Liebe und Herzenswärme; egal, welche Schwingungen du von den Leuten bekommst, es übersteigt alles Traurige oder Schlechte. Es wird kein Hindernis für dich geben, wenn du deine Liebe behältst. Das ist die Antwort‹.«

Ihre Urgroßmutter Isabella verlangte von ihren Urenkeln, dass sie immer und zu allen Zeiten ein »Bündel Liebe« bei sich tragen sollten.

»Meine Urgroßmutter sagte: ›Wenn ihr dieses Bündel Liebe durch euer Leben tragt, wird es euch manchmal sehr schwer vorkommen, und doch dürft ihr es nicht ablegen. Behaltet euer *aloha*, auch wenn es euch noch so mühsam wird.‹

Je mehr Liebe man hat, desto leichter wird das Bündel, und wenn man es mit jemandem teilt, wird es noch leichter werden. Je mehr man es gebraucht, desto reicher wird es. Es gedeiht nicht in der Dunkelheit, es gedeiht im Licht.

Vielleicht ist es, wie wenn man auf diese noch schüchterne Stimme lauscht – dass wir Zeit brauchen, um uns selbst kennen zu lernen und in uns hineinzuhören, und uns nicht so sehr von unserem Alltagstrott auffressen lassen, dass wir diesen Platz in unserem Herzen vergessen, wo es friedlich und liebevoll und freundlich ist.«

Ua'ikea. Es ist bekannt – schau tief in dich hinein. Das war der Leitsatz der Familie Beamer. Ein Leitsatz, der Nona aufrecht gehalten hat, als ihre Werte im Lauf ihres Lebens in Frage gestellt wurden.

Nona war noch ein junges Mädchen, als ihre Familie von Big Island nach O'ahu umsiedelte, damit die fünf Beamerkinder in englischen staatlichen Schulen, auch in der Hawaiian Kamehameha School, eine ordentliche Schulbildung erhalten konnten.

Die Kamehameha-Schulen (vom Kindergartenalter bis Klasse zwölf) waren Ende des neunzehnten Jahrhunderts von der hawaiischen Prinzessin Bernice Pauahi Bishop speziell für die Ausbildung hawaiischer Kinder gegründet worden. Doch im Lauf der Zeit setzte sich das calvinistische Denken in der Kamehameha-Schule durch und es galt jetzt als oberstes Gebot, hawaiische Kinder nach westlichen Bräuchen zu erziehen. Die Kinder durften in der Schule nicht Hawaiisch sprechen und nichts von ihrer hawaiischen Kultur wurde unterrichtet oder gefördert. *Hula* und Singen waren ganz und gar tabu.

Die kleine Winona war natürlich sehr gut in *hula* und Gesang. Unbefangen wie sie war, kam es ihr erst gar nicht in den Sinn, dass die Fertigkeiten, die sie bei ihrer Familie gelernt hatte, in ihrer Schule nicht erwünscht sein könnten.

»Ich ging in eine hawaiische Schule, weil ich hawaiisch sein wollte. Und dann wird dir alles untersagt! Ausgerechnet in einer hawaiischen Schule darfst du nicht hawaiisch sein!« Es geht ihr immer noch sehr nach, obwohl die Situation in den Schulen sich inzwischen erheblich gebessert hat.

»Ich habe einen hawaiischen Klub in der Kamehameha-Schule gegründet, um Gesang zu unterrichten, denn alles, was ich über das Hawaiische wusste, hatte ich aus den Gesängen gelernt. Sie waren immer ein echter Rettungsanker für mich. Es gab nicht eine Frage in meinem Leben, die ich nicht mit etwas in Zusammenhang bringen konnte, das ich aus den Liedern gelernt hatte.«

Aus ihrem Buch: »Die Lieder waren so betörend, es war, als rieselten sie wie klare Bewusstseinsströme aus dem tiefen grünen Herzen des jungfräulichen Urwalds hervor.«

Sie gründete den Klub, um ihren Freundinnen nicht nur *hula*, sondern auch Gesang beizubringen. Als die Treuhänder der Stiftung von dem Klub hörten, luden sie die Mitglieder zu einem Nachmittagstee in einem der Schulgärten ein.

»Wir sind singend hineinspaziert«, erinnert sich Auntie Nona. »Am nächsten Tag hat der Direktor gesagt: ›Wi-i-i-nona, du kannst deine Sachen packen.‹ Ich war aus der Schule geflogen.

Ich wollte das Testament sehen. Ich bettelte darum, das Testament sehen zu dürfen. Ich konnte nicht glauben, dass die Prinzessin (Bernice Pauahi Bishop) gesagt haben soll: ›Es darf kein Hawaiisch gesprochen werden, es dürfen keine Lieder gesungen werden, es darf nicht getanzt werden.‹ Ich konnte nicht glauben, dass eine hawaiische Prinzessin so etwas sagen würde.«

Und hat sie es gesagt?

»Nein, natürlich nicht. Im Testament steht: ›Gute und fleißige Männer und Frauen‹. Es steht nichts davon, dass unsere Sprache nicht erlaubt ist und dass nicht gesungen und getanzt werden darf, dass alles Hawaiische verboten ist.«

Nona wurde schließlich wieder aufgenommen und 1941 machte sie – inzwischen zur Klassensprecherin avanciert – ihre Abschlussprüfung an der Kamehameha-Schule und gehörte somit zur dritten Beamer-Generation, die dieses Ziel erreicht hatte.

»Die Kamehameha-Schule hatte noch einen weiten Weg vor sich, ehe sie den Wert der hawaiischen Unterrichtsfächer zu würdigen wusste. Ich habe mich gern mit Homer beschäftigt, ich liebe Shakespeare; aber mein Grundwissen hatte ich von meiner Familie. Das stammte nicht von der Schule.«

142

Es ist eine Ironie des Schicksals, dass Winona Jahre später als erwachsene Frau wieder zurückgerufen wurde. Jetzt sollte sie unterrichten, wofür sie einst hinausgeworfen worden war. In den Sechzigerjahren, als das Interesse an einer hawaiischen Kultur wieder auflebte, forderten die Kamehameha-Schüler, dass die *Hawaiiana* als reguläre Unterrichtsfächer in den Lehrplan aufgenommen werden sollte. Die Schule musste auf Winona Beamer zurückgreifen, um diese Fächer unterrichten zu können.

»Die Schule rief an und sie haben gesagt, sie würden mich gern in ihrem Lehrerkollegium haben«, erinnert sich Auntie Nona. »Ich sagte: ›Sind Sie sicher, dass Sie bei der richtigen Beamer gelandet sind?‹ Ich hatte eine Cousine, die an der Universität Hawaii lehrte, und die war eine brillante Lehrerin. Ich sagte: ›Sind Sie sicher, dass Sie nicht Billie Beamer meinen?‹ Ich konnte es nicht fassen. Sie riefen am nächsten Tag wieder an und am übernächsten. Aber es gab noch keinen Fachbereich für Hawaiisch, so dass ich zehn Jahre lang nur halbtags unterrichtete.

»Ich hatte alle Altersstufen, von den Vorschulkindern bis hinauf zur zwölften Klasse. Es war so minimal, man konnte auf jeder Stufe nur ein paar oberflächliche Eindrücke von der *Hawaiiana* vermitteln, aber es war besser als gar nichts.«

Inzwischen sind es mehr als »ein paar oberflächliche Eindrücke«. Auntie Nona ist pensioniert, aber die Abteilung, die sie mit aufgebaut hat, verfügt jetzt über ein 25-köpfiges Lehrerkollegium und die meisten dieser Lehrer hat sie selbst unterrichtet, als sie noch Kinder waren.

Außerdem hat sie in einem Pilotprojekt der Kamehameha-Stiftung unterrichtet, einer Schule für Kinder mit Lernproblemen, die zu den derzeit besten Einrichtungen des Staates zählt.

»Es gibt in Wahrheit keine Problemkinder. Nicht nach meiner Erfahrung«, sagt Winona. »Der springende Punkt ist, dass man die Kinder mit mehr Liebe unterrichten muss. Meine Devise war einfach, jedes Kind so zu unterrichten, als ob es mein eigenes wäre. Und wenn man die Kinder liebt, spüren sie es, und sie sprechen darauf an und so hatte ich nie irgendwelche Probleme. Das war mein Stil, denn so bin ich selbst unterrichtet worden.

Manchmal stand ich ganz allein da – auf verlorenem Posten«, gesteht sie. »Ich bin nie der Meute gefolgt, weil es keine Meute gab, der ich folgen konnte. Ich war immer eine Einzelkämpferin.«

Ihre offizielle Meinung war dann 1982/83 gefragt (und wurde letztendlich übergangen), als die Bundesregierung eine staatliche Kommission ins Leben rief, um die Bedürfnisse und Belange aller Hawaiianer zu erfassen (die Sache geriet später wieder in Vergessenheit). Der Auftrag der Kommission: nachzuprüfen, ob die Regierung der Vereinigten Staaten in irgendeiner Weise für den Staatsstreich gegen die letzte Monarchin von Hawaii, Königin Lili'uokalani, verantwortlich zu machen war. Laut Bericht »bat der Kongress sodann um Empfehlungen, wie er diesbezügliche Forderungen der eingeborenen Hawaiianer gegebenenfalls zu behandeln und darauf zu reagieren habe«.

Als die drei hawaiischen Ausschussmitglieder zum ersten Mal mit ihren sechs Kollegen vom Festland in Washington D.C. zusammentrafen, brachte Auntie Nona jedem von ihnen ein Buch und eine Blumengirlande als Geschenk mit, schön in einer Schachtel verpackt. »Es sollte ein *aloha* von uns für sie sein«, sagt sie. »Sie haben die Blumenschachteln gar nicht erst geöffnet und die Bücher auch nicht. Ich dachte mir: Sie interessieren sich überhaupt nicht für uns. Sie waren gar nicht der Meinung, dass es ein Problem in Hawaii gab.«

Es war ein schlechter Start und es wurde bis zum Schluss nicht besser. Zwei Berichte gingen aus der neunmonatigen Studie hervor: ein Mehrheitsbericht der sechs Kommissionsmitglieder in Washington und ein ihm entgegengesetzter der drei hawaiischen Bevollmächtigten.

Band II, der Bericht der Minderheit, nennt Band I »ungenau

144

und auf fatale Weise verfälscht, sowohl was die Fakten als auch was den Geist des Ganzen angeht«. In Großbuchstaben schrieben die drei hawaiischen Ausschussmitglieder NICHT EINVERSTANDEN unter das Fazit des Berichts der Mehrheit, der besagte, dass die Vereinigten Staaten weder rechtlich noch moralisch für den Sturz der hawaiischen Nation verantwortlich gemacht werden könnten.

»Wir haben gesagt, es ist ein Unrecht geschehen«, beharrt Auntie Nona, »und das war der psychologische Untergang des hawaiischen Volks. Die schlechten Gesundheitsstatistiken, die überproportional vielen Hawaiianer in den Gefängnissen, der ungeheuer hohe Prozentsatz von Krankheiten, Alkoholismus und Kindesmissbrauch und alles, was daraus resultiert, war die direkte Folge der seelischen Selbstaufgabe der Hawaiianer.

All das darf uns nicht egal sein und wir möchten, dass trotzdem etwas Gutes dabei herauskommt – und nicht unbedingt ein Six-Pack und ein Cadillac. Schulbildung ist der Schlüssel dazu. Und mehr Programme, die die Gesundheits- und Wohnprobleme zu lösen helfen. Das ist im Endeffekt alles, worauf es in den beiden Bänden hinausläuft.

Es war so viel Schmerz und Leid dabei – hinzugehen und sich die Aussagen auf all den Inseln anzuhören, die Hawaiianer weinen zu hören. Es war so schwer zu ertragen.

Aber jetzt hat das Pendel nach der anderen Seite ausgeschlagen und die Dinge haben sich zum Guten gewendet. Die Souveränität wird kommen, die Selbstverwaltung wird kommen. Wir wissen nicht, wie es geschehen wird, aber es ist unvermeidlich, genauso wie bei allen anderen indigenen Völkern auf der ganzen Welt. Das ist alles, was sie wollen – dass man ihnen das Recht gibt, sie selbst zu sein. Und für uns: Souveränität, um das Hawaiische wieder nach Hawaii zurückzuholen.

Ich predige keinen Separatismus, überhaupt nicht. Ich denke, wir können innerhalb des Systems arbeiten. Ich bin stolz, Amerikanerin zu sein, aber an erster Stelle steht mein Stolz, Hawai-ianerin zu sein. Ich bin überzeugt, dass wir guten Zeiten entge-gengehen. Und die Studenten bringen es zu Wege. Es ist nicht meine Generation. Es ist nicht die Generation meiner Eltern. Es ist ihre Generation, die es Wirklichkeit werden lässt. Sie stehen auf für das, woran sie glauben, und sie wissen, was richtig ist. Wir stehen nur daneben und sagen: Weiter so! Weiter so!

Ich stehe nicht mehr allein oder auf verlorenem Posten.«

Kekuni Blaisdell

Befürworter der Souveränität

Das Haus von Kekuni Blaisdell ist mit der großen Passion seines Lebens angefüllt. Papiere, Dokumente, Briefe, Videos, sogar Wandbehänge und Bilder fordern stumm, worüber er niemals schweigt: die Unabhängigkeit und Souveränität seines Volkes. *Kānaka maoli* nennt er sein Volk, nicht »Hawaiianer«.

Kekuni Blaisdell ist klinischer Arzt, Internist und Hämatologe, doch von den Schriften, die sich überall in seinem Haus stapeln, haben nur wenige mit Medizin zu tun. Stattdessen handeln sie von der Freiheit, die sein Volk seiner Meinung nach immer hätte haben müssen.

»*Kānaka maoli* war ein Ausdruck, den unser Volk verwendet hat, um sich selbst zu bezeichnen, im Gegensatz zu den Fremden, die auf die Insel kamen«, erklärt er. »Die Fremden fragten: ›Wer seid ihr?‹ Und die Antwort war: ›Wir sind *kānaka maoli*.‹ *Kānaka* bedeutet ›menschliches Wesen‹. *Maoli* bedeutet ›wahr, wirklich, echt‹.

Wie die Kolonisatoren uns nennen – Hawaiianer, eingeborene Hawaiianer, eingeborene Amerikaner – das sind wir nicht. Wir sind *kānaka maoli*.«

Er spricht über seine Leidenschaft so ruhig und leise, dass man genau hinhören muss, um alles zu verstehen. In seinen Augen blitzt Humor auf, wenn er radikale Aussagen macht. Er scheint mit sich und seiner Vision im Reinen zu sein.

»Ja«, gibt er zu, »ich gelte als radikal in der (Unabhängigkeits-) Bewegung. Aber wir selbst halten uns für konservativ. Wir möchten unser Volk und unsere Länder bewahren, unsere Traditionen und unsere Sprache. Wir können es nicht zulassen, dass das alles ausgelöscht wird. Für uns ist das also ganz klar. Schwierig. Aber klar. Es ist Teil unseres Ringens um eine starke, klar umrissene Identität. Ich sehe mich selbst als jemanden, der wie meine Ahnen von unseren Vorfahren um unserer Vorfahren willen spricht.«

Hält er es im Ernst für möglich oder praktikabel, dass Hawaii sich vom »Kontinent«, wie er es nennt, abspaltet?

»Natürlich werden wir siegen«, sagt er zuversichtlich. »Jeden Tag stößt man auf neue Anzeichen dafür. Jemand, den ich nicht kannte, kam zu mir und sagte: ›Weiter so, Kekuni‹, was bedeutet, dass der Betreffende von unserem Kampf weiß und ihn unterstützt.

Jeder will unabhängig sein, das ist ganz normal – warum wir also nicht? Für uns gibt es keine andere Wahl. Für uns gibt es keine Souveränität ohne Unabhängigkeit.«

Ein großer Wandbehang in seinem Wohnzimmer verkündet: ›Alle Menschen haben das Recht auf Selbstbestimmung; kraft dieses Rechtshaben sie die Freiheit, ihren politischen Status selbst

»Ja, ich gelte als radikal in der (Unabhängigkeits-)Bewegung. Aber wir selbst halten uns für konservativ. Wir möchten unser Volk und unser Land bewahren, unsere Traditionen und unsere Sprache. Wir können es nicht zulassen, dass das alles ausgelöscht wird. Für uns ist das also ganz klar. Schwierig. Aber klar. Es ist Teil unseres Ringens um eine starke, klar umrissene Identität. Ich sehe mich selbst als jemanden, der wie meine Ahnen von unseren Vorfahren um unserer Vorfahren willen spricht.«

zu bestimmen und ihre eigenen wirtschaftlichen, sozialen und kulturellen Ziele zu verfolgen.‹

»Edle Worte von 1514«, sagt er, als ob jeder so beschlagen in der Geschichte der politischen Kämpfe sein müsste wie er. Als er auf verständnislose Blicke stößt, fügt er hinzu: »Das ist aus der Resolution 1514 der Generalversammlung der Vereinten Nationen. Es ist die Definition der Selbstbestimmung im internationalen Recht.

Wir müssen uns also nur auf 1514 berufen und den Kolonisator dazu bringen, dass er das respektiert und erfüllt, dann haben wir es geschafft. Die Frage ist, für welchen Status wir uns entscheiden: Möchten wir unter der Fuchtel der autoritären, ausbeuterischen, unterdrückerischen Vereinigten Staaten von Amerika bleiben, oder möchten wir souverän sein? Die Geschichte ist auf unserer Seite. Ihre eigene Verfassung (der Vereinigten Staaten) ist auf unserer Seite. Und natürlich sind die Gesetze der *kānaka maoli* auf unserer Seite. Wir müssen nur den kolonisierenden Unterdrücker dazu bringen, dass er sich an seine eigenen Gesetze hält, das ist alles.«

Erst in den Achtzigerjahren ist diese Leidenschaft für die hawaiische Unabhängigkeit in Kekunis Seele aufgeflammt. Bis dahin hielt er sich auf dem »Kontinent« auf, zuerst als Student, dann als praktizierender Arzt und Professor. Als Student heimste er *cum laude-* und *Phi Beta Kappa*-Ehren ein und wurde der erste westliche Arzt in seiner Familie. Aufgewachsen in einer Zeit, als hawaiische Kinder eher zu Arbeitern ausgebildet wurden, sollte er in der Kamehameha-Schule für Jungen den Beruf des Elektrikers erlernen, doch ein weitblickender weißer Highschool-Lehrer ermutigte ihn, höhere Ziele anzustreben. Innerhalb der nächsten zehn Jahre studierte er Medizin an der University of Chicago, absolvierte seine Assistenzzeit im Johns Hopkins Hospital und machte seinen Facharzt am Tulane's Charity Hospital und am Duke University Hospital, bevor er an seine *alma mater*, die University of Chicago, zurückkehrte, um Medizin zu lehren. Sein Lebenslauf füllt drei Seiten und es sind Auszeichnungen, Schulen und Positionen darin aufgeführt, von denen er in seiner »farbigen Kindheit«, wie er es nennt, nie zu träumen gewagt hätte. Zu diesen Auszeichnungen gehören unter anderem: »Professor of the Year« an der University of Hawaii, School of Medicine, 1970; »Physician of the Year«, verliehen von der Hawai'i Medical Association, 1989; »Living Treasure (of Hawai'i) Award«, 1990.

Auf der Medical School entwickelte er eine Leidenschaft für sein späteres Spezialgebiet, die Hämatologie. »Ich liebe Blut. Ich liebe Blutzellen, gefärbte Blutzellen. Schöne Farben. Es fasziniert mich, sie anzuschauen. Blut ist leicht zu bekommen. Du steckst eine Nadel rein und ziehst es raus, legst einen Tropfen auf einen Objektträger, verreibst ihn, färbst ihn ein, schaust ihn an. Schön.«

Dr. Blaisdell (»Bitte nennen Sie mich Kekuni«), der in Honolulu geboren ist, wurde 1966 nach Hawaii zurückgerufen, um die medizinische Fakultät der University of Hawaii mit aufzubauen. Er war drei Jahre lang Leiter der medizinischen Abteilung, dann setzte er seine Lehrtätigkeit im Bereich der inneren Medizin fort.

1983 wurde Kekuni als einer von wenigen *kānaka maoli*-Ärzten gebeten, im Rahmen einer nationalen Studie an einem Gesundheitsreport über die einheimische hawaiische Bevölkerung mitzuarbeiten, der vom Kongress der Vereinigten Staaten in Auftrag gegeben worden war. Was er dabei herausfand, war niederschmetternd und veränderte sein Leben für immer.

»Ich habe entdeckt, dass wir *kānaka maoli* die denkbar schlechtesten Zahlen auf dem Gesundheitssektor vorzuweisen haben. Etwas, das mir bis dahin nicht klar gewesen war«, erinnert sich Kekuni.

Er kam zu den folgenden statistischen Ergebnissen: Die Hawaiianer haben die kürzeste Lebenserwartung aller ethnischen

Gruppen im Staat, die höchste Krankheitsrate, den höchsten Prozentsatz an Schlaganfällen, Krebs, Diabetes, Kindersterblichkeit, und das Selbstmordrisiko bei den jungen hawaiischen Männern ist am höchsten.

»Es war ein Schock für mich«, fährt er fort. »Zumal sich herausstellte, dass diese Negativzahlen sich nicht nur auf den Gesundheitssektor beschränkten – wir hatten auch das niedrigste durchschnittliche Familieneinkommen, die höchste Anzahl Inhaftierter, Schulabbrecher und Obdachloser. Es musste demnach etwas viel Umfassenderes sein, das nicht allein die Gesundheit betraf. Ich kam ins Grübeln und fing an, mit anderen darüber zu reden.«

Ein nachdenklicher Aktivist, ein nüchterner, pragmatischer Radikaler wurde geboren. Er sollte nie mehr der strebsame Arzt und Wissenschaftler sein, der er vorher gewesen war. Er sollte seine Untersuchungen von nun an nicht mehr allein auf sein medizinisches Fachgebiet beschränken, sondern auf seine Ahnen ausdehnen.

»Ich begriff allmählich, dass es an den elementaren Gefühlen liegt, die wir im Hinblick auf unsere Identität entwickelt haben. Die Kolonialisierung hat bewirkt, dass wir uns für uns selber schämen. Man hat uns eingetrichtert, dass wir eine minderwertige Rasse seien«, sagt er. »Um uns davon zu erholen, müssen wir die Auswirkungen der Kolonialisierung abschütteln, uns wieder mit unseren Vorfahren identifizieren und das als Ausgangspunkt für die Wiederbelebung unserer Kultur und die Wiederherstellung unserer Nation nehmen.

Wir sind in einem kulturellen Konflikt gefangen, und zwar bereits, seit die ersten Fremden hierher kamen. Die dominante westliche Kultur basiert auf einem kapitalistischen Wirtschaftssystem, das nach dem Prinzip funktioniert, dass man so und so viel Geld hineinsteckt und entsprechend mehr herausbekommt. Den Profit verwendet man für sich selbst, für die Familie, die

Freunde, und wenn es bedeutet, dass man andere und die Umwelt ausbeutet – was soll's, dafür sind die anderen und die Umwelt doch da. Es ist individualistisch, materialistisch und ausbeuterisch.

Unsere Kultur ist die Antithese dazu. Statt zu nehmen, geben wir. In unserer Tradition fängt der Fischer seine Fische nicht nur für sich selbst, sondern auch für alle anderen im *ahupua'a* (einem bestimmten Landabschnitt). Die *taro*-Bauern ernten nicht nur für sich selbst, sondern auch für die anderen im *ahupua'a*. Der Holzfäller auf dem *mauka* oben, dem Berghang, schlägt Brennholz und teilt es mit den anderen. Daher liegt die größte Stärke und der persönliche Wert der Menschen nicht darin, wie viel Geld sie auf der Bank haben, sondern in ihren Beziehungen untereinander. Das ist die Grundlage unserer traditionellen Kultur. Aber wir sind gezwungen, nach westlicher Zeit zu funktionieren (er tippt auf seine Uhr), einer Arbeit nachzugehen, Steuern zu zahlen, uns an Hypotheken zu binden. Wenn wir es nicht tun und wie unsere Vorfahren vom Fischen und Miteinanderteilen leben, dann wandern wir ins Gefängnis. Wir sind also in einem Widerspruch gefangen und zu viele von unseren Leuten geben auf.

Für uns ist die Umwelt heilig. Sie darf nicht beschädigt, beschmutzt und entweiht werden, sondern man muss Achtung vor ihr haben. Die *āina*, unser Wort für Land oder Erde, bedeutet ›das, was uns ernährt‹. '*Āina* ernährt uns. Wenn wir nicht sorgsam mit ihr umgehen, wird sie uns nicht ernähren. Wir werden untergehen. Das Land, die Erde, das ist unsere Mutter.

Wenn Sie zu den Bergen hochschauen, sehen Sie einen Nebel, der den Hang verhüllt, wie das ein Weißer nennen würde. Aber für uns ist das viel mehr als ein Nebel. Es ist der Samen, der von unserem Himmelsvater Wakea herabfällt auf unsere Mutter Erde, Papa Honua, sie damit tränkt und fruchtbar macht. Und aus dieser Vermählung stammt alles in unserem Kosmos. Da wir alle dieselben Eltern haben, sind wir alle *'ohana* (eine Familie). Und da unsere Eltern leben, lebt alles.

Aber in den Schulen des Kolonisators lernen wir, dass dieser Tisch, dieses Haus unbelebt ist, während doch für uns *kānaka maoli* alles lebt. Dieser Tisch ist lebendig. Nicht nur das, er hat auch ein Bewusstsein. Er kommuniziert sogar. Er empfängt Botschaften und sendet Botschaften aus. Alles lebt – die Spiegelbilder, die Schatten, die Geräusche, der Wind, das Plätschern der Wellen an den Stränden. Alles lebt. Und alles kommuniziert mit uns. Wir müssen nur unsere Sinne dafür öffnen.«

Er fügt hinzu, dass Träume, auch Tagträume, »Bilder, Gedanken und Laute sind, die in unserem Bewusstsein ein- und ausfliegen, selbst wenn es scheinbar ohne unser Zutun geschieht; dass sie wirklich existieren. Sie beeinflussen unser Denken, Fühlen und Verhalten. *No laila* (daher) haben sie etwas zu sagen. Das ist ein weiterer Aspekt, warum es so wichtig ist, dass wir unsere Sinne öffnen, um Botschaften von überallher aus dem Kosmos zu empfangen. Weil alles in unserem Kosmos lebt, bewusst ist und kommuniziert.«

Und wie will er es anstellen, zu dieser expansiven Art des Denkens und Lebens zurückzufinden?

»Indem wir unsere kolonialistischen Fesseln abschütteln«, wiederholt er. »Wir müssen unsere eigene Regierung haben, um zu überleben, weil alle Indikatoren nicht nur auf einen schlechten Gesundheitszustand hinweisen, sondern auch darauf, dass er immer schlechter wird. Wir haben inzwischen die Zahlen der Studie von 1990. Die Statistiken sind noch hoffnungsloser. Die Lebenserwartung, die Gesamtsterblichkeitsrate und die Sterberate bei Herzkrankheiten, Krebs, Hirnschlag und Diabetes, bei Risikofaktoren wie Fettleibigkeit, Bluthochdruck, Tabak- und Alkoholkonsum sind sogar noch alarmierender als in den Achtzigerjahren.«

Als er gefragt wird, warum die Statistiken der *kānaka maoli* derart katastrophal seien, gönnt sich Kekuni kaum Zeit zum Luftholen. Es gibt, so sagt er, fünf Hauptgründe, die miteinander in Beziehung stehen.

»Der erste ist offensichtlich. Nach einer kürzlichen Schätzung haben im Jahr 1778, als Captain James Cook hier ankam, ungefähr so viele Leute hier gelebt wie heutzutage, also rund eine Million. Alles reinblütige *piha kānaka maoli*. Die ausschließlich von ihrem Land und vom Meer gelebt haben. Keine Importe, sondern autark, gesund, robust. Cook war überwältigt. Er hatte noch nie ein solches Volk gesehen. Er wusste, dass seine Männer Syphilis und Gonorrhö hier einschleppten. Und ebenso Tuberkulose, wie wir heute wissen. Die Folge war eine rasche Entvölkerung.

Zu der Zeit, als die Vereinigten Staaten uns mit Waffengewalt überfielen und uns unsere Heimat stahlen, in den Jahren 1893 bis 1898, war unsere Zahl auf 40.000 *kānaka maoli* zusammengeschrumpft. Schon damals waren wir gegenüber den 50.000 Fremden in der Minderheit. Mal angenommen, wir wären zu jenem Zeitpunkt eine Million stark gewesen, dann bezweifle ich, dass die USA es geschafft hätten, uns einfach einzusacken. Aber wir waren bereits von den eingeschleppten Krankheiten geschwächt und in der Minderzahl.

Jetzt ist die gesamte Inselbevölkerung wieder bei einer Million angelangt, aber es sind weniger als 10.000 *piha kānaka maoli* übrig. Es wird darüber spekuliert, dass es im Jahr 2044 keine *piha kānaka maoli* mehr geben wird. Wir werden verschwunden sein. Ausgelöscht. Das ist Völkermord und Völkermord ist ein international geächtetes Verbrechen.

Der zweite Grund ist die Ausbeutung. Fremde kommen in unser Land, nicht, um zu leben, wie wir es tun, um unsere Sprache zu sprechen, unsere Vorstellungen und Werte zu übernehmen, sondern um auf ihre Weise zu leben. Und ihre Weise besteht darin, andere auszubeuten, zu unterdrücken, alles an sich zu reißen. Das ist Kolonialismus. Die Vereinten Nationen definieren Kolonialismus als Beherrschung, Ausbeutung und Unterwerfung durch Fremde. Sie definieren Kolonialismus auch als Verbrechen und es ist ihr erklärtes Ziel, den Kolonialismus auszumerzen.

Die USA, die das wussten und die außerdem wussten, dass wir zur Entkolonialisierung anstanden, als die Vereinten Nationen 1945-1946 gegründet wurden, haben dafür gesorgt, dass wir von der Liste gestrichen wurden. Deshalb war die Eigenstaatlichkeit 1959 ein Betrug. Natürlich hat uns das keiner gesagt. Wir mussten das alles selbst herausfinden. Die meisten Leute wissen immer noch nichts davon und glauben es nicht, wenn wir darüber reden. 1959 haben die USA eine illegale Volksabstimmung abgehalten, um sich Hawaii als 50. Bundesstaat einzuverleiben. Das haben die USA dann den Vereinten Nationen mitgeteilt, damit die UN Hawaii von der Liste der nicht selbst verwalteten Kolonien streichen sollte. Wir möchten wieder auf diese Liste, damit wir für die Entkolonialisierung in Betracht kommen. Das ist das Ziel unserer Bewegung.

Der dritte Grund ist der kulturelle Konflikt. Wir sind ständig in diesem Kampf gefangen. Ich muss mich entscheiden, ob ich mich nach der westlichen Uhr richte und mache, was ich machen muss, um zu überleben, oder ob ich einfach *kānaka maoli* sein will und tue, wonach mir der Sinn steht. Das ist *kānaka maoli*-Art – zu tun, was man für richtig hält, *pono*. Ja, wenn man das Gefühl hat, dass etwas nicht richtig ist, dann darf man es unter keinen Umständen tun.

Wir sind ständig in diesem Konflikt gefangen. Und zu viele von unseren Leuten verzweifeln, rauchen, schnüffeln Drogen, trinken Schnaps, schlagen ihre Kinder und Ehepartner und wandern ins Gefängnis. Daher stellen wir die höchste Inhaftiertenrate in den Gefängnissen. Über sechzig Prozent der Insassen sind *kānaka maoli* und unser Volk macht nur zwanzig Prozent der Gesamtbevölkerung aus. Schmerzlich.

Der vierte Grund: Wir haben zu bereitwillig schädliche fremde Gewohnheiten übernommen – Drogen, rauchen, Alkohol, zu schnelles Autofahren. Wir haben die höchste Rate an Verkehrsunfallopfern. Wir essen amerikanisches Junk Food. Zu viele gesättigte Fette und zu viele Kalorien. Wir haben die höchste Fettsuchtrate. Bluthochdruck. Zu viel Salz. Wir haben die höchste Diabetesrate und alles, was damit zusammenhängt, wie Herz- und Nierenversagen, Arm- und Beinamputationen. Schrecklich. Schuld sind die schädlichen fremden Gewohnheiten. Das liegt nicht in unserer Kultur. So ein selbstzerstörerisches Verhalten.

Der letzte Grund ist nicht nur Vernachlässigung, sondern Böswilligkeit von Seiten des kolonialistischen Establishments. Was manche als institutionellen Rassismus bezeichnen. Zum Beispiel das Queen's Hospital: Es wurde 1859 von unserem König, Kamehameha IV., und seiner Frau, Königin Emma, gegründet. Der König trat vor den Gesetzgeber und sagte, Problem Nummer eins, das unserem Königreich zu schaffen mache, sei das Wegsterben unserer Leute – wir müssten etwas dagegen tun. Andere Völker haben Ärzte, Krankenhäuser, medizinische Versorgung. Wir nicht. Das ist unser Land. Deshalb wurde das Krankenhaus eingerichtet – um indigene kranke und invalide Hawaiianer zu behandeln.

1909 hat die *haole*-Oligarchie die Satzung des Krankenhauses geändert und nun hieß es ›kranke und invalide Personen‹ und das Krankenhaus wurde von einer öffentlichen in eine private Einrichtung umgewandelt. 1950 verfügte der Territorial Supreme Court (Oberster Gerichtshof des Inselstaats), dass der Queen Emma Trust mit seinem gesamten Einkommen aus den Kronländern direkt an das Krankenhaus gehen sollte. Daraufhin wurde bedürftigen *kānaka maoli* die kostenlose medizinische Versorgung verwehrt – und das in dem Krankenhaus, das eigens für sie eingerichtet worden war. Das Krankenhaus ist jetzt ein fester Bestandteil des kolonialen Establishments, eine übernationale Körperschaft. *Aue* (leider Gottes!)«

158

Und welches Heilmittel würde Dr. Blaisdell als Arzt seinem Volk verordnen? Zu den alten Bräuchen zurückkehren, natürlich.

»Aus der Vermählung von Wakea (dem Himmelsvater) und Papa Honua (der Mutter Erde) entstand und entsteht alles in unserem Kosmos und deshalb sind wir alle miteinander verwandt und hat alles ein Bewusstsein und steht in Verbindung zueinander. Das ist die Grundlage für Wohlbefinden – diese ständige Interaktion zwischen allen Lebenskräften. Verläuft die Interaktion ungestört, sind die Dinge *pono* (im Gleichgewicht); es gibt ausreichend *mana*, eine besondere Art von Kraft oder Energie, die dieses Gleichgewicht aufrechterhält. Diese spirituellen wechselseitigen Beziehungen sind grundlegend. Richtige Gedanken und Handlungen erhalten dieses *pono*, diese Harmonie, aufrecht.

Wenn ein Unglück eintritt, wie zum Beispiel Krankheit, bedeutet das Verlust von *pono* und damit auch Verlust von *mana*. Diagnostik heißt daher herauszufinden, wie dieses Unglück zu Stande gekommen ist, und bei der Behandlung geht es darum, *pono* wiederherzustellen, *mana* wiederherzustellen. Das ist die unerlässliche Grundlage für jedes Wohlbefinden und bedeutet mehr als nur ein Abwägen körperlicher Gesundheit gegenüber Krankheit. Ein Arzt oder Heiler ist jemand, der diesen Prozess des Aufrechterhaltens und Wiederherstellens von *pono* und *mana* fördert und begünstigt.

In alten Zeiten hat jeder Mensch von klein auf gelernt, auf sich selbst zu achten, eigenverantwortlich zu sein und *pono*-Beziehungen aufrechtzuerhalten. Wenn jemand krank war, hat er sich zuerst innerlich geprüft, was er möglicherweise gedacht oder gesagt oder getan haben könnte, um ein solches Ungleichgewicht entstehen zu lassen. Dann hat er versucht, es zu korrigieren. Wenn die Krankheit nicht verschwand, ging man einen Schritt weiter – zu jemandem mit mehr Wissen oder größeren Fähigkeiten, meistens einem Ältesten innerhalb des *'ohana*. Wenn das

Problem auch auf dieser Ebene nicht gelöst wurde und falls man die Mittel dazu hatte, ging man zu einem *kahuna* (einem Experten der Medizin) im nächsten *heiau ho'ōla* (Heilertempel).

Ein anderes Grundkonzept ist das der Gegensätze, die sich gegenseitig ergänzen. So wie es Tag und Nacht und Sonne und Mond gibt, männlich und weiblich, heiß und kalt, so gibt es auch richtig und falsch, Gesundheit und Krankheit, Leben und Tod. *Kā-naka maoli* wissen um diesen Dualismus.

Für uns sind Krankheit und Tod Realitäten. Die moderne westliche Zivilisation hingegen hat sich vorgenommen, jede Krankheit zu besiegen, ja, sogar den Tod! Das ist nicht realistisch in den Augen von uns *kānaka maoli*.

Eine weitere grundlegende Vorstellung ist die Zeitlosigkeit. Dies spiegelt sich in der menschlichen Anatomie wider – dem Konzept der *piko 'ekolu* (der drei Körperpunkte). Die meisten Leute wissen um den *piko waena* in der Mitte (den Nabel). Er verbindet jedes menschliche Wesen *in utero* durch die Nabelschnur mit seiner Mutter. Dieser *piko* repräsentiert die gegenwärtige Welt unserer Eltern und unseres *'ohanu*. Er bedeckt die *na'au*, die Eingeweide, und die Eingeweide sind der Sitz des Wissens, des Lernens und der Weisheit. *Na'au* ist auch das Organ der Gefühle, der Emotionen. Ein ›Bauchgefühl‹, diese Vorstellung kommt dem *kānaka*-Denken sehr nahe. Wir haben übrigens dasselbe Wort für denken und fühlen – *'ike*. Wir unterscheiden nicht zwischen diesen beiden.

Es wird uns oft vorgeworfen, wir seien zu emotional. Ja, natürlich sind wir emotional. Es ist eine unserer Grundüberzeugungen, dass man nichts lernt, was man nicht mit dem Gefühl erfasst. Wir lernen etwas nur, indem wir es fühlen, und wir fühlen es nur, wenn wir es leben, wenn wir es tun.

Der zweite *piko* ist der *piko po'o. Po'o* ist der Kopf und der *piko po'o* ist die vordere Fontanelle beim Säugling, die Öffnung im Schädel. Er verbindet den individuellen Geist, *'uhane* oder *wailua*, der im Schädel wohnt, durch diese Öffnung mit dem spirituellen Reich jenseits vom Hier und Jetzt, mit der Vergangenheit am Anfang der Zeit. Auf diese Weise sind alle unsere Ahnen in der spirituellen Welt durch diesen *piko* mit uns verbunden.

Dann gibt es noch den *piko maʻi*, der zwischen den Beinen liegt – die Genitalien. Und dieser *piko maʻi* verbindet uns mit allen unseren *mamo*, unseren Nachkommen, und dadurch für immer mit der Zukunft.

Wir haben den Begriff der Zeitlosigkeit – wir waren immer da, wir werden immer da sein; wir werden nicht fortgehen. Unsere Vorfahren werden immer bei uns sein, solange wir an sie denken, mit ihnen reden, sie in unser Denken und Planen, in unsere Überzeugungen und Handlungen mit einbeziehen. Wir können also gar nicht einsam sein; wir können uns nicht unsicher und verlassen fühlen.

Wie können wir es derart an Selbstachtung fehlen lassen, wenn wir so fest verwurzelt sind, verankert durch diese drei *piko*? Nicht nur in der gegenwärtigen Welt, jetzt und heute, sondern schon früher und für immer. Wie können wir es an Vertrauen fehlen lassen?

Wie kann uns jemand fragen: ›Glauben Sie, dass es eine Chance (die Souveränität zu erlangen) gibt? Wie realistisch ist das?‹ Mit traditionellen Vorstellungen wie den unseren? Kann es da überhaupt noch irgendeinen Zweifel geben?«

Kapeka Chandler
Freiwillige Gemeindehelferin

Sieben riesige, verbeulte Aluminiumtöpfe hängen an einem Balken in der Küche der Chandlers auf der Insel Kaua'i. Ein paar andere abgenutzte Töpfe, die einem erwachsenen Mann ungefähr bis zum Knie reichen würden, stehen auf dem Küchenboden, während riesige Pfannen auf dem Ofen bereitstehen und darauf warten, für das Mittagessen erhitzt zu werden. Es sind Dimensionen, wie man sie vielleicht in einer Kantine für Schüler vermuten würde, aber nicht in einem kleinen Einfamilienhaus. Doch die fünfzehn Schuhpaare, die sich im Vordereingang drängen, liefern den ersten Hinweis darauf, dass das hier keine kleine Familie ist. Vierzehn Kinder wurden unter dem Wellblechdach dieses einfachen Holzbaus großgezogen.

Das Haus macht denselben strapazierten, bewohnten Eindruck wie die Kochtöpfe. Ein Ort, der an geschäftig hin und her rennende nackte Füße gewöhnt ist – erwachsene Kinder, Enkel, Tanten, Onkel, Cousins, Nichten, Neffen. Ein echt hawaiischer Haushalt.

Und die Matriarchin der Familie kann sich nichts Schöneres vorstellen.

»Dieses Haus war nie leer. Rein und raus, rein und raus«, sagt Kapeka Mahuiki Chandler. »Ich würde verrückt, wenn nur mein Mann und ich hier wohnen würden. Ich habe die zwei jüngsten Kinder bei mir zu Hause, weil sie alleinstehend sind. Die verheirateten leben nicht hier, aber sie kommen jedes Wochenende oder jeden Tag und jedes Wochenende habe ich die Enkel hier. Gleich

»Ich zum Beispiel glaube nicht, dass ich es (*aloha*) beschreiben könnte. Ich denke, es liegt in der Persönlichkeit. Ich glaube, man ist damit gesegnet oder man ist es nicht. Es wird immer von Fürsorge und Teilen geredet, aber ich sage, nein, Leute, ihr habt das Wichtigste ausgelassen: Liebe und Fürsorge und Teilen. Man muss lieben, um Fürsorge zu tragen und zu teilen. Für mich gehören die drei Dinge zusammen.«

nach der Schule am Freitag kommen sie her. Sie kampieren draußen auf der *lānai*; sie sind hier drin, da drüben, sie sind überall.« Sie schwenkt ihre Arme herum, um zu zeigen, wie voll das Haus wird. Sie redet ohne Punkt und Komma – ihre Rede wird einzig durch ihr Gelächter unterbrochen.

1993 wurden die Chandlers in Kaua'i zur Familie des Jahres gewählt. Kapeka selbst wurde die Ehre zuteil, vom Kaua'i-Museum und den katholischen Kirchen von Hawaii zum »Living Treasure« ernannt zu werden. 1997 wurde sie von einer staatlichen Frauenorganisation, »Women of Vision and Action«, als »A Woman of Spirit« geehrt (als mutige, hochherzige Frau).

Kapeka gibt nicht viel auf solche Auszeichnungen und fragt sich, warum man sie damit überhäuft, aber ihre Nachbarin, Carol Ann Washburn, sagt, es sei einfach deshalb, weil: »Jeder liebt sie. Die Leute sind gern mit ihr zusammen. Sie hat ein ansteckendes Lachen und ruht so fest in sich selbst, in ihrer Spiritualität, dass sie beruhigend auf die Leute wirkt, durch ihre bloße Gegenwart.«

Auf Kaua'i ist sie als Sängerin und Entertainerin bekannt, besonders für alte hawaiische Lieder – die »Klassiker«, wie sie es nennt. Doch ihre wahre Berufung ist für sie ihre Rolle als hawaiische Familienmutter. Seit 1951 ist sie mit ihrem Mann Francis verheiratet.

»Ich sag immer, mein Mann und ich, wir haben zwei Schwung Kinder, weil wir zuerst sechs hatten, und dann, drei Jahre danach, kamen noch mal neun. Ein Junge ist gestorben, er war noch ein Baby, erst zwölf Tage alt. Vierzehn sind am Leben.

Meine Einstellung: Wenn du verheiratet bist, bleibst du zu Hause und putzt und kochst und versorgst dein Heim und deinen Mann und deinen Garten. Als unsere Kinder gekommen sind, hat Gott uns mit allem Nötigen eingedeckt, damit wir sie aufziehen konnten. Wenn Gott sie dir gibt, wird er für sie sorgen. Deshalb hab ich mir nie Sorgen gemacht.

Weil wir immer auf dem Land gelebt haben, konnten wir im Ozean und im Fluss fischen und in den Bergen jagen, so dass wir uns praktisch vom Land ernähren konnten, obwohl mein Mann seine Arbeit hatte. Er war Bulldozerfahrer auf der Zuckerrohrplantage, dann hat er im Elektrizitätswerk gearbeitet, dann ist er dort weg und hat sechzehn Jahre lang fürs County in den Parks gearbeitet. 1989 ist er in Rente gegangen.

Hawaiische Familien haben ein sehr starkes Zusammengehörigkeitsgefühl. Meine Eltern (die zehn Kinder hatten) hatten das ganze Haus immer voller Vettern und Kusinen. Wir waren alle ständig zusammen, so dass wir uns selbst jetzt noch, so alt wir sind, an sie erinnern können.

Das versuche ich meinen Kindern beizubringen: Kommt immer zusammen, denn sonst vergesst ihr eure eigenen Geschwister, wenn ihr sie lange Zeit nicht seht. Und deshalb gibt es einen Zusammenhalt unter ihnen. So lernen sie, dass es Liebe gibt, egal, wohin sie gehen, darauf können sie immer zählen. Und Liebe bringst du zuerst deiner Familie entgegen, bevor du sie jemand anderem zeigen kannst.«

Was Kapeka beschreibt, ist die hawaiische Vorstellung von 'ohana – Familie –, das starke Fundament, das die Grundlage des hawaiischen Lebens ist. 'Ohana äußert sich im Allgemeinen auch in *aloha*, dem hawaiischen Ideal von Liebe und Mitgefühl.

»Ich zum Beispiel glaube nicht, dass ich es (*aloha*) beschreiben könnte«, sagt sie. »Ich denke, es liegt in der Persönlichkeit. Ich glaube, man ist damit gesegnet oder man ist es nicht. Es wird immer von Fürsorge und Teilen geredet, aber ich sage, nein, Leute, ihr habt das Wichtigste ausgelassen: Liebe und Fürsorge und Teilen. Man muss lieben, um Fürsorge zu tragen und zu teilen. Für mich gehören die drei Dinge zusammen.«

Kapekas Sinn für *'ohana* und *aloha* reicht über die engere Familie hinaus, das heißt, sie leistet freiwillige Gemeindearbeit beim »Hawaiian Civic Club« und beim »Hanalei Canoe Club«, wo sie seit den Siebzigerjahren nicht nur als Organisatorin, sondern auch als Cheerleader fungiert.

»Für den Hawaiian Civic Club musste man Hawaiianer sein«, sagt sie. »Im Kanuclub ist jeder zugelassen, egal welche Rasse. Wir wollten, dass die Kinder lernen, miteinander zu leben, weil wir wissen, dass der Rassismus tatsächlich ein Problem ist. Und wir wollten, dass sie Kanu fahren lernen, weil das auch unsere hawaiischen Vorfahren gemacht haben. Aber für mich war es immer das Wichtigste, dass sie miteinander auskommen. Wir haben jetzt an die hundert Mitglieder im Kanuclub.

Wir waren jeden Tag dort unten (am Strand). Für mich war es Ehrensache, dort zu sein, weil ich ihnen zeigen wollte, dass jemand da ist, der Anteil nimmt. Und ich hab den Eltern immer wieder gesagt: ›Denkt ja nicht, wir sind eure Babysitter. Ihr müsst Interesse zeigen, sonst fehlt ihnen der Antrieb zum Kanufahren. Ihr habt gesagt, ihr wollt sie unterstützen, dann seid gefälligst da!‹ Aber es kamen keine Eltern – sie dachten, sie könnten einfach ihre Kinder abliefern. Kommen einfach und laden ihre Kinder ab. Alle sagen: ›He, wieso bist du eigentlich jeden Tag hier?‹ Aber soll man die Kinder vielleicht sich selbst überlassen?

Mein Mann und ich haben gekocht und aufgepasst. Jemand muss doch die Verantwortung übernehmen. Es hat mir überhaupt nichts ausgemacht, weil ich jung war. Wir hatten viele Kanufahrer. Ich war einfach da, um ihnen ein Beispiel zu geben.

Ich bin so etwas wie eine Tante für alle, die kleinen Kinder und die jungen Männer und Frauen. Ich bin da, um sie moralisch zu unterstützen. Ich tanze einfach an und schreie. Egal, wo sie hingehen, wo sie ihre Rennen veranstalten, ich bin da und feuere sie an, den Strand rauf und runter. Das mach ich immer noch. Aber jetzt werd ich ganz krank davon. Wissen Sie, wenn ich schreie, dann aber richtig. Ich tobe wie verrückt, weil ich will, dass die Kinder mich hören. Jeder kann mich hören.«

Einmal hat sie so heftig in der heißen Sonne geschrien, dass sie einen Schlaganfall bekam. Sie wusste, dass an diesem Tag etwas mit ihr nicht in Ordnung war, aber sie hatte keine Ahnung, dass es etwas Ernstes sein könnte.

»Ich bin hin und her gerannt und hab geschrien, aber ich hab die Übelkeit gar nicht gespürt«, sagt sie. »Ich hab mir Eiswasser über den Kopf geschüttet. Kurz abduschen und im Handumdrehen war ich wieder trocken, so heiß war es.

Als ich von dem Rennen zurück war, bin ich zu einem Festessen zu Ehren meiner Cousine gegangen. Es war ihr Abschied vom ›Kauai's Visitors Bureau‹. Dort ist mir dann schlecht geworden. Ich hab mein Abendessen runtergewürgt, obwohl es mir widerstrebte, und da ist es mir vor versammelter Mannschaft hochgekommen und ich hab in meine Serviette gebrochen. Die Bürgermeisterin war am nächsten Tisch; sie ist rausgegangen und hat den Notarzt angerufen. Bevor ich wusste, wie mir geschah, stand auch schon der Rollstuhl neben mir. Sie haben mich gezwungen, ins Krankenhaus zu gehen. Sie haben gesagt, ich hätte einen Schlaganfall, aber es war überhaupt nicht schlimm. Es war sofort wieder vorbei.«

Keine Krankheit der Welt konnte sie jedoch von ihrem Gemeindearbeit abhalten. 1992, nachdem ein gewaltiger Hurrikan namens Iniki einen großen Teil von Kaua'i dem Erdboden gleichgemacht hatte, wurden Kapekas Geschick im Umgang mit Menschen und ihre Organisationstalente dringend benötigt. Zuerst wurde sie gebeten, die Alten zu besuchen, weil die alten Leute, wie sie sagt, »jemanden brauchten, mit dem sie reden konnten. Einige gingen hin, um ihnen zu helfen, doch sie blieben stumm. Bei mir ist es ihnen nicht schwer gefallen, den Mund aufzumachen. Die Leute mögen mich.«

Das zeigte sich auch, als sie ihr nächstes Projekt in Angriff nahm: eine Briefkampagne, mit der sie über eine Million Dollar für den Bau eines Gemeindezentrums in Hanalei zusammenbrachte. Weitere 300.000 Dollar erhielt sie von einer in Honolulu ansässigen Stiftung. Eine derart hohe Summe war eine Sensation für ein so kleines Gebiet auf einer so kleinen Insel – noch dazu bei der schlechten wirtschaftlichen Lage, die auf Kaua'i herrschte.

»Nach dem Hurrikan Iniki war ganz Hanalei verwüstet. Die Stadt selbst war völlig zerstört«, sagt Kapeka. »Damals wurde uns klar, dass wir dringend einen festen Treffpunkt für die Gemeinde brauchten. Wir hatten zwar nie einen bestimmten Platz gehabt – wir haben unsere *luaus* und Treffen einfach bei irgendwelchen Leuten im Haus oder auf dem Rasen abgehalten. Doch nach dem Hurrikan hatten wir gar nichts. Die Leute mussten doch irgendwohin gehen.«

Kapekas Freundin Carol Ann Washburn sagt: »Ihretwegen waren die Leute bereit, etwas zu unternehmen. Kapeka hat die Sammelaktion auf die Beine gestellt und die ganze Gemeinde auf Trab gebracht.«

Kapeka hat sich gar nicht erst die Mühe gemacht, staatliche Beihilfen zu beantragen. »Wenn man sich an die Regierung wendet, dauert das Jahre. Wir dachten, es ist am besten, wenn wir es selbst in Angriff nehmen.

Ich wusste, wenn die Leute sehen, dass ich es organisiere, dann würden sie überzeugt sein, dass es eine gute Sache ist, weil sie mir vertrauen. Die Leute müssen dir vertrauen, wenn sie etwas spenden sollen. Sie haben mich in dieser Gemeinde auf einen Sockel gestellt, also muss ich dort bleiben und für sie da sein.

Mir liegen alle Menschen am Herzen. Ich möchte, dass sie zurechtkommen, dass sie lernen, wie sie miteinander leben können. Dieses Gemeindezentrum ist ein Ort für jedermann, egal, welcher Nationalität. Vielleicht können wir hier unsere Unterschiede überbrücken.«

Kapeka selbst ist eine ethnische Rarität: Sie gehört zu den wenigen hundertprozentigen Hawaiianer, die es in Hawaii noch gibt, obwohl sie sich nicht viel auf ihren Stammbaum zugute hält.

»Ich mag Mischungen, besonders zwischen Hawaiianern und *haoles*«, sagt sie. »Das gibt schöne Kinder. Sie sind klüger. Das ist tatsächlich so. Wir können es in unserer eigenen Familie sehen. Der Mann meiner Tochter ist eine italienisch-indisch-englische Mischung. Die Kinder sind klüger. Klüger, als wir es in ihrem Alter waren. Offenbar braucht's diese Mischung. Man muss sich ändern.

Hundert Prozent von irgendwas, wen schert das schon? Hauptsache, du machst dich gut, das ist es, was sich alle Eltern wünschen. Als Erstes musst du ehrlich sein und zweitens musst du fähig sein, Liebe zu geben. Wenn du damit ausgerüstet bist, diese Gaben besitzt, dann kommst du schon zurecht.«

Bevor das große Gemeindezentrum gebaut wurde, war jeder (und ist es bis heute) in dem Mini-Gemeindezentrum willkommen, das im Haus der Chandlers schon seit jeher existiert. Dort steht die Tür immer offen und Kapeka trifft man meistens auf dem Rasen vor dem Haus an. Die Art und Weise, wie sie den Weg zu ihrem Haus beschreibt, ist typisch für die gemütliche, einfache Lebensweise auf Kaua'i: »Am Flughafen biegen Sie einfach rechts ab und dann gehen Sie eine Dreiviertelstunde bis zum Ende der Straße. Keine Sorge: das ist die einzige Straße.« Auf einem verwitterten Holzschild, das an einen riesigen Mangobaum unten an der Einfahrt genagelt ist, steht der Name »Chandler«. Das Schild heißt seit Jahrzehnten Besucher aller Art willkommen.

»Die Leute staunen immer, dass vierzehn bis zwanzig Besucher bei uns aufkreuzen können, und wir haben immer genug zu essen da. Aber das ist keine große Sache«, sagt Kapeka. »Ich sage immer: Was ist das schon, einer mehr oder zehn mehr? Das macht gar nichts.«

Elaine Kaopuiki

Aktives Gemeindemitglied

»Hi, Auntie! Hi, Auntie!« Ein Auto voll übermütiger philippinischer Kinder fährt langsam durch einen Strandpark und die Kinder winken wie wild aus den Fenstern heraus. Elaine Kaopuiki schaut von dem Picknicktisch auf, an dem sie sitzt, und zerbricht sich den Kopf, wer die Kinder sein könnten, die da winken.

»Das Dumme ist, dass ich sie nicht sehen kann«, gesteht sie. »Das Einzige, was ich sehe, ist ein grünes Auto. Also wer fährt noch mal ein grünes Auto?« Ein paar Minuten später kommt wieder ein Auto an, voll gepackt mit jungen Männern um die zwanzig, die hupend und winkend vorbeifahren.

Das hier ist Lāna'i – eine Insel, auf der jeder jeden kennt. Und selbstverständlich kennt jeder Elaine Kauwenaole Kaopuiki. Sie unterrichtet seit über vierzig Jahren *hula* und ist die ranghöchste *kumu hula* (Hulalehrerin) der Insel, aber heute ist sie fast ebenso für ihre aufrührerischen politischen Aktionen bekannt. Auntie Elaine hat miterlebt, wie ihre kleine Insel sich radikal verändert hat, seit sie 1929 das Licht der Welt erblickte. Einige dieser Veränderungen gefallen ihr ganz und gar nicht und sie hat keine Hemmungen, ihre Gefühle vehement zu äußern.

Lāna'i ist eine Insel extremer Gegensätze. Es gibt keine Verkehrsampeln, keinen Fastfood-Treff, kein Einkaufszentrum. Und doch beherbergt die Insel zwei Weltklasse-Luxushotels, deren Zimmerpreise sich auf hunderte von Dollar pro Nacht belaufen. Die Einwohner von Lāna'i machen die Zimmer sauber, aber kein

Lāna'ianer könnte es sich jemals leisten, darin zu wohnen. Beide Hotels rangieren kontinuierlich ganz oben auf der Liste der weltbesten tropischen Ferienanlagen, aber das ruft nicht viel Stolz unter den Bewohnern von Lāna'i hervor. Die reichen Touristen, die von diesen Hotels angezogen werden, haben wenig gemein mit den Leuten, die diese Insel wirklich lieben – ihre 2.800 Einwohner.

Auntie Elaine erzählt bereitwillig, wie die Insel früher einmal war. Sie weiß sehr viel über ihre Geschichte und Legenden und so beginnt sie häufig mit dem Mythos von Kaululā'au, dem übermütigen Sohn eines Lahaina-Häuptlings (Maui-Häuptlings).

In Hawaii sind Legenden und wahre Begebenheiten häufig so miteinander verflochten, dass eine historische Persönlichkeit im Lauf der Zeit mythische Proportionen annimmt, wie es auch bei dem besagten Kaululā'au der Fall zu sein scheint.

Es heißt, dass er ein wilder Junge war, der einmal zu viel über die Stränge schlug und schließlich von Maui nach Lāna'i verbannt wurde. Dummerweise war Lāna'i von zahlreichen bösen und heimtückischen Geistern bevölkert, die jeden töteten, der seinen Fuß auf die Insel setzte. Kaululā'au wusste das natürlich, aber klug wie er war, schaffte er es, die Geister zu töten, bevor sie ihn töten konnten. Sobald die Geister fort waren, kehrte er als strahlender Held nach Lāna'i zurück, um dann andere Bewohner von Maui nach Lāna'i zu bringen und dort die erste Siedlung zu gründen.

»Mit dieser Besiedlungswelle kam auch meine Familie dorthin«, sagt Auntie Elaine. »Das erste Dorf auf der Insel Lāna'i war Keomuku der Ort, wo Kaululā'au lebte. Meine Mutter ist dort aufgewachsen.«

Kenneth Emory, der Begründer der hawaiischen Archäologie, stimmt mit Auntie Elaine überein. Er hat 1921 monatelang auf Lāna'i gelebt und geforscht und in seinem Bericht über die Insel

»Wir müssen uns aus dem Schlamassel herauswühlen, in dem wir
heute stecken. Der Sturz unserer
Königin (1893) ist nie gerechtfertigt worden. Also müssen sie das
wieder gutmachen. Mag sein,
dass es ewig dauern wird. Vielleicht werde ich nicht mehr da
sein, um zu erleben, was am
Ende dabei herauskommt. Aber
ich lebe jetzt und mein Recht auf
Souveränität ist mir verwehrt. Ich
habe mein Geburtsrecht verloren. Ich wusste es nicht einmal, bis ich größer wurde und
mich mit meiner hawaiischen
Geschichte beschäftigt habe.
In der Schule hat man uns nie

hawaiische Geschichte gelehrt. Aber jetzt, seit ich es weiß, kann es einen
ganz schön wütend machen.«

---

schrieb er: »Alle Traditionen der Ureinwohner von Lānaʻi datie-
ren aus der Zeit von Kaululāʻau und danach.«

Zur Zeit ihrer Mutter, so Auntie Elaine: »… waren sie sehr
›primitiv‹ dort unten (in Keomuku) und sie haben sehr einfach
gelebt. Aber sie hatten alles, was sie brauchten. Sie sind ohne
diese ganzen modernen Sachen ausgekommen. Zu einem großen Teil waren sie für ihren Lebensunterhalt auf das Fischen angewiesen. Sie sind auf den Berg raufgegangen und haben Ziegen
gejagt. Das Einzige, was hier gut gediehen ist, waren Wassermelonen. Meine Großmutter hat die größten Wassermelonen geerntet, die es jemals gab. Das Maultier konnte immer nur eine
auf einmal tragen, so riesig waren sie.«

In Lānaʻi regnet es nur wenig, etwa 10 bis 35 Inches pro Jahr
(160 bis 570 Kubikzentimeter).

»Damals in Keomuku hatten sie nie Wasser«, sagt Auntie Elaine.

175

»Sie mussten Brunnen graben, um Wasser zu bekommen. Sie haben Brackwasser getrunken (eine Mischung aus Süß- und Salzwasser). Nur ein einziges Gebiet auf der Insel hatte Wasser, oben in den Bergen. Aber sie haben weit weg vom Hauptstrom gelebt. Wenn man wirklich frisches Wasser wollte, musste man meilenweit gehen. Auf diese Weise hat meine Mutter gelernt, ihr ganzes Leben lang mit Brackwasser auszukommen.

Mein Vater stammt aus Lahaina. Er ist hierher gekommen, um als Kuhhirte zu arbeiten. Als meine Mutter meinen Dad geheiratet hat, sind sie nach Ko'ele hinaufgezogen.

Ich bin zu Hause geboren, dort, wo jetzt die Ko'ele-Lodge steht. Damals war das ein sehr abgelegenes Gebiet. Meine Mutter erzählte mir, dass sie auf dem Boden lag, und meine Großmutter stand vor ihr, als ich herausgeschossen kam und ihr mitten in die Schürze flog!

Als meine Zeit kam, heiratete ich einen Kaopuiki – ein berühmter Name auf dieser Insel. Ich habe einen von sechzehn Brüdern geheiratet. Ich habe den schönsten Mann bekommen.

Ich habe in der Ananas-Ära gelebt. Ananas sind 1922 hierher gekommen. Aber Rancher gab es hier auch; das fing sogar noch vor den Ananas an.

Es war so ein schönes Leben. Wir waren wie eine einzige große Familie. Es gab ungefähr zwei Dutzend Haushalte, alles Arbeiter, meistens Hawaiianer. Englisch war die Hauptsprache. Jedem haben sie eingehämmert – du sprichst Englisch und nichts anderes. Meine Eltern haben fließend Hawaiisch gesprochen, aber nicht mit mir. Sie waren fest davon überzeugt, dass sie dann ihre Arbeit verlieren würden. Deshalb können die Leute, die zu meiner Zeit aufgewachsen sind, heute kein Hawaiisch sprechen.«

Auf der Grundlage seiner Forschungen schätzt Kenneth Emory, dass es ungefähr 3.000 Einwohner auf Lāna'i gab, ehe Captain Cook 1778 nach Hawaii kam. Die Zählung von 1920 ergab nur noch 185 Einwohner auf der Insel und davon waren 102 Hawaiianer. Von den heutigen 2.800 Einwohnern auf Lāna'i sind nach Auntie Elaines Schätzung nur 300 bis 400 echte Hawaiianer.

»Nur eine Hand voll Hawaiianer«, klagt sie. »Von 3000 Hawaiianern auf Lāna'i sind nur noch 300 übrig. Es gibt jetzt keine reinblütigen Hawaiianer mehr. Meine Urgroßmutter hat blaue Augen. Aber wenn man sie nach ihrer Nationalität fragt, und sie spricht nur Hawaiisch, dann bekommt man zu hören, sie sei eine hundertprozentige Hawaiianerin. Wie kann sie das sagen? Wie kann sie eine reinblütige Hawaiianerin sein, wenn sie blaue Augen hat?«

Die Dole Company hat 1922 einen Großteil von Lāna'i aufgekauft, um Ananas anzubauen, und bis 1947, als Castle & Cooke dann die Dole Company aufkaufte, arbeiteten die meisten Lāna'ianer für den einzigen großen Arbeitgeber der Insel und Lāna'i wurde als »Ananas-Insel« bekannt. Asiatische Immigranten, besonders Filipinos, kamen nach Lāna'i, um die Felder zu bewirtschaften, so dass die Insel heute überwiegend philippinisch ist.

»Während der Ananas-Zeit haben wir alle getrennt gelebt. Sie wollten nicht, dass wir (die Rassen) uns vermischen und uns womöglich zusammentun und gegen sie kämpfen. Bis 1947/48 hatten wir keine Gewerkschaft. In dieser Zeit haben wir einzig und allein unter der Fuchtel der Company gelebt. Wenn sie gesagt haben, wir sollen springen, dann sind wir gesprungen. Sonst konntest du deine Arbeit vergessen.

Das ist also mein Leben auf der Insel Lāna'i.«

Oder zumindest war es einmal so. Der »Company-Laden« sieht jetzt ein bisschen anders aus, obwohl viele der Bewohner Lāna'is der Ansicht sind, dass die Einstellung sich nicht groß geändert hat. Weil der Anbau von Ananas in den Achtzigern kein rentables Geschäft mehr war, mussten Castle & Cooke einen Kurswechsel vornehmen und die Ananasfelder umpflügen, um stattdessen Golfanlagen und Luxus-Feriendomizile zu bauen. Eine der Golfanlagen nennt sich »The Experience« (Erfahrung), die andere »The Challenge« (Herausforderung). Und es war in der Tat eine Herausforderung, was die Bewohner von Lāna'i in den letzten Jahren an Veränderungen erlebt haben.

»Ich habe nichts gegen Veränderungen als solche«, erklärt Auntie Elaine, als sie darüber klagt. »Aber ich sage, sie sollen bei alldem die Leute nicht vergessen, die hier leben. Ich finde, Mr. Murdoch ist vor allem den Leuten hier verpflichtet. Dann erst darf er an die Touristen denken, die er gern hierher bringen möchte.«

Als Generaldirektor von Castle & Cooke war David Murdoch persönlich in die Umstrukturierung von Lāna'i involviert. Auntie Elaine hat schon zahlreiche Kämpfe mit ihm ausgefochten, was sie jedoch nicht hindert, auf gutem Fuß mit ihm zu stehen. Er kauft ihre Quilt- und Federarbeiten und besucht die Vorstellungen ihrer *hālau* (*hula*-Schule) in seinen Hotels.

Doch Auntie Elaine nimmt kein Blatt vor den Mund: »Ich denke, er (Murdoch) wird die Hotels verkaufen und sich von hier absetzen, weil ihm die Leute von Lāna'i das Leben schwer machen. Die ganzen Sachen, die er will – wenn er zu den öffentlichen Anhörungen kommt, machen ihm die Leute die Hölle heiß, weil wir unsere Meinung sagen, und ich bin eine davon, ich sag ihm meine Meinung. Ich möchte gut leben auf meiner Insel; ich möchte nicht, dass er meine Insel kaputtmacht.

Unsere Leute kriegen nur die niedrigen Jobs. Was will man auch anderes erwarten von den Hotels – es ist die einzige Sorte Arbeit, die sie anzubieten haben. Und jetzt wollen sie, dass wir unser Okay zu ihrem neuen Projekt geben, wo's um Millionen-Dollar-Häuser geht. Wir können uns noch so sehr auf die Hinterbeine stellen. Die haben das Geld. Ich hab Angst, dass wir einfach untergehen in dieser Gemeinde von Fremden und dass wir überhaupt nirgendwo mehr hingehören.

Ich habe nichts gegen die Hotels. Sie geben unseren jungen Leuten Arbeit. Aber irgendwie ist es verdammt frustrierend. Ich denke, sie (die Ferienanlagen) könnten sehr erfolgreich sein, wenn sie den Leuten auf Lāna'i entgegenkommen und sie nach ihrer Meinung fragen, wie sie die Hotels geführt haben wollen. Wenn sie sich mit den Leuten von Lāna'i zusammentun würden …«

Als Bill Gates, Chef der Microsoft Corporation, auf Lāna'i geheiratet hat, dachte er, dass er hier in Ruhe gelassen würde, besonders von der Presse. Doch die Straßen, die Strände, der Flughafen sind Staatseigentum und so kamen trotzdem Reporter herein. Ein Reporter wurde auf einer Bundesstraße verhaftet. Er ist vor Gericht gegangen und hat den Prozess gewonnen.

»Die Gates-Affäre? Das hat wirklich wehgetan«, sagt Auntie Elaine und erklärt, was für ein es Gefühl war, gesagt zu bekommen, dass man so gut wie keine Rechte auf seiner eigenen Insel hat. »Ich habe mich richtig eingeschüchtert gefühlt. Wir durften nicht im Park spazieren gehen. Wir wurden angehalten. Als die Reporter kamen, wurden sie verhaftet. Ich bin zu Hause geblieben. Ich wollte da nicht reingezogen werden. Ich war enttäuscht und wütend.

Aber als die Reporter verhaftet wurden, sind sie zu mir gekommen und haben mich gefragt, was ich von der ganzen Sache halte. Du liebe Güte, denen hab ich vielleicht die Ohren heiß geredet – dass die hier rumstolzieren und sich einbilden, die Insel gehört ihnen. Was glauben die eigentlich, wer sie sind? Vielleicht der liebe Gott? Also hat er (Murdoch) schließlich klein beigegeben und sich in der Zeitung entschuldigt. Er hat gesagt, er sei der Meinung gewesen, die Insel gehöre ihm. Er besitzt ungefähr 98 Prozent.

Ich werde ziemlich laut in öffentlichen Meetings. Ich muss ihnen doch sagen, was ich denke. Zum Beispiel sitze ich im Wasserausschuss. Wir sagen ihnen: ›Ihr habt dies gemacht, ihr habt jenes gemacht.‹ Und sie sagen: ›Nein, haben wir nicht.‹ Das macht mich so wütend. Ich gehe heim und sage, ich schmeiß alles hin.

Aber nein, das kann ich nicht. Es gibt eine Menge Leute in der Gemeinde, die zu mir kommen. Wenn ich nicht zu einem Meeting gehe, sagen sie: ›Auntie, warum bist du nicht hingegangen?‹ Menschenskind, dann denk ich sofort, ich hätte doch hinsollen. Also gehe ich wieder hin. Ich kann nicht aufgeben. Es wird immer da sein.

Manchmal sag ich mir, ich ziehe nach Lahaina. Mein Vater hat *kuleana*-Land (Familienland) in Lahaina. Aber dann kann ich es doch wieder nicht. Ich kann dieser Insel nicht den Rücken kehren. Bestimmt setzen sie dann noch mehr Veränderungen durch.«

Doch es gibt etwas, das sich für sie nie ändert, das unberührt von der Politik bleibt, und das ist ihr Engagement für den *hula*. Seit über vierzig Jahren ist sie die *hula*-Meisterin von Lāna'i. Es gab niemanden in ihrer Kindheit und Jugend, der ihr *hula* beibringen konnte, keine Möglichkeit, es auf Lāna'i zu lernen. Und doch hatte sie das unwiderstehliche Bedürfnis, zu tanzen und schließlich zu unterrichten. Sie glaubt, dass es ihr einfach im Blut liegt.

»Hali'ilehua, meine Urgroßmutter (die gestorben ist, als Elaine drei Jahre alt war), war auch *hula*-Lehrerin. Ich habe das Gefühl, dass die Begabung von ihr auf mich übergegangen ist. Manchmal ist mir wirklich, als ob sie da wäre. Ich denke, es war diese Energie, die mich dazu getrieben hat, *hula* zu lernen.

Ich bin nach Honolulu gegangen, um alles darüber zu erfahren. Ich habe viele Jahre bei 'Iolani Luahine gelernt (die als größte Tänzerin dieses Jahrhunderts gilt). Ach, sie war großartig, wirklich. Sehr merkwürdige Frau, aber ich war fasziniert von ihrem Können. Ihre Art zu tanzen war ganz einfach. Jeden Morgen, bevor sie etwas anderes angefangen hat, hat sie in ihrem Zimmer getanzt. Sie hat ihre Gesänge getanzt. Sie hat am Fenster getanzt. Sie hat die Läden aufgemacht und die Sonne kam herein. Nur so behältst du die Bewegungen, wenn du das jeden Tag machst.

Ich unterrichte gern, aber ich hätte nie gedacht, dass ich so weit kommen würde. In den Siebzigern – du liebe Zeit, da hat mich die staatliche Kunst- und Kulturstiftung angerufen. Sie wollten, dass ich als vollgültige *hula*-Lehrerin auf Lāna'i arbeite. Sie haben mich bezahlt! Sie haben Lehrer von überallher auf den Inseln eingestellt. Und ich bin die einzige für Lāna'i. Die Kinder bekamen also kostenlosen *hula*-Unterricht.

Meine *hālau* ging 1989 zum Smithsonian (Smithsonian Institute in Washington). Wir haben zwei Wochen dort verbracht. Als sie mich aus Washington, D.C., anriefen, hab ich gesagt: ›Sind Sie sicher, dass Sie sich nicht verwählt haben? Warum ich?‹ Aber sie haben gesagt, ich sei die Beste von allen, die beim *Merry Monarch* (einem großen *hula*-Wettbewerb, der jedes Jahr auf Big Island abgehalten wird) aufgetreten seien. Ehe sie es sich anders überlegen konnten, hab ich schnell Ja gesagt. Ich konnte es nicht fassen.«

Da die Bevölkerung von Lāna'i überwiegend philippinisch ist, sind die meisten Schüler in Auntie Elaines *halau* keine Hawaiianer.

»Ich hatte Mädchen, die bei mir getanzt haben, seit sie ganz klein waren, und die inzwischen dreizehn, vierzehn sind. Die sehen jetzt nicht einmal mehr aus wie Filipinas. Für mich sehen sie hawaiisch aus. Und wenn sie den Mund aufmachen, dann hört sich das nicht philippinisch an. Obwohl sie von Eltern abstammen, die mit so einem Akzent reden. Sie sind Hawaiianerinnen geworden. Die meisten in meiner *hālau* sind Filipinas, aber das ist mir egal. Sie möchten lernen und sie wären gern Hawaiianerinnen. Sie haben echtes *aloha*.

Manchmal könnte ich unseren hawaiischen Kindern den Hals umdrehen. Ich bin da, sie wissen, wer ich bin – warum kommen sie nicht zum *hula*? Ich würde ihnen sogar kostenlos Stunden geben, weil sie Hawaiianer sind. Aber die Leute, die kommen, haben andere Nationalitäten.

Wenn wir die Kultur nicht hochhalten«, sagt sie mit einem leicht verärgerten Ausdruck, »dann wären wir ernstlich in Schwierigkeiten, weil wir nichts mehr hätten, woran wir unsere Identität festmachen könnten. Ich glaube, dass wir die Kultur mit dem *hula* lebendig erhalten könnten, weil er etwas Sichtbares ist. Wir versuchen, unsere Sprache, unser Land, unsere Würde zurückzubekommen. Wir haben das verloren. Wenn es uns gelingt, mit dem *hula* einen Anfang zu machen, vielleicht folgen die anderen Dinge dann nach.

Und noch etwas …« Auntie Elaine ist schon wieder bei ihrem anderen Thema. »Wir müssen uns aus dem Schlamassel herauswühlen, in dem wir heute stecken«, sagt sie. »Der Sturz unserer Königin (1893) ist nie gerechtfertigt worden. Also müssen sie das wieder gutmachen. Mag sein, dass es ewig dauern wird. Vielleicht werde ich nicht mehr da sein, um zu erleben, was am Ende dabei herauskommt. Aber ich lebe jetzt und mein Recht auf Souveränität ist mir verwehrt. Ich habe mein Geburtsrecht verloren. Ich wusste es nicht einmal, bis ich größer wurde und mich mit meiner hawaiischen Geschichte beschäftigt habe. In der Schule hat man uns nie hawaiische Geschichte gelehrt. Aber jetzt, seit ich es weiß, kann es einen ganz schön wütend machen.

Wir wursteln uns durch, wursteln uns immer nur durch. Kümmern uns um uns selbst. Aber wir müssen kämpfen wie verrückt, wenn wir überleben wollen, wenn wir anerkannt werden wollen. Wir müssen immer auf der Hut sein. Aber sie können mich nicht von dieser Insel vertreiben – das ist meine Insel.«

TANZ, GESANG, GENEALOGIE, MUSIK

Die Hawaiianer haben keine geschriebene Sprache. Was ihnen wertvoll war, haben sie in ihren Gesängen aufbewahrt – Geburt, Tod, ihre Geschichte, ihre Liebesdramen, ihr Leben. Wichtige Gesänge wurden auswendig gelernt und von Generation zu Generation weitergegeben – ihr Datenspeicher war also ihr ungeheuer reiches Gedächtnis. Im Lauf der Jahrhunderte entwickelten sich die hawaiischen Gesänge zu einer komplizierten und tiefgründigen Kunst.

Da das gesprochene Wort vom Atem transportiert wird und Atem Leben bedeutet, glaubten die Alten, dass Worte mit einem mächtigen *mana* ganz eigener Art aufgeladen sein müssten. Wenn sie ihre Gesänge komponierten, schrieb Samuel Kamakau, »musste jedes Wort auf seine Bedeutung hin untersucht werden, ob es glück- oder unheilbringend war, welche Wirkungen es hatte«.

Es gab Gesänge für jede Gelegenheit, aber einer der wichtigsten war der genealogische Gesang. Die Abstammung eines Menschen verlieh ihm seinen Rang und oft seine Aufgabe in der Gesellschaft, sodass es ein absolutes Muss war, sich die Ahnenreihe einzuprägen. Jeder musste seine Abstammung über zehn Generationen zurückverfolgen können. Bei den höchsten *ali'i* waren es manchmal sogar noch mehr.

Der Gesang erzählt die Geschichte und der *hula* setzt die Geschichte in Bewegung um. Der *hula* wird oft als »heiliger Tanz«

bezeichnet, doch ist er weder eine Form der Anbetung noch ein religiöser Ritus. Natürlich gab es auch heilige oder religiöse Tänze, aber der *hula* wurde auch getanzt, um gute Ernten zu beschwören, vor Schlachten, bei Festen, beim Begräbnis eines Häuptlings, als Fruchtbarkeitsritus (für Menschen) und immer zur Unterhaltung.

Kinder wurden schon früh für die *hula*-Schule ausgewählt. In der *hālau* (Schule) lebten sie abgeschieden von der Außenwelt und ihre Ausbildung wurde als religiös angesehen. Sie weihten ihr Leben und ihre Tänze der Göttin Laka, der Schutzgöttin des *hula*.

Als die Missionare 1820 kamen, konnten sie nichts Unterhaltsames oder Heiliges an diesem Tanz entdecken. Der Missionsleiter Hiram Bingham, den es beunruhigte, dass die Menschen den *hula* der Kirche oder der Schule vorzogen, schrieb: »… einige ließen sich herbei, in unsere Schulen und öffentlichen Lesungen zu kommen, andere pflegten, mit größerem Enthusiasmus, ihre Zeit mit dem *hula* zu vergeuden, einem heidnischen Gesang und Tanz, den sie fleißig lernten, ausübten oder dem sie als Zuschauer beiwohnten.«

So viel calvinistische Missbilligung trieb den *hula* in den Untergrund und die *hula*-Lehrer mussten fortan ihre Schulen heimlich weiterführen. Nur wenige tanzten öffentlich und wer es dennoch tun wollte, musste eine Genehmigung dafür einholen und einen Betrag von zehn Dollar pro Aufführung bezahlen.

Während der kurzen kulturellen Renaissance unter König David Kalakaua um 1880 wurden die *hula*-Schulen wieder zugelassen. Die Tänzer traten bei seiner Krönungszeremonie 1883 auf, dann wieder an seinem 50. Geburtstag 1886. Kalakaua liebte und förderte seine Kultur; leider starb er 1891. Die Monarchie zerfiel zwei Jahre später und mit ihr ging die Kultur erneut unter.

Der *hula* gewann seine Popularität erst viel später, in den Sechziger- und Siebzigerjahren des 20. Jahrhunderts, zurück. Er war eine der ersten Kunstformen in der Renaissance der letzten Jahre, die eine Vorstellung von der hawaiischen Kultur vermitteln konnten. Und mit dem *hula* kehrte natürlich auch der Gesang zurück.

Aller Anfang hawaiischer Musik ist der Gesang, der jedoch anders als die heutigen Lieder keine Harmonien und Melodien kennt. Diese kamen in Hawaii erst mit der Einführung der Hymnen auf, die die Missionare auf die Insel mitbrachten. *Hīmeni* wurden sie genannt und die Hawaiianer liebten sie.

Die moderne hawaiische Musik wird oft mit Waikiki-Touristensongs wie »Tiny Bubble« und »Lovely Hula Hands« gleichgesetzt und diese Lieder sind sicherlich auch ein Teil der hawaiischen Musikgeschichte. Aber die neue Musik hat seither große Fortschritte gemacht, sowohl was die Substanz als auch die Popularität angeht. 1975 wurden zum Beispiel nur fünf hawaiische Platten produziert; 1997 waren es 175 – eine Steigerung von 3.500 %. Heute ist die hawaiische Musik eine Multi-Millionen-Dollar-Industrie, die alles zu bieten hat – den Falsetto-Gesang, die Slack Key-Gitarre, die Steel-Guitar, die 'ukulele, sowie die allgegenwärtigen Harmonien und sanften Melodien, berühmt geworden durch ein Volk, das den Gesang liebt.

George Nā'ope
hula-Meister

In der Zeit des alten Hawaii wurden Kinder schon in sehr jungen
Jahren dazu auserwählt, ihr Leben dem *hula* zu widmen. Der
Göttin Laka geweiht, lebten sie jahrelang abgeschieden in ihrem
hālau, wo ihnen eine strenge Erziehung durch den *kumu hula*
(*hula*-Meister) zuteil wurde. Erst wenn sie ausgelernt hatten,
meist im Teenageralter, durften sie sich unter die anderen außerhalb ihres *hālau* mischen. Sie sollten von keinem anderen Einfluss befleckt werden.

So leben *hula*-Tänzer heutzutage natürlich nicht mehr. Aber
George Nā'opes Urgroßmutter kannte diese Bräuche noch gut.
Sie war »Hofdame« bei der letzten Monarchin von Hawaii, Königin Lili'uokalani, gewesen. Sie hat George in einem sehr hawaiischen Haushalt aufgezogen, in dem nur Hawaiisch gesprochen
wurde; und in Übereinstimmung mit der alten Tradition, dass
eine Tänzerlaufbahn jung begonnen werden muss, wurde George im Alter von drei Jahren in den *hula* und den Gesang eingeführt. Mit dem Ergebnis, dass aus George Lanakilakekiahialii
Nā'ope einer der angesehensten *hula*- und Gesangsmeister von
Hawaii geworden ist. Von seinen Geschwistern hat keiner tanzen
und singen gelernt; nur George wurde dazu ausersehen.

»Damals«, sagt er über seine Jugend, »hat niemand *hula* studiert.« Nicht offen jedenfalls, da der *hula* immer noch sein Un-
tergrunddasein fristete.

Georges Urgroßmutter hat selbst nicht getanzt, aber sie schickte
ihn zu ihrer Nachbarin und engen Freundin Mary Kanaele, die

als Kind noch die strengen, traditionellen *hula kapu* (*hula*-Regeln) einhalten musste.

»Meine Urgroßmutter hat mich gezwungen, zum Unterricht zu gehen. Ich habe singen gelernt – vier Stunden am Tag. Gott sei Dank, dass es den Sonntag gibt«, flachst er. »Ich hatte keine Wahl – ich musste es lernen.

Ich war zwölf Jahre alt, als ich mit dem *hula* angefangen habe. Ich hätte nie gedacht, dass ich Tänzer werden würde. Ich habe all die Jahre dagesessen und zugehört, wie die großen Meister die verschiedenen Schüler angebrüllt haben, die sie hatten, und ich hab mir immer gesagt: ›Oh, Junge, bloß gut, dass ich keinen *hula*(-Unterricht) nehme‹. Und mit zwölf haben sie mir dann auf einmal gesagt: ›Jetzt bist du an der Reihe mit Tanzen.‹ Ich hatte die ganzen Jahre zugeschaut und hatte gesungen und die Trommeln geschlagen, sodass ich alle Tänze kannte, bevor ich überhaupt tanzen lernte.

Ich habe bei den großen Meistern gelernt. Aber ich wäre nie auf die Idee gekommen, dass ich selbst einmal ein *kumu hula* sein würde. Ich hätte auch nie gedacht, dass ich eines Tages als *hula*-Meister und Historiker der hawaiischen Kultur anerkannt sein würde. Es ist mein Volk und es spiegelt mich wider. Es ist einfach mein Leben«, sagt er einfach, obwohl er keineswegs ein einfaches Leben hatte.

Akoni Akana, einer von Nāʻopes ehemaligen Schülern, ist der Meinung, dass man über Uncle George ein ganzes Buch schreiben müsste. »Niemand hat so ein Leben geführt wie er«, sagt Akana. »Er hat noch alle Großen im *hula* miterlebt.«

Nāʻope gehört nicht nur selbst zu den »Großen«, er ist außerdem ein richtiges Original. Er liebt Federboas und glamouröse Federhüte und schreckt auch nicht vor knalligen Pinktönen, Goldlamé und blendendem Weiß zurück. Der feingliedrige Nāʻope kleidet sich mit einer Extravaganz, wie man sie in Hawaii selten

»Der *hula*, das ist Hawaii. Der *hula* ist die Geschichte unseres Landes. Der *hula* ist eine Geschichte an sich, wenn er richtig getanzt wird. Und für mich ist der *hula* die Grundlage des Lebens. Er lehrt uns, wie wir leben sollen, dass wir Respekt haben sollen, dass wir mit anderen teilen sollen. Der *hula*, das ist für mich die Fähigkeit die eigenen Gefühle umzusetzen und nicht die von jemand anderem.«

zu sehen bekommt. Aber nicht nur sein Aufzug ist scharf, er hat auch einen scharfen Verstand. Wenn sein kleiner Enkel ihn fragt: »Warum bist du so schlau?«, dann gibt Nā'ope schlagfertig zurück: »Weil ich nicht in die Schule gegangen bin, um mir mittags den Bauch voll zu schlagen« – ein Seitenhieb auf seine oft etwas dicklichen hawaiischen *hula*-Kollegen. »Merken Sie was?«, fragt er boshaft. »Ich sehe auf der Bühne richtig magersüchtig neben den anderen aus.«

Nā'ope hat zwei völlig unterschiedliche Seiten: Einmal zeigt er sich als Komiker und erfolgreicher Entertainer, dann wieder ist er der strenge, ernste Lehrer.

Akana, der jetzt *kumu hula* auf Maui ist, erinnert sich liebevoll an die Siebzigerjahre, als er in Nā'opes winzigem Studio tanzen gelernt hat.

»Jeder hat damals gewusst, dass er der Typ ist, bei dem man gewesen sein muss. Er war *der* Mann«, sagt Akana. »Er hat *kahiko* (den traditionellen *hula*) unterrichtet. Einer der ganz wenigen, die *kahiko* gelehrt haben. Für ihn war der *hula* eine ernste Sache. Er hat mir den Zugang zu den Tiefen des *hula* eröffnet. Er hat ihn aus einem religiösen Blickwinkel gesehen. Ich glaube, deshalb war er so streng. Wenn er in die Klasse kam, konnte er richtig fies sein. Er hat uns auf die Knöchel geschlagen, geschrien und geflucht. Es war nicht nur Spaß und Unterhaltung für ihn, es war Ernst.«

Am Abend jedoch hatte Nā'ope nur noch Sinn für Spaß und Unterhaltung. Dann klimperte er auf seiner *'ukulele* und verwandelte sich in Uncle George, den hawaiischen Entertainer.

»Er war Entertainer in einer winzigen Bar in Waikiki«, sagt Akana über Nā'opes Waikiki-Zeiten in den Siebzigern. »In der Bar war er ein ganz anderer als im Unterrichtsbereich. Ich konnte mit ihm reden in der Bar und meinen Spaß mit ihm haben, aber wenn ich dann wieder in den Unterricht kam, war das wie ausgelöscht. Dort war er der *kumu*. Streng.

Uncle George war nicht immer der große *kumu*-Meister. Heute ist der *hula* beliebt, aber in den Fünfzigern, Sechzigern und Siebzigern war er nicht so populär. Die Leute, die damals *hula*-Größen waren, bekamen also nicht die Anerkennung, die sie verdient hätten. Uncle hat sich lange, lange mit nichts durchgeschlagen. Er hat harte Zeiten durchgemacht, sehr harte. Jetzt erntet er den Lohn für seine Anstrengungen.«

Warum wird ausgerechnet Nā'ope unter all den anderen, die jetzt *hula* und Gesang unterrichten, als der große Meister gefeiert?

»Er ist doppelt groß«, erwidert Akana. »Einmal, weil er über ein so reiches Wissen verfügt, und dann wegen seiner Bereitschaft, dieses Wissen mit anderen zu teilen. Und außerdem, weil er sich durchgebissen hat – durch sehr harte Zeiten.«

»Meine Urgroßmutter war mit allen großen *hula*-Meistern befreundet und sie haben sie oft besucht«, sagt George über seine Kindheit. »Sie haben mich unter ihre Fittiche genommen, als ich größer wurde. Ich hab also in der richtigen Ära gelebt.«

Eine dieser Meisterinnen war besonders wichtig für ihn: 'Iolani Luahine, eine Frau, die als die beste *hula*-Tänzerin der Neuzeit gilt. Sie ist 1976 gestorben, aber die Geschichten über sie leben weiter. In einem Buch über sie – es trägt den Titel »'Iolani Luahine« – wird sie als Hexenmeisterin beschrieben, als Mystikerin, Zauberin, Priesterin und Tanzgenie. Wie George konnte sie sehr komisch sein und es wird so manche wilde Geschichte über ihr überschäumendes Temperament und ihre Spontaneität erzählt.

Bis ganz zum Schluss, als sie ihrem Krebs erlag, führte 'Iolani ihr Stegreifleben weiter, überließ sich ganz dem Augenblick. An dem letzten Abend, den sie in ihrem Zuhause auf Big Island verbrachte, so erzählt George, hatten sich ihre Freunde zusammengetan und ungefähr 30 Leute zu einer kleinen Party eingeladen. »Aber ich kannte Auntie – sie ist erst am Morgen wiedergekommen (von einem Krankenhaus in Honolulu) und ich schwöre Ihnen, dass sie es fertig gebracht hat, vom Flughafen bis Napo'opo'o (ihrem Dorf) an die … na, 135 Leute einzuladen.

Als 'Io gestorben ist, bin ich hierher gekommen (nach Big Island). Und seither lebe ich hier. In ihrem Haus habe ich zehn Jahre gewohnt.

Ich habe sie mein ganzes Leben lang gekannt, von klein auf an. Ich habe stundenlang bei ihr gesessen und sie hat mir Geschichten erzählt. Jeder sagt: ›Du bist genau wie Auntie 'Io.‹ Ich wollte, es wäre so, aber es stimmt nicht. Unser Schöpfer hat die Gussform zerbrochen, nachdem er sie geschaffen hatte. Aber es stimmt, dass ich genauso gern Quatsch mache wie sie und den Spaßvogel rauskehre.

Auntie war solch eine große Künstlerin. Wenn sie tanzte, war ich so in ihrem Bann, dass ich, wenn ich getrommelt habe, das Schlagen vergaß – ich bin richtig in Trance geraten.

Auntie 'Io hat ein Lied niemals genau gleich getanzt. Sie improvisierte beim Tanzen. Sobald sie zu tanzen begann, veränderte sich ihr ganzer Körper. Alle saßen ganz ehrfürchtig da. Sie hat für sechs Präsidenten getanzt; sie hat im Weißen Haus getanzt.

Sie hat den *hula* gelebt. Das war ihr Leben.

In den Anfangszeiten des *Merrie Monarch* hat sie jedes Jahr das Festival für mich eröffnet. Jedes Jahr hat sie getanzt. Vögel sind vom Vulkan ins Stadion geflogen. Der *'io* (Falke) vom Vulkan. Und wenn ich singe, kommen sie anscheinend auch heraus.«

Ihr Name bedeutet »himmlischer Vogel« oder »Vogel (*'io*) des Himmels« (*lani*).

Der *Merrie Monarch* wird vermutlich Nā'opes größte Hinterlassenschaft sein. Diese Zusammenkunft von *hālau hula* aus ganz Hawaii hat sich mittlerweile zum einflussreichsten Wettbewerb der Insel gemausert. In den Medien wird das Spektakel oft als »*hula*-Olympiade« bezeichnet, aber es sollte ursprünglich kein Wettbewerb sein, und George kann sich immer noch nicht mit dem Gedanken anfreunden, dass *hula*-Leute miteinander konkurrieren.

Er hat den *Merrie Monarch* 1961 gegründet, weil Hilo, die Stadt, in der er damals lebte, keine Attraktionen hatte. Damals war er beim County als Organisator von Freizeitaktivitäten angestellt und die Bürgermeisterin drängte ihn, sich etwas einfallen zu lassen.

»Sie hat gesagt, ich soll schleunigst was finden, was wir machen könnten«, erinnert er sich. »Ich bin also nach Maui gegangen, um das Walfänger-Spektakel anzuschauen, weil das die Attraktion damals war. Wir sind drei Tage in Lahaina geblieben und es war bloß ein einziges Besäufnis. Ich habe gesagt, so was können wir nicht machen, schon gar nicht in Hilo, wo alle in die Kirche gehen. Ich hatte keine Ahnung, was ich tun sollte.

Am Montagmorgen haben wir dann ein Abteilungsleitertreffen. Die Bürgermeisterin sagt: ›Ach, ja, übrigens, George und Gene sind am Wochenende nach Maui gefahren, da haben sie sicher einen Plan.‹ Gene hat gar nichts parat. Ich denke die ganze Zeit nur, was soll ich bloß tun?

Ich habe gesagt: ›Wir machen ein König Kalaukea-Festival‹, einfach so, wie wenn es mir aus dem Kopf gefallen wäre.«

David Kalaukea war 1874 bis 1891 König von Hawaii. Er war ein beliebter Monarch, der die Achtung vor der hawaiischen Kultur wiederherzustellen versuchte, besonders vor *hula* und Gesang. Er war auch dafür bekannt, dass er gern Feste feierte und sich unter die Leute mischte, deshalb hatte man ihm den Beinamen »The Merry Monarch« gegeben – der fröhliche König.

»Für Kalaukea war der *hula* die Sprache des Herzens und der Herzschlag des hawaiischen Volkes«, sagt Nāʻope. »Und deshalb hat er den *hula* wieder aufleben lassen, nachdem er ungefähr 75 Jahre lang in der Versenkung verschwunden war. Er hat Kuriere kreuz und quer über die ganze Insel geschickt, um alle *kumu hula* ausfindig zu machen, die es noch gab. Er wusste, dass sie sich versteckt hielten. Er lud sie alle zu seiner Krönungszeremonie ein. Das hat die ganzen Tänze zurückgebracht.

In den ersten drei Jahren (beim *Merrie Monarch*) machte ich eine große Show daraus – 150 Leute haben mitgewirkt. Wir haben Kalaukeas Krönung aufgeführt. Der *hula* kam nachher.

Dann habe ich mich entschlossen, *hula* zu machen, aber nicht als Wettbewerb. Es war nicht als Wettbewerb gedacht. Es waren die *kumu hula* selbst, die den Wettbewerb wollten.

Die *hālau* sind gekommen, aber niemand kann den alten *hula*. Nur zwei *hālau* können es, von 26. Wir können also keinen Wettbewerb machen. Da habe ich Lieder geschrieben und an alle verteilt und an jeden dieser *hālau* eine Kassette geschickt (mit Background-Gesang und Trommeln) und dann wurde es ein Wettbewerb. Ich habe das neun oder zehn Jahre gemacht; dann hatte ich genug. Ich habe gesagt: Von jetzt an macht ihr euren Kram allein.

Und heute sind sie so gut.«

Es gibt zwei Hauptarten des *hula*: den modernen *hula, 'auwana* genannt, und die alten Tänze, die *kahiko*. Nā'ope ist ein Purist, was den *kahiko* angeht.

»Beim *'auwana* können sie von mir aus auf dem Kopf stehen«, sagt er und gestikuliert elegant mit seiner unvermeidlichen dünnen Zigarette. »Aber der *kahiko* muss traditionell bleiben. Da bin ich pingelig. *Kahiko* ist das Alte. *Kahiko* verkörpert die Geschichte von Hawaii, die Gesänge. Wie können wir da etwas hinzufügen? Sie missbrauchen ihn; sie verändern ihn; sie bauen moderne Fußbewegungen in den Tanz mit ein. Das ist nicht *kahiko*. Es muss das Alte sein. Man kann nicht improvisieren. Man kann nicht das Alte nehmen und etwas hinzufügen.«

Nā'ope war einer der Ersten, die ganz offen *kahiko* unterrichtet haben. Er hat 1942, als er dreizehn war, in einem alten Friseurladen in Hilo angefangen, Stunden zu geben. Erst zehn Jahre später hat er den modernen *hula* in seinen Unterricht mit aufgenommen.

»Ich wurde im Koreakrieg eingezogen und bin 1952 zurückgekommen und da habe ich mich auf den *modernen* hula verlegt«, sagt er. »Die anderen Lehrer haben keinen *kahiko* unterrichtet, da war man schnell als Sonderling abgestempelt, wenn man nicht dieselben Dinge gemacht hat wie sie. Ich habe alten *hula* unterrichtet, aber der Schwerpunkt lag auf dem modernen *hula*.«

Damals, so erzählt er, »war keiner von den *kumu hula* oder so genannten *kumu hula* am *hula kahiko* interessiert. Sie haben Tahitisch gelernt. Dann kam ›Lovely Hula Hands‹ und ›Beyond the Reef‹ und ›Little Grass Shack‹. Das ist moderner *hula*, nicht hawaiischer.«

Nā'ope gibt sich Mühe, fair gegenüber anderen Lehrern und anderen Unterrichtsmethoden zu sein. Und in der Tat, »das Erste, was man beim *hula* lehren muss, ist Respekt«, erklärt er. »Regel Nummer eins beim *hula*. Zuallererst Respekt vor dir selbst, denn wenn du dich selbst achtest, wirst du auch deinen Nächsten achten. Regel Nummer zwei: In der alten Schule heißt es: ›*A'ohe i pau ka 'ike i ka halau ho'okahi* – Glaub nicht, dass alle Weisheit in deiner Schule liegt.‹ Du hast also keine Veranlassung, deinen Nächsten zu kritisieren. Ich sage meinen Schülern: Wenn ihr jemand tanzen seht und denkt, das sei Schrott oder nicht richtig, dann müsst ihr *pa'a ka waha* (den Mund halten) und es genießen, weil ihr wisst, wie schwer es ist.

Jeder hat seine eigene Unterrichtsmethode. Wir haben alle unseren eigenen Stil. Es ist schön, anderen Lehrern etwas abschauen zu können. Weil jeder Lehrer etwas hat, das ein anderer nicht hat.«

Trotzdem bleibt Nā'ope ein strenger, traditioneller Lehrer, weil er selbst in dieser Weise unterrichtet wurde. So hat er zum Beispiel Lokalia Montgomery, »eine der besten Lehrerinnen von allen *hula*-Meistern, die ich hatte«, als »ziemlich harte Nuss« in Erinnerung.

»Sie war umwerfend. Sie brachte über 400 Pfund auf die Waage«, erzählt er. »Sie hatte ein altes Haus mit großen Fenstern. Eines Tages habe ich gesagt: ›Auntie, kann ich dich was fragen? Wenn du tanzt, kommt kein einziges Fenster ins Zittern. Wenn ich tanze, zittern alle Fenster.‹ Da hat sie gesagt: ›Ganz einfach, du Dummkopf. Du bist noch nicht gut genug, deshalb.‹ Da hatte ich mein Fett!

Sie sang immer, während sie schon ein anderes Lied in die Schreibmaschine hackte. ›Okay, hier ist das nächste für dich zum

Lernen‹, sagte sie (und zog es aus der Schreibmaschine heraus). Wir mussten das alles abschreiben – selbst aufschreiben. Jedes Wort musste sitzen. Sie setzte sich hin und ließ es uns vorlesen, bevor wir tanzten. Sie erklärte uns die Bedeutung von allem, was wir da aufschrieben. Dann vergisst man es nie mehr.

Ich mache das mit meinen Kindern heute genauso. Zuerst lernst du die Worte, dann lernst du die Melodie, dann lernst du den Tanz.

Ich spreche meine Muttersprache und ich unterrichte meine Kinder – das ist Teil ihrer Stunde. Wie sollen sie *hula* lernen, wenn sie nicht wissen, was sie da eigentlich tanzen? Und ich gehe mit ihnen zu den verschiedenen Orten, an denen diese Lieder spielen, damit sie sie spüren, wenn sie sie das nächste Mal tanzen. Ja, ich lasse sie das gleich vor Ort tanzen – den Vers, der sich auf diese Stelle bezieht – sie tanzen ihn dort und dann spüren sie ihn, sie können sich vorstellen, wie schön es ist. Und das ist die einzige Art und Weise, wie sie es lernen werden. Sie müssen die Sprache lernen.«

Er besteht darauf, dass die hawaiischen Worte sogar in Japan gelernt werden müssen. Nāʻope unterrichtet jeden, der es lernen will – »egal, wer es macht und in welchem Teil der Welt auch immer, es ist trotzdem *hula* und es ist hawaiisch« – und in Japan, wo er seit den frühen Sechzigerjahren unterrichtet, ist er besonders beliebt.

»Ich mag ihre Kultur, aber ihre Kultur ist auch am Aussterben. Sie ist so stark amerikanisiert und verwestlicht. Sie verlieren ihren japanischen Tanz. Ich mag den japanischen Tanz. Ihr *kahiko* ist fast wie unserer.

Diese *hālau*, zu der ich ging (in Japan), hatte 5.000 Schüler. Es war eine große Anzeige mit meinem Bild in der Zeitung, in der stand, dass *hula* die beste Übung zum Fithalten für ältere Leute sei. Die Ärzte sagten, das sei gut für sie, weil es sie beweglich halte. Jetzt machen sie auch noch Aerobic-Übungen mit dem *hula*! O nein!«, stöhnt er und zieht eine Grimasse. »Ich war bei der Anmeldung dabei und 2.000 Leute haben sich eingeschrieben, die bei mir lernen wollten.

Ich gebe gern meine Kultur weiter. Der *hula* ist das Einzige, was von unserer Kultur geblieben ist. Wenn du die Kultur vermitteln und den *hula* lebendig erhalten willst, musst du sie alles lehren, was du weißt. So wie ich es gelernt habe, müssen sie es auch lernen.

Ich habe Kinder, die aus unterschiedlichen Religionen und Rassen kommen. Das stört mich überhaupt nicht. Egal, welche Rasse oder Hautfarbe, wenn sie tanzen, sind sie Hawaiianer.

Die Japaner lernen mit Feuereifer und arbeiten hart. Deshalb unterrichte ich gern Ausländer. Und sie verändern den *hula* nicht. Sie sind klug genug zu wissen, dass er eigentlich nicht ihre Sache ist. Aber sie lieben ihn.

Viele von unseren Hawaiianern kennen nicht einmal ihre eigene Kultur. Viele von unseren Hawaiianern sind nicht die besten Tänzer. Die Hawaiianer sind große Scharlatane, was den *hula* angeht. Wenn du zum Beispiel ein paar *haoles* in der Tanzreihe hast, dann kriegst du zu hören: ›Uncle George, diese *haole*-Mädchen haben alles falsch gemacht.‹ Dann sag ich: ›Nein, die Hawaiianerin da hat alles falsch gemacht.‹ Wenn du zehn Mädchen da hast und neun gehen in die eine Richtung und eine in die andere, dann kannst du wetten, wer es falsch macht – die Hawaiianerin. Aber die Hawaiianerin hat so eine Art, einfach die Hüften zu schwingen und in die Reihe zurückzufinden. Die *haole* oder Japanerin dagegen, wenn die einen Fehler machen, dann geht es ihnen das ganze Lied über nach und dann taugt der ganze Tanz nichts mehr. Eine Hawaiianerin lächelt und tsching-tsching reiht sie sich wieder ein. Die Hawaiianerin hat das netteste Lächeln, aber dafür macht sie auch mehr Fehler.«

Nā'ope hat tausende von Schülern in seinen fünf Jahrzehnten als *hula*-Meister unterrichtet, aber nur zwölfen von ihnen hat er ein Lehrerdiplom ausgestellt.

»Nicht, dass die Leute keine guten Tänzer wären«, sagt er. »Aber das bedeutet noch lange nicht, dass sie auch gute Lehrer sind. Die meisten sind meiner Meinung nach nicht reif dafür. Die zwölf, das waren solche, die aufrichtig bei der Sache waren und für die das Geld nicht an erster Stelle stand.«

Nā'ope besteht darauf, dass ein Lehrer sich nie um Geld sorgen darf. Als er 1942 mit dem Unterrichten anfing, hat er 50 Cent die Woche verlangt. Heute nehmen die Lehrer »25 Dollar zweimal die Woche, 45 Dollar, 60 Dollar«, klagt er. »Und was soll ich Ihnen sagen, als sie bei mir gelernt haben, da haben sie mir den ersten Monat bezahlt und die nächsten 29 Jahre keinen Cent mehr! Ich bin der König der Gratisstunden. Es ist die einzige Art und Weise, wie man diesen Leuten etwas beibringen kann. Für mich steht das Geld nicht an erster Stelle. Ich lebe sehr gut. Immer wenn ich kein Geld habe, kommt schließlich doch welches irgendwoher.«

Das Einzige, was für ihn zählt, ist die Reinheit des *hula*. Er wird sehr ernst, als er sagt: »Der *hula*, das ist Hawaii. Der *hula* ist die Geschichte unseres Landes. Der *hula* ist eine Geschichte an sich, wenn er richtig getanzt wird. Und für mich ist der *hula* die Grundlage des Lebens. Er lehrt uns, wie wir leben sollen, dass wir Respekt haben, dass wir mit anderen teilen sollen. Der *hula*, das ist für mich die Fähigkeit, die eigenen Gefühle umzusetzen und nicht die von jemand anderem.«

John Lake

Sänger

Aia ka mana i loko o ka hua'ōlelo.
Ke alo o ke ola, ke alo o ka make.
Es liegt eine Macht im Wort,
das Gesicht des Lebens,
das Gesicht des Todes.

»Das ist ein sehr starkes Sprichwort. Es bedeutet buchstäblich, dass die Macht des Wortes Leben geben kann und dass sie den Tod geben kann, das Negative«, erklärt John Keola Lake. »Es liegt großes *mana* im Wort.

Die Wahl der Worte ist sehr, sehr wichtig. In der hawaiischen Vorstellungswelt von Herz und Seele und *na'au* (Eingeweide) können unsere Worte, wenn sie böse sind, vergeben werden, aber leider nicht vergessen. Wenn ein Wort gesagt ist, ist es gesagt, und man kann es nicht zurücknehmen. Ich kann sagen: ›Es tut mir Leid, es tut mir Leid; *mea culpa, mea culpa*‹, aber es ist gesagt worden. Das Wort ist mächtig.«

Worte ziehen sich wie ein Leitmotiv durch John Lakes Leben. Er war jahrzehntelang ein angesehener Lehrer (*kumu*) und ein berühmter Sänger und beides gründet auf dem gesprochenen Wort.

Kumu Lake ist der Ansicht, dass die Sänger aus alten Zeiten mit den großen Dichtern jeder anderen Kultur auf eine Stufe gestellt werden können. »Die großen *haku mele* (Liederdichter)

»Wann immer ein Gesang dargeboten wird, musst du ihn als eine Form der Lobpreisung sehen – eine Form des Gebets. Das kommt als Erstes, denn die spirituelle Essenz, das *mana*, verleiht uns die Kraft zum Singen. Persönliches *mana*. Der Begriff des *mana* ist die Anerkennung, dass es eine Allmacht gibt, die der Ursprung von allem ist.«

beherrschten die Kunst der Rhetorik ebenso wie verschiedene Gesangsstile und sie waren fähig, aus dem Stegreif zu improvisieren«, sagt er.

»Die Schönheit des Gesangs, die Gesangsstile, der Inhalt des Gesangs sind nicht anders als bei den englischen Dichtern, den griechischen Tragödien. Sie haben dieselben Themen, sie haben dieselben Metaphern.

Was macht ein gutes *haiku* aus? Was macht gute Dichtung oder einen guten Dichter oder Schriftsteller aus? Es ist der Sinn, den sie dem Ganzen geben. Und im Hawaiischen ist es genauso.«

Wie es bei großer Dichtung der Fall ist, handelte der hawaiische Gesang häufig von den Mysterien des Lebens. Doch der Sänger kleidete seine Gedanken, so wie der Dichter, in eine symbolische Sprache, auf Hawaiisch *kaona* genannt. Die verborgene Botschaft darin macht die eigentliche Schönheit des hawaiischen Gesangs aus.

»Häufig verhüllte der Sänger die Bedeutung«, erklärt Lake.

»Die *kaona* haben versteckte Bedeutungen, die nur auf eine bestimmte Person oder Situation zugeschnitten sind.«

Er zitiert ein berühmtes Lied namens Hiʻilawe, das Ende des 19. Jahrhunderts geschrieben wurde und die alte Form des *kaona* beibehält: »Es geht um eine Liebesaffäre, die nie hätte stattfinden dürfen. Die Sprache verhüllt das, indem gesagt wird, dass große Vogelscharen aus Hiʻilawe hinausgeflogen sind, aus den Höhlen von Waipiʻo, dass sie den ganzen Weg bis nach Puna geflogen sind. Das bedeutet, dass der Klatsch in der ganzen Gegend verbreitet wurde.«

Die Alten komponierten Lieder, um festzuhalten, was ihnen wichtig war – von ihren persönlichen Liebesdramen bis zur Geschichte ihres Volkes. Sie prahlten in ihren Liedern mit den Genitalien eines Häuptlings und priesen ihre Götter mit ihren heiligen Gesängen. *Mele* gehörte zum täglichen Leben.

»Es ist eine Form des Geschichtenerzählens«, erklärt Lake. »Die Hawaiianer haben so viele Gesangsstile und -kategorien entwickelt. *Pule*, Preislieder und Gebete, gehören zum Beispiel zu einer Gesangsrichtung; genealogische Lieder zu einer anderen; dann gibt es Klagelieder und Lobeshymnen, Geburtslieder, Heldengesänge, in denen große Ereignisse weitergegeben werden, Zeugungslieder.

Für jeden Gesangsstil gibt es eine andere Stimmlage, einen anderen Takt und Rhythmus und andere Tempi. Wenn ich ein Lied aus der Kategorie *olioli* singe, wird meine Stimmlage im oberen Bereich liegen und die Laute werden in der Kehle gebildet. Dann gibt es die tiefen Töne und die Aufgewühltheit der *kanikau*, der Totenklage. Wir möchten weinen und daher lassen wir unsere Stimme schluchzen in diesem Gesang.

Ich mache immer Spaß mit meinen Schülern. Ich sage: ›Wir lernen jetzt den hawaiischen Rap, den *kepakepa*.‹ Dieser Gesangstyp ist für epische Dichtungen, Genealogien, Geschichten, historische Ereignisse vorgesehen. Man hat nur wenig Zeit, um viel zu erzählen, und deshalb muss es schnell gehen. So als ob man alles runterschluckte und dann in einem Atemzug hervorsprudelte. Das ist der Stil.« (Er singt schnell auf ein- und derselben Tonhöhe, um es zu demonstrieren.)

»Wann immer ein Gesang dargeboten wird, musst du ihn als eine Form der Lobpreisung sehen – eine Form des Gebets. Das kommt als Erstes, denn die spirituelle Essenz, das *mana*, verleiht uns die Kraft zum Singen. Persönliches *mana*. Der Begriff des *mana* ist die Anerkennung, dass es eine Allmacht gibt, die der Ursprung von allem ist.«

Was einen Sänger groß macht, ist nach Lake: »Seine Stimmgewalt, die Beherrschung der Nuancen, die er in seinem Vortrag zum Ausdruck bringt, sein Wissen über die Sprache, seine Fähigkeit, Bilder und Emotionen heraufzubeschwören wie ein großer Redner.

Die Sänger (in alten Zeiten) wurden ganz jung ausgewählt. Der *kahuna* (Gesangsexperte) beobachtete die kleinen Kinder und hörte sich ihre Stimmen an. Dann wurden sie von diesem *kahuna* aufgezogen. Die Ausbildung zog sich über einen Zeitraum von zwanzig Jahren hin. Es gab weder Bleistift noch Papier noch Kassettenrekorder, nur den Gedächtnisspeicher.«

Eine derart harte Ausbildung gibt es heute nicht mehr, aber *Kumu* Lake hat jahrelang junge Leute in *hula* und Gesang unterrichtet. (»Es gibt keinen *hula* ohne Gesang«, erinnert er uns.)

»Wenn ich Gesang unterrichte«, sagt er, »dann sage ich meinen Schülern: Ich gebe euch die gedruckten Verse und Noten, aber erst wenn ihr es vom Zuhören schon auswendig könnt. Das blockiert euch, wenn ihr ein Auge auf dem Papier habt. Ihr versucht, es zu lesen und nachzuahmen, und ihr hört nicht zu. Als ich ein Kind war, hatten wir kein Papier, wir mussten einfach zuhören. Und nur deshalb sind die Worte all die Jahre über in meinem Gedächtnis hängen geblieben.

Das war ein wesentlicher Teil des hawaiischen Unterrichts:

Zuerst schaust du zu, beobachtest, aber vor allen Dingen hörst du zu. Bevor du Fragen stellst, hörst du zu. Und dann heißt es nachahmen, nachahmen, nachahmen.

Wir schärfen unser Gedächtnis durch die Kunst des Zuhörens. Doch die Kunst des Zuhörens und Lauschens hat durch den Gebrauch von Tinte und Papier und Kassettenrekorder nachgelassen.

Meine Schüler fragen immer: ›Glauben Sie, dass sie (die Alten) eine Schriftsprache entwickelt hätten?‹ Nun, wir wissen es nicht. Aber sobald etwas in sichtbare schriftliche Form gegossen ist, hat es nicht mehr das *mana* des *na'au*.«

Gesprochenes Hawaiisch galt immer schon als magisch und machtvoll. Der Grund ist, so vermutet Lake, »dass in der hawaiischen Sprache die Vokale dominieren. Wir haben fünf Vokale und nur sieben Konsonanten, aber es sind zum größten Teil weiche Laute. Der härteste Laut, den wir haben, ist ein ›K‹. Im Englischen haben wir 36 Laute.

Eines der Grundprinzipien beim Singen oder Rezitieren ist die Fähigkeit, den Ton zu halten, die Stimme melodisch zu machen. Wenn man den Ton hält, entsteht eine Aura von immerwährendem Atem, die als *ko* bezeichnet wird. Um das zu Stande zu bringen, spart der Rezitator oder Sänger seinen Atem auf, indem er keine harten Laute oder Konsonanten verwendet. Deshalb ersetzen wir beim Singen das ›K‹ durch ein ›T‹ oder ein ›R‹, damit es fließt. Wir sagen nicht, ›n‹, wir sagen ›nju‹. Das ist ein leichterer Laut. Ich halte und dehne die Laute aus, anstatt die Konsonanten zu betonen, und deshalb erhalte ich den Atem aufrecht.«

Während er erzählt, meistens auf Englisch, zum Teil auf Hawaiisch, rezitiert *Kumu* Lake Fragmente des *mele*. Für ihn ist das eine ganz normale Form der Unterhaltung. Er spricht Hawaiisch und praktiziert Gesang seit seinen »Kleinkindertagen« auf Maui.

»Ich hatte das Glück, dass ich bei meiner Großmutter aufwachsen durfte, der Mutter meiner Mutter«, erzählt er. »Sie hat
Hawaiisch gesprochen und sie hat ein wunderbares Englisch gesprochen. Sie hat die dritte Klasse unterrichtet. Ich hatte meinen
ersten *kumu* (für *hula* und Gesang), als ich fünf war. Meine
Großmutter hat das bestimmt. Sie war der Meinung, dass wir
diesen Teil unserer Kultur kennen sollten. Wir haben die Erwachsenen nie gefragt, warum wir etwas tun mussten. Wir haben es einfach gemacht. Erst als ich dann selbst erwachsen war,
wusste ich es zu schätzen und habe gesagt: ›Gott sei Dank!‹
Meine Schwestern sprechen nicht Hawaiisch; sie haben nie Gesang gelernt; sie tanzen nicht. In meiner ganzen Familie bin ich
der Einzige aus meiner Generation, der Hawaiisch spricht.«

Die hawaiischen Traditionen weiterzutragen ist sozusagen sein
Geburtsrecht. Sein zweiter Vorname, Keolamaka'āinakalahuio-
kalaninokamehamehaekolu, bedeutet: »Das Leben des einfachen
Volkes, eine Nation von Häuptlingen, während der Herrschaft
von Kamehameha III.« Er ist der vierte Sohn, der in seiner
Familie diesen Namen trägt, einen Namen, der vielen hawaiischen Jungen in der Zeit von König Kamehameha III. gegeben
wurde.

Lake ist überzeugt, dass sein Name ihn verpflichtet, »das Leben und das Volk von Hawaii mit neuer Energie zu erfüllen und
zu erhalten – indem ich die Werte lehre, die verloren gegangen
sind und die alle mit uns teilen sollten«. Und deshalb ist er Lehrer geworden.

Er ging in den Lehrberuf, nachdem er zwei Magistergrade erworben hatte, den einen in Pädagogik und den anderen in Hispa-
nistik (er spricht nicht nur fließend Spanisch, sondern auch Maori, liest Französisch und schreibt Italienisch). Er hat Pädagogik
und Sprachwissenschaft auf dem amerikanischen Festland und
in Spanien studiert, auf Drängen eines Highschool-Lehrers, der

ihm ans Herz legte: »Wir können nicht immer nur in unserer eigenen Welt bleiben, sonst werden wir kurzsichtig.«

Er ließ sich also den Wind um die Nase wehen, doch sobald er ein bisschen Weltläufigkeit erworben hatte, wurde es Zeit für ihn, wieder nach Hause zurückzukehren. Im Jahr 1962 begann er seine 32-jährige Laufbahn als Lehrer an einer Highschool für Jungen, der St. Louis School in Honolulu. Er unterrichtete Sozialkunde, Englisch und Spanisch bis 1965, bis er sich dafür einsetzte, dass auch hawaiische Unterrichtsfächer in den Lehrplan mit aufgenommen wurden.

»1964 gab es nichts dergleichen«, erinnert er sich. »65 gab ich meine ersten hawaiischen Sprachkurse, dann habe ich Musik und Tanz eingeführt. Und so hatten wir 65 und 66 junge Männer bei uns, die *hula* tanzten! Das war ein echter Glückstreffer – in den Sechzigern hat sonst keiner von den jungen Männern *hula* getanzt. Die Football-Mannschaft hat mich gebeten, ihnen hawaiischen *hula* beizubringen – 45 Leuten. Ich sagte: ›Dann geht und sucht euch 45 Mädchen.‹ Und das haben sie gemacht. Ich habe mit einer Gruppe von 90 Jugendlichen angefangen. Sie waren begeistert. Bis 1970 war man eine große Nummer, wenn man im hawaiischen Club war und Football gespielt hat.«

Seit jenem viel versprechenden Anfang hat er sich mehr und mehr der »Hawaiiana« zugewandt. Er hat weiterhin hawaiische Fächer in der St. Louis School unterrichtet, er hat das hawaiische Programm in der Chaminade University in den Siebzigerjahren ins Leben gerufen und dort Sommerkurse abgehalten; er hat in den Siebzigern und Achtzigern *hula* und Gesang für die »Hawaiian Music Foundation« unterrichtet; und als er 1992 in den Ruhestand ging, gründete er mit seinem Cousin eine eigene Akademie für Kunst, Musik und Tanz. Für sein pädagogisches Engagement wurde er 1987 als »Living Treasure of Hawai'i« geehrt.

1992 ging er in den Ruhestand, aber »das ist ein relativer Begriff«, sagt er. »Es hat nicht lange gedauert, da rief die Chaminade University an. ›Ich bin im Ruhestand, Schwester‹, habe ich gesagt. Und sie: ›Deshalb rufen wir ja an. Würden Sie … unterrichten?‹« Er ließ sich nicht lange bitten und unterrichtet jetzt jeden Tag hawaiische Sprache, aber er betrachtet sich nach wie vor als pensioniert.

Der Ruhestand gibt ihm die Möglichkeit, »to walk his talk« – seine Reden in die Tat umzusetzen, das heißt, er hat Zeit, hawaiische Bräuche zu praktizieren, anstatt sie nur zu lehren. Dieses neue Kapitel in seinem Leben wurde durch einen Besucher aufgeschlagen, einen Maori, der Lake und ein paar andere führende Vertreter der hawaiischen Bewegung fragte: »Warum bleiben eure Tempel stumm? Warum werden sie nur als historische Denkmäler benutzt? In Neuseeland macht man aus den Tempeln soziale und kulturelle Treffpunkte.«

Lake und seine Kollegen folgten diesem Rat und beanspruchten den letzten großen Tempel, der in Hawaii gebaut worden war, für ihre Zwecke. Ihr Ziel war es, 1991 mit einer 200-Jahr-Feier an seinen Bau (1791) zu erinnern. Das war jedoch nicht leicht, da der größte Teil der alten Rituale verloren gegangen war. Es gab nur einen, der genug Wissen über die alten Bräuche, den Gesang, das Protokoll besaß und auf den alle ihre Hoffnung setzten: *Kumu* John Lake.

»Ich wurde gebeten, mich um die Forschung und die ganzen Zeremonien und Rituale zu kümmern«, erzählt er. »Ich habe gesagt: ›Das ist eine große Ehre, aber gebt mir sechs Monate Zeit, damit ich darüber nachdenken kann. Ihr verlangt von mir, dass ich Forschungsmaterial recherchiere, das gar nicht zur Verfügung steht.‹ Es gibt nichts darüber, was an jenem Tag vor 200 Jahren stattgefunden hat. Wir hatten keine Ahnung, was das Protokoll vorgesehen hatte, die Bräuche, die Rituale, die Zeremonien. Und es musste natürlich in Form von Gesängen durchgeführt werden.«

Natürlich. Deshalb hatte man sich an ihn gewandt.

Ein schwieriger Auftrag, aber er konnte sich die Gelegenheit nicht entgehen lassen, an einer solch bedeutsamen Zeremonie mitzuwirken.

»Also habe ich zugesagt. Je mehr ich mich hineinkniete, desto mehr wusste ich die Schönheit der Literatur zu würdigen«, berichtet er. »Viele von den Gesängen, die ich als Kind gelernt hatte, fügten sich jetzt wie von selbst in verschiedene Kategorien ein – ach ja, das hier sind Gebete, oh, das hier sind Huldigungen und das hier genealogische Gesänge, ach, und das hier sind historische Gesänge. Es hat mich so fasziniert, dass ich einfach nicht mehr aufhören konnte.

Von 1988 bis 1991 habe ich auf dieses Ereignis hingearbeitet, also fast drei Jahre – wie es gemacht wurde, welches die Omen am Himmel waren, was alles mit einfließen sollte. Wir konnten nicht dasselbe machen wie vor 200 Jahren, weil damals auch Menschenopfer mit dazu gehört hatten. Aber ich habe Zeremonien und Rituale ausgegraben und ich habe auch ein neues Lied geschrieben, das die Ältesten zum Gedenken an die Neueinweihung in Auftrag gegeben hatten. Das Lied hieß *Oli Kinohu*, ein neuer Anfang.

Wir konnten nicht einfach einen Text auswählen oder ein Spiel daraus machen, weil wir keinen Pomp wollten. Wir wollten die Vergangenheit einfangen – was sich damals tatsächlich abgespielt hat.«

Was sich dort vor 200 Jahren zugetragen hat, ist eine ziemlich abenteuerliche Geschichte. Kamehameha, ein hochgeborener, großer Krieger von Big Island, fasste 1791 den Plan, alle hawaiischen Inseln zu erobern und deren Häuptlinge zu unterjochen, um aus Hawaii eine einzige Nation unter seiner Herrschaft zu machen – etwas, das in der hawaiischen Geschichte noch nie geglückt war. Er bat einen weisen Propheten, ihm zu sagen, wie er es anstellen sollte, und er erhielt den Rat, einen großen Tempel auf Pu'ukoholā (Hügel des Wals) auf Big Island zu bauen. Als der Tempel fertig war, lud Kamehameha alle Häuptlinge der einzelnen Stammesgebiete zur Eröffnungsfeier ein. Auch Keōua Kū'ahu'ula, ein Cousin von Kamehameha, war gezwungen zu kommen, obwohl er Kamehamehas Rivale um die Herrschaft über Big Island war und folglich in Gefahr, getötet zu werden. Doch an dem Tag, bevor Keōua ankam, schnitt er sich die Spitze seines Penis ab, um seinen Wert als sakrales Opfer zu mindern.

»Er wusste, was erwartet wurde«, erzählt Lake über Keōuas bevorstehenden Tod. »Aber im Wesentlichen brachte er mit seiner Selbstverstümmelung zum Ausdruck: ›Du hast meinen Körper, aber du hast ein unvollkommenes Opfer.‹ Die Verstümmelung des *ma'i* hatte eine ungeheure Wirkung wegen der Zeugungsfähigkeit.«

Diese Verstümmelung war auch ein Zeichen dafür, dass er wusste, dass er den Tod finden würde – und so war es auch. Sobald er auftauchte, fielen Kamehamehas Männer über ihn her und töteten ihn. Seine Leiche wurde die Stufen des *heiau* hinaufgetragen und er wurde den Göttern als Menschenopfer dargebracht.

Keōua herrschte über den Bezirk Ka'ū auf Big Island und das Volk von Ka'ū verzieh Kamehameha diese Tat nie und akzeptierte ihn auch nie als seinen König. Die Zeremonie von 1991 sollte unter anderem auch eine Anerkennung des Unrechts sein, das ihnen widerfahren war.

»Ein altes Sprichwort sagt: ›Ka'ū hat nur eine Familie‹, womit gemeint ist, dass sie eine starke Tendenz haben, Ehen nur innerhalb ihrer eigenen Gesellschaft zu schließen, und sie lassen nichts auf Ka'ū kommen. Kamehameha war der Usurpator. Er hat ihren Häuptling, Keōua, getötet«, erklärt Lake.

»Wir ließen also die Nachkommen von Keōua in Kanus kommen. Ich nahm sie in Empfang, dann gingen ihnen die Leute, die

Kamehameha und seine Männer darstellten, entgegen, sie umarmten sich gegenseitig und begrüßten sich mit einem *honi* (Nasenreiben).

Unser Ziel war es, die alten Wunden zu heilen und alle zusammenzubringen. Es nannte sich *Hoʻokuʻikahi* – Zusammenkunft in Eintracht und Harmonie. Wir müssen vergangenes Unrecht wieder gutmachen, damit wir den Weg in die Zukunft weitergehen können.«

Als *Kahuna Nui* (Oberster Tempelpriester) des Puʻukoholā Heiau ist die Zukunft *Kumu* Lakes größte Sorge. Seit der Zeremonie von 1991 hält er Meetings und Workshops im Tempel ab, damit die Nachfahren der Häuptlinge von Hawaii ihre Geschichte lernen können.

»Wir möchten, dass die Leute wissen, wie reich das Leben im *heiau* einst war«, erklärt er. »Der *heiau* war ein Ort des Lernens. Er konnte ein sozialer, ein politischer, ein wirtschaftlicher Schauplatz sein, weil er im Wortsinn der Sitz der Regierung war. Wir möchten das wieder beleben. Indem wir unsere alten Bräuche aufgegeben haben, haben wir aus den Augen verloren, was wertvoll daran war.

Es gibt eine Prophezeiung, die besagt: Wenn sieben Generationen vorübergehen und die Saat immer noch nicht ausgesät ist, dann wird die nächste Generation aussterben. Wir sind jetzt in der siebten Generation innerhalb der letzten beiden Jahrhunderte. Wir müssen also unseren jüngeren Generationen einschärfen, dass es so viele Dinge gibt, auf die wir stolz sein können – dass es noch viel Großartiges zu erlernen und weiterzugeben gilt. Wir müssen dazu stehen, dass wir Hawaiianer sind, wir müssen stolz sein auf das, was wir haben, und unsere Vergangenheit verstehen, wir müssen vertrauensvoll darauf hinarbeiten, dass wir diese Dinge erreichen.

Und hier ist ein Ort, der buchstäblich einen Ortssinn hat. Lasst uns den *heiau* als lebendige Struktur zurückerobern.«

Das wurde mit dieser »prunkvollen Zeremonie«, wie er es nennt, auch getan. Am 17. August 1991 stand *Kumu* Lake, der als Hauptsänger der Zeremonie fungierte und einen Lono-Priester darstellte, mit elf Familienmitgliedern zusammen und sang und sang den ganzen Tag. Der Festtag begann um halb fünf Uhr morgens mit einem reinigenden Bad im Ozean. Dann begrüßten sie, in ihren Priestergewändern auf den Stufen des alten Tempels stehend, 600 Kanuten, 2.500 Gäste aus dem ganzen Pazifikraum und 2.000 Besucher, die auf den nahen Tribünen saßen und fasziniert zusahen, wie hier moderne Geschichte entstand.

»Wir haben den *hui kala* getanzt, Gesänge der Versöhnung; wir haben das Lied vom Beginn neuen Lebens getanzt (*hainaki*), das im Allgemeinen als Huldigung an Lono dargeboten wurde; wir haben viel *pule* gemacht, wir haben Kū, Kāne, Lono und Kanaloa (die vier männlichen Hauptgötter) besungen; wir haben *'aumākua*-Lieder, Ortsbenennungs-Lieder, genealogische Gesänge dargeboten. Wir haben alle Gesänge der Tonganer, Marqueser, Samoaner, Maoris gewürdigt. Welche Gruppe auch immer auftrat, ich musste ihren Geburtsort (im Gesang) würdigen.

Es war eher Improvisation. Wir hatten kein Drehbuch. Wir haben von Beginn an improvisiert und die Gesänge haben sich alle eingefügt.«

Gegen Ende des Tages, als Lake im Tempel seiner Ahnen stand, stiegen Säulen von Dunkelheit hinter ihm in den Bergen auf. Ungläubig schaute er zu, wie die Schwärze sich aufs Meer zu bewegte, während der rote Sonnenball hinter dem Horizont verschwand und Mond und Sterne bereits hell am Himmel standen. Das war genau die Szene von vor 200 Jahren. In dem Schlussgesang, den er von der Zeremonie von 1791 ausgegraben hatte, wurde dieselbe Konfiguration beschrieben – die dunklen Säulen, die rote untergehende Sonne und der Mond und die Sterne über dem Horizont.

»Und siehe da, ich drehte mich um und da war es wieder – der Gesang hat es vor 200 Jahren beschrieben«, sagt Lake, immer noch voll Ehrfurcht. »Also hab ich mir gesagt, das ist mein Stichwort (um die Zeremonie mit diesem Gesang zu beenden). Ich habe die *pahu* geschlagen, die Trommeln. Und in dem Moment, als ich es sah (den Himmel), sehen es auch meine Sänger und ihr Gesang schwoll an und man konnte es an ihren Stimmen hören – dass sie dachten: ›O mein Gott, das kann doch nicht wahr sein – wir singen es und im selben Moment passiert es!‹ Die Sänger wurden lauter und immer lauter.

»Da forschst du drei Jahre lang, du wühlst in den Archiven, du bringst diese ganzen Lieder zusammen und dann plötzlich sind die Gesänge mit Leben erfüllt, weil du siehst, wie sie sich ereignen. Ich hätte nie gedacht, dass so etwas möglich ist. Ich glaube, unsere Vorfahren haben die Dinge gelenkt.«

Edith Kawelohea McKinzie
Expertin für Genealogie

Man braucht Edith McKinzie nur eine einfache Frage zur Geschichte zu stellen (War Prinzessin Keōpūolani aus dem 18. Jahrhundert mit dem Maui-Häuptling Kekaulike verwandt?), und schon stürzt sie sich, ohne auch nur eine Sekunde lang nachdenken zu müssen, in eine ausführliche genealogische Würdigung dieser beiden hohen *ali'i*, die vor vielen Jahrhunderten gelebt haben.

»Kekaulike hatte viele Frauen, aber die wichtigste war seine Halbschwester Keku'iapoiwanui. Sie hatte ein Kind namens Kamehamehanui und Kamehamehanui hatte eine Schwester, Kalola, und dann bekamen sie noch einen Bruder Kahekili. Der Häuptlingsrang kommt also von diesen beiden Brüdern und ihrer Schwester.

Kalola ging nach Hawaii und sie heiratete den regierenden Häuptling dieses Ortes, Kalani'ōpu'u. Mit Kalani'ōpu'u hatte sie (einen Sohn) Kīwala'o. Kīwala'o heiratet Kamehamehas Schwester und daraus entstammt Keōpūolani. Das heißt, sie leitet sich von der Linie von Kalola ab.«

Kurz gesagt: Kekaulike war Keōpūolanis Urgroßvater.

Man braucht eine besondere Art von Verstand, um die Namen und Beziehungen der hawaiischen *ali'i* untereinander behalten zu können. Vielleicht sollte man nicht unerwähnt lassen, dass jeder der oben aufgeführten Namen mit einem »K« beginnt, wie viele hawaiische Namen, so dass Verwechslungen an der Tagesordnung sind. Nicht jedoch bei Edith Kawelohea McKinzie. Auntie Edith liebt die Vertracktheiten der Genealogie und so ist es kein Wunder, dass sie zu den bedeutendsten Genealogen Hawaiis zählt. Sie hat zwei Bücher über die *ali'i*-Genealogie geschrieben und plant bereits ein drittes. Ihre Bücher verkaufen sich gut, weil die Genealogie für Hawaiianer immer sehr wichtig war und ist.

»Die Hawaiianer sagen, sie können ihre Abstammung bis zu Wākea und Papa (Vater Himmel und Mutter Erde) zurückverfolgen«, sagt Auntie Edith. »Ich habe das nie versucht. Das ist die kosmogonische Ära. Das sind die Götter.«

Nur die höchsten *ali'i* würden sich das Recht nehmen, ihre Herkunft von den Göttern abzuleiten. In alter Zeit jedoch musste die gesamte *ali'i*-Kaste ihre Abstammung über mindestens zehn Generationen zurückverfolgen und auswendig hersagen können.

»Heutzutage verlangen die Mormonen von ihren Mitgliedern, dass sie vier Generationen auswendig können, und das ist hart, das ist nervenzermürbend. Was glauben Sie, wie das erst bei zehn ist!«, sagt Auntie Edith kopfschüttelnd. »Aber damals mussten

»Sie waren noch sehr klein, wenn sie mit dem Gesangsunterricht anfingen. Es war eine Auszeichnung, aber man durfte keine Fehler machen. Es gab Gesänge für jede Gelegenheit – Geburt, Tod, Hochzeit. Und es gab historische Gesänge, Liebeslieder, Wiegenlieder, alle Arten von Liedern. Wir brauchen heute mehr Leute, die neue Lieder komponieren. Solange wir regierende Könige und Königinnen hatten, so habe ich festgestellt, wurden immer Lieder komponiert.«

sie das können – zehn Generationen auf beiden Seiten, väterlicher- und mütterlicherseits.«

Ähnlich wie beim europäischen Adel wurde der Rang der hawaiischen Häuptlinge mit der Geburt durch ihre Herkunft erworben. Der Status und die Aufgaben, die man in der Gesellschaft hatte, richteten sich nach dem jeweiligen Rang. Und der Rang wurde von den Ahnen hergeleitet.

»Die Linie der Herkunft ist sehr wichtig. Dein Rang besagt, wer du bist – du wirst in deinen Status hineingeboren«, erklärt Auntie Edith. »Weil es eine Häuptlingsgesellschaft war, musste man einen bestimmten Rang haben, um eine Position in der Regierung besetzen zu können. Die Entscheidung, wer in die Umgebung des Königs aufgenommen wurde, wer seine Befehle ausführen sollte, wurde nach dem Rang getroffen. Wer dem König dienen wollte, musste seinen Stammbaum kennen.

Ehen wurden nach Rang- und Statuserwägungen geschlossen. Der Rang stammte von den Frauen, von der Mutter. Dein *kapu* (Rang) richtete sich danach, wer deine Mutter war.«

Die Verbindung zu den Ahnen durch eine *ali'i*-Mutter war so wichtig, dass nach der Geburt eines Kindes die Nabelschnur aufgehoben und in den Tempel gebracht wurde. Die Schnur, die das Kind buchstäblich mit der Mutter verband, verband das Kind symbolisch mit der ganzen Familie und mit dem Land, von dem die Familie stammte.

»Die *piko* (die Nabelschnur) verbindet die Geburt mit diesem bestimmten Land«, sagt Auntie Edith, »weil sie mit der Mutter verbunden ist. Die Nabelschnur hat eine große kulturelle Bedeutung.«

Auntie Edith weiß selbst nicht genau, was sie so faszinierend an der Genealogie findet. Sie zuckt mit den Schultern, als sie danach gefragt wird, und meint, dass es ihr im Blut liege. »Es gab schon mal jemand in meiner Familie, vielleicht zwei Generationen vor mir, der sich mit Genealogie beschäftigt hat«, sagt sie.

Wegen ihres umfangreichen Wissens wird sie hinzugezogen, wenn es gilt, im heutigen Hawaii Auseinandersetzungen über Grundbesitz zu schlichten. Sie arbeitet stundenweise für eine Immobilienfirma und hat dort die Aufgabe, die oft hochkomplizierten Grundbesitzansprüche großer hawaiischer Familienverbände auseinander zu dividieren. Früher konnten die *ali'i* mehrere Ehen führen, so dass zahlreiche Familien miteinander verflochten waren, was die Herkunftsbestimmung und die Grundbesitzverhältnisse erheblich kompliziert.

Diesen ganzen genealogischen Wirrwarr hat sie »frisch in ihrem Kopf«, wie sie es ausdrückt, weil sie von 1978 bis zu ihrer Pensionierung 1995 hawaiische Kultur und Sprache am »Honolulu Community College« der University of Hawaii gelehrt hat. »Ich musste meinen Schülern die Genealogie erklären und deshalb musste ich gut Bescheid wissen.«

In alten Zeiten wurden genealogische Gesänge als Einführung rezitiert, wenn ein Häuptling mit einem Fremden zusammentraf. Außerdem wurden sie bei Geburten vorgetragen, um die Familiengeschichte in Erinnerung zu rufen.

»Der genealogische Gesang war eine formelle Art, sich bei Fremden vorzustellen«, erklärt Auntie Edith. »Wenn man an einen anderen Ort geht, um dort einen Besuch zu machen, dann sagt man den Leuten im Allgemeinen, wer man ist – so wie hier mit dem Gesang.«

Ein Großhäuptling hatte seine Sänger, die von klein auf gelernt hatten, diese poetischen genealogischen Gesänge zu komponieren und im Gedächtnis zu behalten. Die Rezitation der Abkunft eines hohen *ali'i* musste fehlerlos sein – kein Versprecher war erlaubt, keine falsche Modulation, keine Gedächtnisblockade. Ein Schnitzer konnte den Tod des Sängers zur Folge haben.

»Sie waren noch sehr klein, wenn sie mit dem Gesangsunterricht anfingen«, sagt Auntie Edith. »Es war eine Auszeichnung, aber man durfte keine Fehler machen.

Es gab Gesänge für jede Gelegenheit – Geburt, Tod, Hochzeit. Und es gab historische Gesänge, Liebeslieder, Wiegenlieder, alle Arten von Liedern.

Wir brauchen heutzutage mehr Leute, die neue Lieder komponieren. Solange wir regierende Könige und Königinnen in Hawaii hatten, so habe ich festgestellt, wurden immer Lieder komponiert. Ich finde, wir sollten mehr *mele inoa* (Geburtslieder) singen. Die Menschen sollen rezitieren, warum sie ihre Kinder so und so nennen; ein *mele inoa* ist wie eine Erklärung, die sie ihnen geben – warum sie einen bestimmten Ahnennamen tragen, zum Beispiel.

Im hawaiischen Sprechgesang verwendet man bestimmte Stimmtechniken. Zum Beispiel werden bei einer *kanikau* (Totenklage) die Vokale weicher gebildet. Jedes engere Familienmitglied muss eine *kanikau* vortragen – das ist wie eine Seelenmesse. Wenn die Eltern sterben, singt jedes Kind in der Familie ein Klagelied; auch wenn es noch so klein ist, sagt es dem Geist des Toten Lebewohl. Man schickt den Geist fort. Es ist eine schöne Vorstellung.

Die alten Hawaiianer haben gesungen: ›Diese Blume ist verwelkt‹, anstatt *make* (tot) zu sagen. Oder: ›Du gehst auf diesem Weg ohne Wiederkehr und du kommst nicht zurück und du gehst allein.‹ Die Poesie, das ist das Wunderbare daran.

In den hawaiischen Zeitungen stehen tausende von *kanikau*.« Auntie Edith muss es wissen – sie hat die meisten davon gelesen. Sie ist eine unbestrittene Autorität in Bezug auf die Legionen hawaiischer Zeitungen, die zwischen 1840 und 1890 im Staat erschienen sind.

Durch diese Zeitungen hat sie auch ihre Liebe zur Genealogie entdeckt. In den Siebzigerjahren, als sie ihr letztes Semester in »Hawaiian Studies« an der University of Hawaii absolvierte, saß sie stundenlang in der Bibliothek und las und übersetzte diese alten Zeitungen. Sie gehörte zu den Spätsemestern, war fast fünfzig Jahre alt, als sie sich an der UH einschrieb.

»Nachdem ich über zwanzig Jahre lang für die Bundesregierung gearbeitet hatte, ging ich mit ungefähr fünfzig wieder zur Universität«, erzählt sie. »1978 war gerade der hawaiische Studienzweig eröffnet worden und ich habe mich immer für die hawaiische Kultur interessiert. Ich machte das Bakkalaureat und den Magister in Pädagogik und Didaktik.«

Obwohl Auntie Edith die hawaiischen Zeitungen ursprünglich nur für einen College-Kurs hatte durchsehen wollen, wurde sie durch diese hundert Jahre alten Blätter zu ihrer Lebensaufgabe geführt. Beim Durchlesen der Zeitungen stieß sie immer wieder auf Genealogien – in Form von Listen, Gesängen, Fragmenten, Jahr um Jahr. In den Ausgaben nach dem Sturz der hawaiischen Monarchie 1893 wurden die Häuptlingsfamilien aufgefordert, ihre Stammbäume vorzulegen, sodass diese Ära zu einer wahren Goldgrube an Informationen für sie wurde.

Ermutigt von ihrer Professorin stellte sie all diese Genealogien in Buchform zusammen. Dann lernte sie auf einer Party einen Lektor der Brigham Young University kennen, einer Mormonenschule, die sich für Genealogie interessierte – der ideale Ort, um ihre Arbeit zu publizieren. Die Mormonenkirche ist seit der Mitte des 19. Jahrhunderts in Hawaii vertreten; viele Hawaiianer sind Mormonen und viele auf dem amerikanischen Kontinent lebende Mormonen sind mit Hawaiianern verwandt, daher das Interesse dieses Lektors. Er war sofort bereit, ihr Buch zu drucken und bat sie, noch zwei weitere zu schreiben.

Sie recherchierte für ihre Bücher, während sie weiterhin am College unterrichtete; 1995 ging sie in den Ruhestand – sie hatte mittlerweile das zweite Buch publiziert – und ehe sie wusste, wie ihr geschah, fand sie sich in der Bibliothek wieder, über alten hawaiischen Zeitungen brütend. Das Bishop-Museum in Honolulu hatte per Annonce einen Sprachexperten gesucht, um diese Zeitungen mit einem Index versehen zu lassen, ohne zu ahnen, dass die ideale Kandidatin für diese Arbeit bereits vor zwanzig Jahren mit der Arbeit angefangen hatte.

»Ich habe zehn Leute, die jeden Samstag im Bishop-Museum für mich arbeiten«, sagt sie über ihr Vorhaben. »Sie übersetzen oder arbeiten am Index. Wir haben mit den Zeitungen ab 1834 angefangen. Die ersten beiden Zeitungen, die damals veröffentlicht wurden, waren religiös, von amerikanischen Missionaren gedruckt. Dazu sind sie hierher gekommen, sie sind gekommen, um ihre Religion zu lehren. Ich habe nichts Schlechtes über sie zu sagen. Was immer sie getan haben, sie haben uns Heutigen ein paar wunderbare Aufzeichnungen hinterlassen. Sie haben die Hawaiianer unterrichtet und ich glaube, sie haben ihre Sache gut gemacht. Die Hawaiianer waren sehr gebildet, besonders diejenigen, die zur Lahainaluna (eine Schule auf Maui, die 1831 von Missionaren gebaut wurde) gingen.

Wir übersetzen nicht ins Englische, das würde zu lange dauern. Wir sagen einfach, was in dem Artikel drinsteht – fassen jeden Artikel Spalte für Spalte zusammen. Dann habe ich jemanden, der kontrolliert, ob die Resümees korrekt sind, und dann geben wir sie an die Index-Leute weiter.

Wir legen Sachverzeichnisse für sieben Zeitungen an. Als Erstes die Missionshefte, den pädagogischen Bereich, dann die privaten Zeitungen. Für kurze Zeit war der pädagogische Bereich für die Zeitungen zuständig. Ein paar Zeitungen wurden von Hawaiianern produziert, aber das war eine kurzlebige Affäre. Sie hatten nicht genug Geld. Wir hatten über 100 Zeitungen (im 19. Jahrhundert).

Englischsprachige Zeitungen kamen erst in den Vierzigern des 19. Jahrhunderts auf. Dann folgten portugiesische Zeitungen, chinesische, japanische. Aber wir stellen keine Vergleiche zwischen ihnen an. Wir wollen lediglich alles an Information herausholen, was uns Hawaiianer betrifft.«

Das Ziel ist, eine Datenbank zu schaffen, einen Index, in dem alles und jedes aufgelistet ist, worüber im 19. Jahrhundert in diesen Zeitungen geschrieben wurde. Auntie Ediths Arbeit wird demnach eine Fülle von historischen Fakten und Ereignissen des 19. Jahrhunderts zu Tage fördern, die für die Historiker eine unschätzbare Hilfe zum Verständnis eines Jahrhunderts sein dürfte, das für das hawaiische Volk so schmerzlich war.

Ich will bis 1900 gehen. Ich will den Sturz (von Königin Lili'uokalani im Jahr 1893) aufgreifen, damit wir eine Vorstellung davon bekommen, welche Art von Informationen damals an das Volk weitergegeben wurde.

Wir ordnen die Verzeichnisse nach drei verschiedenen Bereichen: Themen, Personennamen und Orte«, fügt Auntie Edith hinzu. »Alle fragen immer, warum Orte, aber Orte sind wichtig.

Das bedeutet, jedes Schiff, das hier ankam, jeder Kapitän, jeder Obermaat – wir haben all ihre Namen aufgelistet. Alle Schüler, die in Lahainaluna ihren Abschluss gemacht haben – sie tauchen alle darin auf. Desgleichen alle Leute, die jemals Hawaii besucht haben.

Wir haben hunderte von Liedern aus den Zeitungen. Wir haben Briefe aus fremden Ländern. Alle Grimmschen Märchen wurden in den Zeitungen ins Hawaiische übersetzt und die Werke von Shakespeare ebenfalls – die Hawaiianer kannten also Shakespeare.

Dann wurden die Hawaiianer aufgefordert, selber Geschichten zu schreiben. Folglich finden wir viele dieser Geschichten in den Zeitungen. In den Vierzigerjahren des 19. Jahrhunderts wurde eine gesetzgebende Versammlung ins Leben gerufen und wir haben alles über die Gesetze erfasst.

Wir mussten festlegen, wie Illustrationen identifiziert werden sollten. Dann musste ich entscheiden, ob wir auch die Anzeigen in den Index aufnehmen sollten. Englische Zeitungen machen das beispielsweise nicht.

Aber wir haben viele Dinge aus den Anzeigen herausgeholt – wann der erste Fotoapparat auftauchte, wann Schiffe hereinkamen. Welche Waren exportiert wurden. Eine Anzeige zum Beispiel war von einem Unternehmen, das Haifischflossen für Haifischflossensuppe kaufte. Wir fanden heraus, dass der Vater von Bernice Pauahi Bishop Haushofmeister beim König war. Es gibt keine Aufzeichnung darüber, dass ihr Vater Haushofmeister war, aber wir wissen es aus einer Zeitungsannonce.

Anfangs hat sogar die Archivarin der Staatsbibliothek zu mir gesagt: ›Ich glaube, Sie vergeuden Ihre Zeit‹ (mit dem Durchforsten der Anzeigen). Sie spricht nicht Hawaiisch, sie weiß nicht, wovon sie redet. Als ich unserem Ausschuss klar gemacht habe, was für eine Fundgrube diese Anzeigen für uns waren, haben sie schnell ihre Meinung geändert.

Das Ziel, auf das ich hinarbeite, ist, den Index in die Library of Congress zu bringen. Den Index in das UH CARL (Das Katalogisierungssystem der University of Hawaii) zu bringen, kostet uns über 10.000 Dollar. Das UH Carl ist an 32 Großbibliotheken angeschlossen und die Library of Congress ist eine davon. Also werden sie ein Exemplar bekommen.«

Die ganze Übersetzungs- und Katalogisierungsarbeit war natürlich auch ein ständiger Lernprozess für Auntie Edith. Seit sie denken kann, hat sie sich für die Kultur ihres Volkes interessiert, eine Faszination, die bis heute – sie ist mittlerweile siebzig – unvermindert anhält. Sie sagt, ihre früheste Erziehung habe sie vor vielen Jahren als kleines Mädchen beim *hula*-Unterricht erhalten.

»Ich weiß selbst nicht genau, warum ich diese ganzen hawaiischen Sachen mache«, gibt sie zu. »Aber ich bin schon ziemlich
früh damit in Berührung gekommen, weil meine Onkel und Tanten bei uns lebten. Mein Vater war der Älteste und deshalb sind
alle seine Brüder und Schwestern zu uns gezogen und da habe
ich sie Hawaiisch sprechen hören. Ich habe alles verstanden, aber
ich lernte es weder sprechen noch schreiben (bis sie in den Siebzigerjahren auf das College ging). Meine Eltern wollten nicht,
dass ich Hawaiisch lerne. Sie wollten, dass ich mich auf Englisch
behaupte. Mein Vater war ein reinblütiger Hawaiianer. Meine
Mutter war Portugiesin, aber ihre Einstellung war ausgesprochen hawaiisch.

Mein Vater hat mich zum *hula* gebracht und ich habe es
sehr früh gelernt. Ich bin lange dabei geblieben. Als ich mit dem
Unterrichten angefangen habe, war ich Mitte zwanzig. Hin und
wieder unterrichte ich immer noch. Ich habe es nicht aufgegeben. Ich bin immer noch daran interessiert, wegen dieser ganzen
Gesänge, die ich sammle. Und außerdem gefällt mir der Gedanke, dass ich alles choreografieren kann. Ich höre einen bestimmten Rhythmus – das genügt schon.«

Auntie Edith hatte einige bekannte *hula*-Lehrer in ihrem Leben, aber den größten Eindruck hat die hoch berühmte, inzwischen verstorbene Edith Kanaka'ole bei ihr hinterlassen.

»Ich war völlig weg von ihr. Sie war ein wunderbarer Mensch.
Sie hat dem Tanz Leben eingehaucht. Ich hatte ein paar Lehrer,
die einem einfach die Worte vorgegeben haben, und dann musste man sie auswendig lernen. Aber bei ihr hat man zugehört und
ihr einfach nachgesungen und dadurch hat man die genaue In-
tonation hinbekommen. So haben auch die älteren Hawaiianer
unterrichtet. Sie hat gesagt, die Sprache sei der Schlüssel zu allem. Sie hat gesagt, man zäumt das Pferd beim Schwanz auf,
wenn man mit dem *hula* anfängt – der Text sei wichtiger. Sie hat
gesagt, der Text bestimmt, wie wir unsere Stimme gebrauchen.

Was mir am *hula* gefällt, ist das ganze Geschichtenerzählen. Jeder *hula* ist eine Geschichte. Man lernt die hawaiische Geschichte kennen, wenn man *hula* praktiziert. Durch die Gesänge wird man in die Genealogie eingeführt – ich kenne alle Häuptlinge und weiß, wer ihre Kinder waren, allein von den Gesängen. Von Umis Zeit an (16. Jahrhundert) haben wir alle Herrscher erfasst. Durch die Genealogien bekommt man eine ziemlich gute Vorstellung davon, wer diese Leute waren.

Durch den *hula* wird das Interesse an allem Hawaiischen geweckt.«

»Eine *'ukulele* und ein Lied können viel ausrichten.« Das sind die Worte eines Mannes, der meint, was er sagt, und nach seinen Worten lebt, den gesprochenen wie den gesungenen.

Kindy Sproat
Falsettsänger

Clyde »Kindy« Halemaʻumaʻu Sproat ist absolute Spitzenklasse in dem, was er macht – Geschichten erzählen und alte hawaiische Lieder singen. Seine Lieblingsmelodien sind Lieder aus dem 19. und dem frühen 20. Jahrhundert – Lieder, die selten niedergeschrieben, sondern einfach irgendwo im Hinterhof weitergegeben wurden, Lieder, die längst verschwunden wären, gäbe es nicht Kindy Sproat mit seinem unermüdlichen Engagement und seinem phänomenalen Gedächtnis.
Es ist seine Mission und seine Liebe.

»Das sind die Lieder, mit denen ich aufgewachsen bin. Sie bringen Leben in mich. Die Melodien verfolgen mich«, sagt er. »Wer sie kennt? Wer sie singt? Niemand. Deshalb fühle ich mich verpflichtet, sie zu erhalten. Sie sind schön und sie erzählen schöne Geschichten. Ich erwarte von den jungen Leuten nicht, dass sie die Lieder so singen und spielen, wie ich es tue, weil sie sie nie zuvor gehört haben. Ich spiele und singe nur, was ich in meiner Jugend gehört habe. Und ich habe das alles behalten.«

Das kann man wohl sagen: Schon bevor er in die erste Klasse kam, kannte er ungefähr 400 Lieder auswendig, sowohl hawaiische als auch englische. Inzwischen hat er keine Ahnung mehr, wie viele er kennt.

Er singt, weil er gern singt. Aus keinem anderen Grund. Wenn er allein ist, singt er laut heraus, nur zu seiner eigenen Unterhaltung. Mitten im Gespräch bricht er plötzlich ab und fängt an zu singen. Es kommt vor, dass er kerzengerade im Bett sitzt

»Wenn ich ein Lied singe, singe ich eine Geschichte. Ich glaube, es ist wichtig, dass die Leute wissen, um was es in der Geschichte geht. Es berührt sie … Diese Lieder lassen mir keine Ruhe, weil sie eine Botschaft haben … Ich möchte die Geschichte so bewahren, wie sie ist, und sie so singen, wie sie ist, so wie sie in alter Zeit gesungen wurde.«

und eine alte Melodie memoriert, die ihm im Schlaf eingefallen ist.

Er hatte nie die Absicht, einen Beruf daraus zu machen oder berühmt damit zu werden.

»Berühmtsein, das hat keine Bedeutung für mich«, antwortet er auf die Frage, inwieweit der Ruhm sein Leben verändert hat. »Ich bin ich, ganz einfach. Hab nie auch nur ein Haar auf meinem Kopf verändert. Ich bin immer noch der Alte.«

Seine Größe liegt nicht in seinem instrumentalen Können, wie er bereitwillig zugibt. »Ich kann nur ein paar einfache Akkorde. Ich bin Sänger, nicht Musiker. Ich habe keinen blassen Schimmer von Musik oder Musiktheorie. Ich kann keine Noten. Ich hab alles bloß aufgeschnappt.«

1988 wurde Sproats Bedeutung für das hawaiische Erbe von einer staatlichen Kunst- und Kulturstiftung, dem *National Endowment for the Arts*, mit einem »National Heritage Fellowship Award« honoriert – einer Ehre, mit der die besten amerikanischen Folklorekünstler bedacht werden.

»Ich hatte nicht das Gefühl, dass ich eine solch hohe Auszeichnung verdient habe«, sagt er und gibt zu, dass er am liebsten gar nicht zu der Preisverleihung nach Washington, D.C., gegangen wäre. Aber schließlich ist er doch gefahren und er hat es nicht bereut: Es war das gefundene Fressen für einen Geschichtenerzähler wie ihn. Nach der Preisverleihungsfeier konnte er mit Doc Watson, einem Kollegen, der ebenfalls den »National Heritage Award« erhalten hatte, nach Herzenslust Geschichten austauschen.

»Das Beste daran war, dass ich schon seit Jahren ein Fan von Doc Watson war«, sagt Sproat. »Er ist ein Flat Top-Gitarrenspieler, einer der besten. Ich hab fast jede Platte gehört, die er rausgebracht hat. Er hat den Preis im selben Jahr bekommen wie ich. Weil er blind war und weil er neben mir saß, habe ich ihn jedes Mal mitgenommen, wenn ich auf die Bühne gegangen bin. Er ist riesig, ein toller Bursche. Wir sind richtig gute Freunde geworden, er und ich. Jeden Abend saßen wir irgendwo in einer Ecke zusammen und er hat mir Schweinegeschichten oder Priestergeschichten erzählt. Eines Morgens hat er mir wieder eine Geschichte erzählt und die Geschichte war noch nicht zu Ende, da mussten sie ihn zu seinem Flieger bringen und so bin ich in den Bus mit eingestiegen und mit ihm zum Flughafen gefahren, um auch das Ende der Geschichte noch zu hören.«

Sproat ist nicht nur ein guter Zuhörer, er ist auch ein großer Geschichtenerzähler. Er kann dieselbe Geschichte x-mal erzählen und jedes Mal mit der gleichen Begeisterung. In jedem anderen Land würde man sagen, Kindy Sproat ist jemand, der gern Seemannsgarn spinnt. Hier heißt es, »he talks story«, er erzählt Geschichten.

Ob sie im Lauf der Jahre alle seine Geschichten zu hören bekommen hätte?, fragen wir Kindys Frau Cheryl, und sie antwortet mit »Ja«, aber es klingt nicht im Mindesten gelangweilt oder enerviert. Sie liebt ihn und weiß, was er kann, das ist offensichtlich. Und sie hört ihm seit 1976 zu.

Er seinerseits nennt sie »meine Kritikerin, meine Reisegefährtin, meine Inspiration, meine beste Freundin«.

Sproat hat schon im »Kleinkindesalter« in North Kohala auf Big Island mit Singen und Geschichtenerzählen angefangen. Damals, in den Dreißiger- und Vierzigerjahren, lebte seine Familie noch auf die alte hawaiische Weise. Sie waren die einzigen Siedler in einem wilden grünen Tal, das zwischen steilen Klippen eingezwängt lag. Es war ein abgelegenes Paradies – wenn sie zur nächsten Stadt wollten, waren sie zwei Stunden mit dem Maultier unterwegs.

»Das Haus hatte vier Zimmer und eine riesige Küche und eine *lānai* (Veranda). Das Meer war ungefähr zweihundert Meter vom Haus entfernt. Schön«, sagt Sproat, der mit Wehmut an jene Zeiten zurückdenkt.

»Jeden Abend, wenn wir fertig waren mit Baden, Abendessen, Geschirrabwaschen, haben wir vor dem Haus gesessen, auf der großen, langen Veranda. Meine Mom hat immer auf der Truhe gesessen und *lau hala*-Matten auf den Boden gelegt und wir Kinder haben auf den Matten gelegen. Meine Mom hat ein viersaitiges Banjo gespielt. Sie hatte keine *'ukulele*. Ich weiß nicht, wo das Banjo herkam, aber weil es nun mal da war, spielte sie darauf.

Wenn wir auf unserer Veranda sangen, war das für mich immer so, als ob wir für die Sonne sängen, ehe sie über den *pali* (Klippen) verschwand. Und wenn wir richtig gut sangen, dann wurde die Sonne am nächsten Tag warm und großzügig und schenkte uns einen langen Tag, sodass wir viel schwimmen, *'o'opu* (kleine Meergrundel-Fische) und 'ōpae (Krabben) in der Strömung fangen konnten. Die Sonne bestimmte unseren Tag. Und wenn wir wirklich gut sangen, pflegte sie ein bisschen früher zu kommen und ein bisschen länger dazubleiben.

Wir haben alle möglichen Lieder gesungen, hawaiische Lieder, Kinderlieder, Lieder aus dem Ersten Weltkrieg, das alles haben wir gesungen. Und als ich dann alt genug war, um in die Schule zu gehen, gab es kaum ein Lied, das ich nicht schon kannte.«

Als die sieben Kinder der Sproats – sechs Jungen und ein Mädchen – eingeschult werden mussten, zog die Familie in ein Dorf, kehrte aber jeden Sommer in ihr Tal zurück. In der Stadt schnappte Kindy noch mehr von den Liedern auf, die er bis heute lebendig erhält.

»Jeden Abend nahm ich meine zwei Säcke und streifte in dem Dorf umher, um Purpurwinden und Habichtskrautblätter als Futter für meine Kaninchen zu sammeln. Und da war ein Haus, wenn ich an dem vorbeikam, hat die Frau dort gerufen: ›*Haole*-Junge, *haole*-Junge!‹ Ich hatte Haare, die ins Blonde gingen, und eine helle Haut und ich war ungefähr neun«, erinnert er sich. »Die Frau hat in einem weinbewachsenen Haus gelebt, mit Blumen an den Gartenwegen und Teichen mit Wasserlilien. Sie hat nur Hawaiisch gesprochen. Immer wenn ich dorthin kam, habe ich bei ihr gegessen. Wenn wir mit dem Essen fertig waren, haben wir uns zurückgelehnt, und sie hat ihre Gitarre genommen. Ich konnte mich nicht losreißen – ich war völlig in ihrem Bann. Ich sehe sie noch vor mir, wie sie singt (er stimmt ein Lied an). Ich habe viel von ihr gelernt. Von all den alten Leutchen.

Damals haben die Leute noch selbst für ihre Unterhaltung gesorgt. Sie haben Slack Key-Gitarre gespielt. Sie haben Geschichten erzählt; sie haben die Geschichten eines Liedes erzählt, meistens in Hawaiisch. Sie haben gelacht und gesungen (er stimmt ein hawaiisches Lied an). Ich war nicht davon wegzukriegen. Immer, wenn die Leute sangen oder Gitarre spielten, war ich wie festgenagelt und bin geblieben, bis der letzte Heuler verklungen war.

Der Saloon in der Gegend hieß *Ah Hoon's Bar*. Jeden Abend konnte man sehen, wie die County-Typen – alle Hawaiianer hatten County-Jobs – ihre Pferde an den Geländerpfosten angebunden haben und dann drinnen rumgehockt und Wein getrunken und gesungen haben. Ein paar von diesen alten Kerlen, raue Burschen, wenn die ihre Gitarre genommen und losgelegt haben – große, knotige Finger, aber Junge, die Musik, die sie aus der Gitarre herausholten! Und erst, wenn sie den Mund aufgemacht und gesungen haben … (er singt im Falsett). Ich stand da, ich konnte mich nicht rühren. Sie waren fantastisch. Bei manchen Liedern sind sie aufgesprungen und haben dazu getanzt. Das allein war schon eine Schau. Ich bin rübergegangen, wann immer ich Gelegenheit dazu hatte; wenn ich zu spät nach Hause kam, riskierte ich Prügel von meiner Mom, aber das war es mir wert.«

Doch sobald das Schuljahr vorüber war, verblassten die Attraktionen der Stadt und die Familie kehrte wieder in ihr Tal zurück.

»Der letzte Schultag ging immer nur bis mittags. Am Vormittag hat mein Vater alle Maultiere gesattelt und dann haben wir den Heimweg angetreten«, erinnert sich Sproat. »Wir hatten zwei Säcke vorne am Maultier hängen und in jedem Sack waren drei Hühner, die ihre Köpfe durch die Luftlöcher gesteckt haben. Lebende Hühner, weil sie unsere Eierversorgung waren. Ungefähr ein Dutzend Hühner nahmen wir mit. Der Familienkater wurde in eine Tasche gesperrt und das passte ihm gar nicht. Wir hatten zwei Kühe; einer von uns führte die Kühe und die zwei Kälber folgten hinterher. Wir hatten ungefähr fünf Packtiere dabei für unser ganzes Essen und all unsere Kleidung. Sie hätten unsere Prozession sehen sollen. Jiminy Cricket. Wie eine große Safari.

Noch heute ist das für mich Zuhause. Wenn man an so einem Ort geboren und aufgewachsen ist … wenn ich im Tal herumgehe oder -reite, Junge, dann kommen die Erinnerungen zurück. Wenn ich bestimmte Lieder singe, dann erinnern sie mich an bestimmte Stellen im Tal. Ich kann das alles noch vor mir sehen. Es ist Zuhause.«

Jahre später, als ihr schönes altes Haus verschwunden war, baute Sproat dort stattdessen eine kleine Hütte, wo er sich mit Cheryl hin und wieder aufhält. Sonst hat sich wenig in dem Tal verändert und sie reiten immer noch auf dem Maultier hin.

Sproat verließ North Kohala, als er zur Armee eingezogen wurde. Er leistete seinen Militärdienst ab, dann wechselte er die Fronten und trat für die nächsten zwanzig Jahre in die Air Force ein, wo er es bis zum Oberfeldwebel brachte. Beim Militär entdeckte er, »dass er mit seiner Seele und seiner *'ukulele*« alle um sich herum in Stimmung bringen konnte.

»Junge, was hab ich Frieden gehalten«, sagt er lachend. »Solange die Leute singen, streiten sie nicht. Sie wissen ja, wie die Jungs so sind: Es juckt ihnen das Fell, sie sind gereizt und brechen einen Streit vom Zaun.

Als ich nach Vietnam ging, habe ich meine *'ukulele* mitgenommen. Meine *'ukulele* war immer dabei, das können Sie mir glauben. Sie hat mich davor bewahrt, den Verstand zu verlieren. Damals habe ich gar nicht mehr aufgehört mit Singen, ich hab gesungen und gesungen, von Mitternacht bis in die frühen Morgenstunden. Ich habe nie getrunken. Wenn ich trinke, leidet das Singen darunter. Ich kann nicht trinken und singen. Ich mag nur Wasser.

In Vietnam gab es immer diese Einsamkeitsanfälle, weil dir deine Familie fehlte. Und deshalb kamen die Leute zusammen. Und wenn sie nicht sangen, tranken sie und wenn sie nicht sangen, prügelten sie sich. Deshalb hab ich angefangen zu singen.

Musik zieht die Leute an. Musik ist eine großartige Vermittlerin. Die Leute kommen zusammen, um Musik zu hören.

Einmal habe ich in meiner Strohhütte in Vietnam im Bett gelegen. Ich hab tief geschlafen, weil ich Frühschicht gehabt hatte. Nach Mitternacht ist jemand gekommen und hat mich wachgerüttelt und gesagt: ›Sproat, wir brauchen dich sofort im Club. Es sind gerade Australier reingekommen und dort oben sind Marines. So wie es aussieht, bedeutet das gleich eine Riesenschlägerei. Die machen Kleinholz aus dem Club. Wir brauchen dich.‹

Ich hab gesagt: ›Ich weiß nicht, was ich dabei soll.‹ Aber ich bin raufgegangen und hab angefangen zu singen. Wir haben in jener Nacht mindestens vierzig Mal *Waltzing Matilda* gesungen. (Er stimmt das Lied an.) Und das Marinecorps – *From the Halls of Montezuma*. (Er singt es.) Und was soll ich Ihnen sagen, es hat die ganze Nacht keinen Streit gegeben.«

Die Macht des Gesangs zeigte sich auch, als Sproats Stimme in einer vietnamesischen Neujahrsnacht laut und klar aus den Lautsprechern schallte. Sproat sang sein hawaiisches *aloha*, das wie Magie jene dunkelste Nacht durchdrang.

»Es war die Tet-Offensive 68, als die Kommunisten das vietnamesische Neujahr feierten. Die Vietnamesen boten all ihre Kräfte in einer Großoffensive auf, um die GIs aus Vietnam rauszuwerfen. In der Neujahrsnacht. Wir waren also auf dem Quivive und ich habe meine *'ukulele* genommen. Als alles zu Ende war, hatten wir eine Menge durchgemacht. Wir waren vierzig Stunden auf den Beinen, würde ich sagen. Wir hatten eine Vorpostenkette von 16 Meilen um den Luftstützpunkt herum und die war von Büschen umgeben.

Ich hatte meine ganzen Jungs, 17-, 18- und 19-Jährige, in den Schützengräben draußen, in einem bombensicheren Unterstand mit einem Maschinengewehr. Ein Mann pro Unterstand. Jesusmaria. Finster ist gar kein Ausdruck. Mitten in Feindesland.

Ich war Oberfeldwebel und musste Streife schieben. Ich hab meinen Jungs gesagt: ›He, jeder hat Angst. Wenn es so weit ist, dass ihr Angst kriegt oder dass euch das Zittern kommt, dann schämt euch nicht, ruft mich. Dann komm ich hoch und setze mich zu euch und wir sehen mal, was da draußen passiert.

Auweia. Das kann sich keiner vorstellen. Die Tet-Offensive: Ich seh's noch vor mir, wie der Himmel bei Nacht in Flammen stand und die großen Raketen und Granatwerfer einschlugen. Bumm. Bumm. Bumm. Das ging weiß der Teufel wie lange. Alle waren todmüde.

Wir hatten einen Platz auf einem Hügel, wo sich alle Unteroffiziere versammelten, nichts weiter als ein großer, kahler Hügel. Und als endlich alles ruhig geworden war, bin ich auf den Hügel gefahren und hab sie zusammengetrommelt; wir waren 16 Unteroffiziere, 16 Jeeps mit Fahrern und MG-Schützen. Die Stimmung war rabenschwarz. Wir haben allen ein gutes neues Jahr gewünscht. Dann habe ich meine *'ukulele* aus der Hülle geholt und *Auld Lang Syne* gespielt und gesungen.

Und wie ich am Singen war, haben die Jungs ihre Mikrofone aus den Jeeps gerissen und sie direkt vor mir aufgebaut, so dass es in die großen Hauptquartiere unter dem Boden ging. Sie haben voll aufgedreht und mir war es egal. Ich habe alles gegeben, was ich hatte. Ich habe mir die Seele aus dem Leib gesungen. Ich hab das Lied noch nie so gesungen und ich glaub nicht, dass ich es je wieder so singen werde.

Als es zu Ende war und sie die Mikros abstellten, kehrte Totenstille ein. Die Quasselei im Radio hatte 24 Stunden lang gedauert, pausenlos. Ging keine Sekunde vorüber, ohne dass jemand eine Botschaft übers Radio schickte. Aber als sie das Mikro abstellten, herrschte Totenstille, dann sagte jemand aus dem Hauptquartier: ›Amen. Sing's noch mal.‹ Das hab ich gemacht und sie haben es über die Lautsprecher rausgeschickt.

Man konnte das Herz von jedem der Jungs spüren, so schwer

war es ihnen. Es gibt nichts, was sich damit vergleichen lässt – einfach diese Stimmung in einer Neujahrsnacht auf einem Hügel in Vietnam.«

In den Anfangszeiten seiner militärischen Ausbildung, als er noch in Honolulu stationiert war, entdeckte er, dass er auch Falsett singen konnte, ein hoher, schmetternder Gesangsstil, der in der hawaiischen Musik sehr populär ist.

»Ich lag nachts im Dunkeln in meiner Baracke und da hab ich jemand Gitarre spielen und Falsett singen hören«, erinnert er sich. »Sie glauben gar nicht, wie schwer mir das Herz vom bloßen Zuhören wurde … ach, diese Musik, das ist Heimat.«

Er fand bald heraus, welcher Soldat der Sänger war, und von da an ging er zu ihm hinüber, um ihn singen zu hören, wann immer sich eine Gelegenheit dazu bot.

»Kurz danach war ich mit meiner Grundausbildung fertig und wurde MP (Military Police). Das mit dem Falsett hat mich die ganze Zeit beschäftigt – wenn er das kann, kann ich das auch, hab ich mir gesagt. Ich bin ins PX gegangen und habe mir eine 'ukulele gekauft. Mein Beobachtungsposten war auf dem Jeep, von wo wir den Soldatenfriedhof in Punchbowl überwacht haben. Nach Einbruch der Dunkelheit bin ich also oben auf diesem hohen Ausguck rumgefahren und hab auf den Friedhof runtergeschaut und dabei mein Falsett geübt. Ich muss jetzt noch schmunzeln, wenn ich dran denke – da hatte ich es, mein unfreiwilliges Publikum. Sie mussten mir zuhören, sie konnten nicht weg. Und ich sang und sang (er stimmt ein Falsettlied an). Es gibt ein paar Lieder, die nur im Falsett zum Leben erweckt werden können.«

Heute ist seine Falsettstimme so berühmt, dass auf Big Island ein jährlicher Wettbewerb nach ihm benannt wurde. Der Wettbewerb war nicht seine Idee, obwohl er sich aufrichtig freut, wenn er neue Talente zu hören bekommt. Er sitzt nicht in der Jury, aber der Gewinner darf dem Meister die Hand schütteln.

1995 ließ Sproat sich endlich dazu überreden, ein Schallplatten-album (mit dem Titel *Clyde Halema'uma'u Sproat sings …*) zu machen.

»Sie waren jahrelang hinter mir her, dass ich eins machen soll, aber ich dachte, das ist unnötig«, sagt er. »Das waren doch alles alte, verstaubte Lieder, die keiner hören wollte. Wenn ich diese Lieder gesungen habe, haben mir die Hawaiianer gesagt: ›He, Bruder, das Lied hat so'n Bart. Kein Mensch will das hören.‹

Die alten Lieder waren damals nicht der Hit. Es war nicht cool, Hawaiianer zu sein. In den letzten zehn Jahren sind mehr ha-waiische Lieder rausgekommen als in der ganzen Zeit davor (dank der hawaiischen Renaissance).«

Die alten Lieder, die Sproat liebt, sind anders als die meisten Lie-der, die heute geschrieben werden, weil sie eine Geschichte er-zählen und die Geschichte oft eine versteckte Bedeutung hat (*kaona*). In einem Lied zum Beispiel muss ein hawaiischer Kuh-hirte für zwei Jahre fort von seinem Mädchen und die beiden ge-loben sich, dass sie sich treu bleiben wollen. Aber …

»Zwei Jahre, das ist eine lange Zeit«, erklärt Sproat. »Als er zurückkam, sah er einen vertrockneten *lei* auf der Veranda. Er sagte: ›Das ist nicht der *lei*, den ich ihr geschenkt habe.‹ Und dann sah er, dass die Schuhe eines anderen an der Stelle standen, wo einst die seinen gewesen waren, und da legte er seinen Geiß-blatt-*lei* an ihrer Türschwelle nieder, damit sie wissen sollte, dass er da war. Dieses Geißblatt war ganz schlapp und welk, so wie sein Herz. Als er nach Hause ritt, konnte er die ganze Zeit nur daran denken, wie gern er noch einmal an diesen Ort zurückge-hen und diese Blume pflücken würde.

Das hat eindeutig eine sexuelle Färbung – noch einmal diese Blume pflücken.

Die Leute sagen: ›Oh, das ist schlecht.‹

Ich sage: ›Nein, nur richtig erzählt.‹ Das ist das *kaona*. Anstatt zu sagen: ›Ach, könnte ich noch einmal mit dieser Frau schlafen.‹ Die Hawaiianer hatten keine Flüche in ihrer Sprache. Sie deuteten viel mit schönen Worten an und sie haben es erzählt, wie es war.«

Sproat besteht darauf, dass die Lieder mit allen Strophen gesungen werden müssen, denn »wenn ich ein Lied singe, singe ich eine Geschichte. Ich singe eine Geschichte. Ich glaube, es ist wichtig, dass die Leute wissen, um was es in der Geschichte geht. Es berührt sie. Man kann nicht einen Teil davon einfach weglassen.

Diese Lieder lassen mir keine Ruhe, weil sie eine Botschaft haben. Ich schreibe nicht meine eigenen Lieder. Ich höre zu, was jemand anderer geschrieben hat, und so mag ich es. Ich singe die Lieder, wie ich sie gehört habe, haargenau so, wie ich sie gehört habe. Ich möchte die Geschichte so bewahren, wie sie ist, und sie so singen, wie sie ist, so wie sie in alter Zeit gesungen wurde.«

Trotzdem muss jeder ein Lied auf seine eigene unverwechselbare Weise vortragen.

»Versuch nie so zu singen wie jemand anderer. Jeder Mensch ist ein Individuum. Ich denke, was wirklich zählt, ist dein Ausdruck, dein persönliches Gefühl.

Wenn du ein Lied hörst und es dir einprägst und auswendig lernst, dann nimmst du es auf und das ist, als ob dein Herz ein Sieb wäre, und da wird es durchpassiert. Du lauschst einfach mit deinem Herzen. Mach die Ohren deines Herzens auf und du kannst immer was Gutes hören.«

Diese Haltung, zusammen mit seinem Talent, haben ihn nicht nur in Hawaii, sondern auch auf dem amerikanischen Kontinent berühmt gemacht. Und das, obwohl er sich keineswegs nach Ruhm gedrängt hat: Der Organisator der nationalen Folkfestivals hat Sproat in Hawaii entdeckt und ihn so lange bearbeitet, bis er sich bereit erklärte, an einem Festival in Ohio teilzunehmen.

»Joe Wilson hat ausgesehen wie so ein Hinterwäldler mit Trommelbauch und durchgewetzten Hemdsärmeln und einem penetranten Südstaatenakzent. Ich wusste nicht, wer er war. Er ist der Boss vom *National Council for Traditional Arts* in Washington und ich hab ihn bloß für 'nen alten Bohnenpflücker gehalten. Er war ein netter Bursche.

Er hat gesagt: ›Hätten Sie nicht Lust, nach Ohio zu kommen?‹ Ich hab gesagt: ›Wozu?‹

Er hat gesagt: ›In Ohio findet ein überregionales Folkfestival statt, und ich möchte, dass Sie dabei sind.‹

Darauf ich: ›Hören Sie, Joe, ich hab mir gerade eine Hütte in meinem Tal dort gebaut und ich hab nicht die Absicht, einen einzigen Schritt weiter zu gehen als bis zu dieser Hütte und wieder zurück. Ich will nicht nach Ohio.‹

Jeden Tag hat er mich genervt. Er hat gesagt: ›Wir brauchen Sie in Ohio.‹

Ich hab gesagt: ›Nein, Joe, ich will überhaupt nirgends hin.‹

Das ging so, bis er wegmusste, um seinen Flieger zu kriegen (aufs Festland zurück) und er zu mir gesagt hat: ›Sie sind ein mieser, knickriger Hurensohn, Kindy, wissen Sie das?‹

Ich sag zu ihm: ›He, Moment mal, Joe – was soll das jetzt wieder?‹

Und er: ›Sie wissen, dass ich Folklorespezialist bin. Ich habe Sie gehört, Sie sind einer der Größten in Hawaii – und ich hab viele Leute gehört, ich muss es wissen. Sie hätten den Leuten so viel zu sagen, aber Sie sind ein geiziger Hurensohn und wollen nicht mit anderen teilen.‹

Ich hab gesagt: ›Also gut, Joe. Diesmal haben Sie auf den richtigen Hebel gedrückt. Was bleibt mir da noch anderes übrig?‹

Sechs Wochen später war ich in Ohio.«

Er spielt jetzt seit Jahren auf diesen Festivals; ist im ganzen Land herumgekommen und hat sogar in der Carnegie Hall gespielt.

»Was mir daran gefällt, sind die Leute, die man kennen lernt«, sagt er bezeichnenderweise. »Ich meine, du weißt nicht die Bohne über sie oder ihre Kultur, aber sobald du einen Ton anschlägst und loslegst, ist die Verbindung da. Musik ist ein Kleber, der die Leute zusammenschweißt.«

KUNST UND HANDWERK

Kunst war in vergangenen Zeiten eher zweckorientiert als Kunst um der Kunst willen. Hawaiische Kunst ist in den Mustern des *kapa*-Tuchs zu finden, in Holzschalen, in komplizierten Flechtarbeiten für Matten, in Körpertätowierungen, in geschnitzten Musikinstrumenten. Die Arbeit war hervorragend, besonders wenn man bedenkt, dass die Hawaiianer nur Werkzeuge aus Stein besaßen – es gibt keine natürlichen Metallvorkommen auf den hawaiischen Inseln. Beile und Meißel wurden aus Basalt und Trachytgestein gemacht. Bambus und Knochen wurden auch als Nadeln, Messer und Meißel verwendet.

Der Rindenstoff, den die Frauen für Kleidung und Bettzeug schlugen, war das feinste Tuch dieser Art im ganzen Pazifikraum. Fünf Zentimeter breite Rindenstreifen wurden zu einer etwa zehn Zentimeter breiten Stoffbahn geschlagen, dann wurden diese zehn Zentimeter über eine andere zehn Zentimeter breite Bahn gelegt, so dass die beiden Teile sich überlappten. Auf anderen pazifischen Inseln bildete der überlappende Teil eine sichtbare Naht; in Hawaii wurden die beiden Teile so perfekt zusammengefügt, dass keine Naht zu sehen war. Es gab *kapa*-Stoffe, die so fein und hauchdünn wie Spitze waren.

Auch die Farben, mit denen das *kapa* gefärbt wurde, waren einzigartig. Braun- und Schwarztöne wurden in ganz Ozeanien verwendet, aber die hawaiischen Frauen fanden die richtigen Beeren und Blüten und Wurzeln, um Gelb-, Grün-, Violett- und Blautöne herzustellen.

Seltsamerweise malten oder zeichneten die frühen Hawaiianer nicht mit diesen leuchtend bunten Farben. Sie hatten kein Interesse daran, Porträts oder Naturszenen darzustellen; ihre Kunst war entweder zweckgebunden oder religiös – niemals entstand sie lediglich als Zeitvertreib oder in der Absicht, ein Meisterwerk zu schaffen.

Hingegen ritzten sie symbolhafte Petroglyphen in Felsen und Lavabetten und malten einfache Piktogramme. Nirgendwo sonst im Pazifik gibt es derart große Gebiete, die mit so zahlreichen Petroglyphen bedeckt sind wie die Lavabetten von Big Island. Doch kann sich bisher niemand erklären, warum sie gemacht wurden.

Die ozeanische Kunst wurde überwiegend für religiöse und rituelle Zwecke geschaffen, und das gilt auch für die hawaiische Skulptur. *Ki'i* (geschnitzte Bilder) aus Holz oder Stein stellten Götter oder spirituelle Begriffe dar. Ein Bild von Kūkā'ilimoku, dem Kriegsgott, der Kamehameha als Beschützer zur Seite stand, wurde immer mit dem großen Kriegerhäuptling in die Schlacht getragen. Im Allgemeinen wurden *ki'i* jedoch in Tempeln gefunden.

Die *ki'i* von Hawaii werden als die besten gerühmt. Anderen polynesischen Bildern fehlt die emotionale Intensität, die man bei diesen *ki'i* findet. Es sind menschliche Gestalten, keine Tiere, dargestellt mit grotesk übertriebenen Zügen, in denen Gefühle, Energie und Bewegung derart unverstellt zum Ausdruck kommen, dass die Form abstrakt wird.

Federarbeiten: Auch diese Kunst war nirgendwo sonst im Pazifik so hoch entwickelt. Die Frauen trugen Feder-*lei* um den Hals, und Federstandarten, *kāhili* genannt, waren das Symbol des Königtums. Nur der Adel, die *ali'i*, trug die berühmten hawaiischen Umhänge, Mäntel und Helme.

Captain Cook war sichtlich geblendet von der nicht enden wollenden Prozession von Stammeshäuptlingen, die zu seinem Schiff kamen, alle in prunkvolle Federn gehüllt. Die meisterhafte Ausführung und die farbenprächtige Zeichnung der Umhänge beeindruckten ihn so sehr, dass er etliche davon kaufte und noch ein paar zusätzliche als Geschenk erhielt, die er nach England mitnahm. Kamehameha tauschte als junger Krieger einen Umhang gegen neun eiserne Dolche aus Cooks Beständen ein.

Rot war ein Symbol für das Königtum in Polynesien, aber in Hawaii war die königliche Farbe Gelb, weil gelbe Federn seltener waren. Kamehameha war der Einzige, der nachweislich einen Mantel besaß, der ganz aus gelben Federn bestand. 80.000 Vögel und fast eine halbe Million Federn waren nötig gewesen, um diesen berühmten Mantel herzustellen. Heute wird er gelegentlich im Bishop-Museum ausgestellt.

Die Kunst des Flechtens wurde von Frauen ausgeübt, jeden Tag, immer wieder aufs Neue. Sie verwendeten Blätter des *hala*-Baums (Pandanus) für gewöhnliche Boden- und Schlafmatten; für anspruchsvollere, kompliziertere Flechtarbeiten nahmen sie eine Riedgrasart, die *makaloa*. Auch Körbe wurden geflochten, aber die Korbflechterei war in Hawaii nicht sehr hoch entwickelt.

Die einfache Kunst, Blumen zu hübschen Ketten und Girlanden zu flechten oder zu winden, wurde überall auf der Welt praktiziert, doch am bekanntesten ist die hawaiische *lei*-Tradition. Ein *lei* ist nicht nur ein hübscher Schmuck, er ist ein Geschenk des *aloha*.

Blumen, Blätter, Rinde, Vogelfedern, Holz, Stein – es waren die Gaben der Natur, die den Hawaiianern als Grundlage für alle diese Künste dienten.

Puanani Van Dorpe

kapa-Tuchmacherin

»Ich habe miterlebt, wie Pua im Field Museum in Chicago *kapa*-Arbeiten begutachtet hat, und ich habe gesehen, wie ihr die Tränen gekommen sind«, sagt Bob Van Dorpe. Er spricht von seiner Frau, Puanani, die die oberste Autorität auf dem Gebiet des *kapa* ist, des alten hawaiischen Rindenbaststoffs. »Manches von diesem *kapa* war so fein und mit so viel Kunstfertigkeit gemacht, dass der Anblick sie zu Tränen rührte. Sie weiß, wie viel Mühe da hineingeflossen ist – sie kennt die Arbeit.«

Seine Worte werden von einem pausenlosen, urtümlichen Bumm, Bumm, Bumm im Hintergrund begleitet. Pua, die Frau, mit der er seit vier Jahrzehnten verheiratet ist, macht, was sie immer macht, was sie fast jeden Tag gemacht hat, seit sie die vierzig überschritten hat – Fasern schlagen wie die, mit denen ihre Vorfahren bekleidet waren.

Nach acht, zehn, elf Stunden stetigen Schlagens schmerzt Puas rechter Arm, ihr Rücken tut weh, ihre Schultern brennen, der Fuß, auf dem sie den ganzen Tag sitzt, ist verkrampft und wund. Doch sie kümmert sich nicht um ihre Schmerzen und steht am nächsten Morgen auf, getrieben von ihrem Auftrag, und sie beginnt den Rhythmus aufs Neue. Bumm, bumm, bumm, klopf, klopf, klopf, klopf, hämmert der Holzschlägel auf papierdünne Fasern, die gegen einen großen hölzernen Amboss gepresst sind.

Niemand schreibt Schlagzeilen über eine Frau, die im stillen Winkel sitzt und ein altes Handwerk wieder ins Leben zurückklopft. Aber Pua Van Dorpe verdient ganz sicherlich Anerkennung. Sie hat nahezu im Alleingang die Kunst der *kapa*-Herstellung vom Tode erweckt. Sicher, es gibt andere, die *kapa* geschlagen und erforscht haben, aber sie ist die Einzige im modernen Hawaii, die sich dem *kapa* ganz verschrieben hat. Bevor sie mit ihrem Forschen und Experimentieren anfing, wusste niemand viel über die *kapa*-Herstellung. Selbst Pua nicht.

»Niemand konnte mir sagen, wie es gemacht wird. *Kūpuna*, die es mir hätten beibringen können – keine Rede davon«, sagt sie einfach. »Das Handwerk war seit mindestens hundert Jahren ausgestorben, als ich es wieder aufgegriffen habe.«

Samual Kamakau schrieb 1870: »Alle sind tot, die noch wussten, wie man Umhänge und Lendentücher, Hemden und Zierrat für Kleider herstellt, alles das, was den Träger würdig und stolz und vornehm aussehen lässt.«

»Es war etwas, das in Hawaii völlig verloren gegangen war«, bestätigt auch Bob. »Die Leute haben darüber geredet und manche haben sogar ihren Doktor gemacht, indem sie über *kapa* schrieben, aber die einzigen Muskeln, die sie dabei in Bewegung gesetzt haben, waren ihre Kiefermuskeln. Sie haben nicht ein einziges Werkzeug in die Hand genommen. Sie wussten nicht, wie es gemacht wird. Die *kapa*-Herstellung war für die Kultur verloren. Wir haben jemanden gebraucht, der bereit war, dem Handwerk sein Leben zu weihen – und das hat Pua getan.«

Sie hat es getan, weil es ihre Berufung ist. Sie hat das Gefühl, dass sie für diese lebenslange Aufgabe, die Tag für Tag – sieben Tage in der Woche – ihre ganze Zeit und Kraft in Anspruch nimmt, »auserwählt« ist.

»Ich bin sehr stolz, dass ich auserwählt bin. Ich denke mir, dass es so sein muss. Es war nicht mein Bestreben«, sagt sie. »Und jetzt komme ich nicht mehr davon los. Mir geht es nur gut, wenn ich *kapa* schlage. Ich schätze mich sehr glücklich, dass ich in der Lage bin, das zu machen – dass ich es liebe, dass es mich dazu drängt.«

»Die Arbeit wurde fast aus-
schließlich von Frauen gemacht
und das fasziniert mich. Ich
möchte der Welt zeigen, was die
hawaiische Frau geleistet hat und
was sie durchmachen musste,
um das Faserkunstwerk herzustellen, das am Ende dabei
herauskam. Wenn ich arbeite,
fühle ich mich wie diese hawaiischen Frau, in ihre Zeit zurückversetzt. Je mehr ich herausfinde (über *kapa*), desto besser
lerne ich sie kennen – meine
Vorfahren. Das macht mich so
stolz, man fühlt sich so geehrt, dass man ihre Arbeit berühren darf. Alle
hawaiischen Frauen haben an dieser Ehre Teil, aber sie (die frühen Hawaiianerinnen) sind die Meisterinnen. Glauben Sie mir, ich könnte das
nie, was sie geschaffen haben. Ich bemühe mich nur, in ihre Fußstapfen
zu treten.«

»Wenn sie mit mir nach Honolulu geht«, berichtet Bob, »dann
ist sie spätestens am zweiten Tag unausstehlich. Sie hat kein
kapa geschlagen und sie muss an ihre Arbeit zurück.«

Bob nimmt es seiner Frau nicht übel, dass sie so viel Zeit auf
das *kapa* verwendet; im Gegenteil, er ist ihr größter Rückhalt.

»Diese Frau ist einfach umwerfend«, sagt er stolz. »Die meisten Leute meinen, dass es ein nettes kleines Hobby ist, aber das
stimmt nicht. Es ist eine sehr aufreibende Sache, für die sie alle
ihre Fähigkeiten aufbietet. Sie wurde als ›Living Hawaiian Treasure‹ geehrt (1990). Ihre Arbeit ist absolut fantastisch. Sie führt
Buch über alles, was sie gemacht hat, Schritt für Schritt.«

Bob und sein langjähriger Freund und Nachbar, Herb Kāne,
waren es auch, die Pua auf diese Beschäftigung ursprünglich aufmerksam gemacht hatten. In den frühen Siebzigerjahren lebten
die Van Dorpes auf Fidschi, wo Bob als Projektleiter mit dem

247

Aufbau eines fidschianischen Kulturzentrums beschäftigt war. Pua tat nicht viel mehr als Golf spielen, und so legten ihr die beiden Männer ans Herz, sich mit *kapa* auseinander zu setzen, das auf Fidschianisch *masi* heißt.

»Sie ist wie eine *hānai*-Schwester für mich«, erklärt Kāne. »Ich hab ihr gesagt: ›Da du nun mal hier bist, das ist etwas, was auch die Hawaiianer gemacht haben. Die hawaiische Technik ist viel ausgefeilter, viel komplexer (als die fidschianische), aber die Fidschianer haben dasselbe Grundverfahren.‹ Und ich habe gesagt: ›An deiner Stelle würde ich meine Zeit nutzen, um es kennen zu lernen.‹ Dann bin ich fortgegangen. Mir war nicht klar, wie schwierig es für sie sein würde, die Sache in die Tat umzusetzen.«

Und die Schwierigkeiten zeigten sich auch prompt.

»Ich bin auf diese kleine Insel Vatulele auf den Fidschiinseln gefahren, wo die Frauen *masi* schlagen«, erinnert sich Pua. »Als ich dorthin gegangen bin, hab ich mir gesagt: ›Na ja gut, ich tu's für Bob und Herb – warum soll ich ihnen die Freude nicht machen? Es sind ja nur fünf Tage.‹ Und ich habe meine Tochter mitgenommen; sie war ungefähr fünf Jahre alt. Ich dachte, ich würde auf einem schönen Boot reisen und von A bis Z verwöhnt werden. Wie sich herausstellte, war es ein kleines Boot – Bananen, Schweine.

Dann bin ich dahin gekommen. Musste alle fidschianischen Einweihungszeremonien über mich ergehen lassen, weil sie noch nie jemand Fremdem gezeigt hatten, wie sie ihr *masi* machen. Der einzige Grund, warum sie mich überhaupt aufgenommen haben, war, dass einer der Neffen des Häuptlings mit meinem Mann beim Aufbau des fidschianischen Kulturzentrums zusammengearbeitet hat.

Eine Fidschianerin saß links von mir, um mich zu unterweisen, und ich machte ihre Handgriffe nach – ich fing an zu schlagen. Aber ich war zu diesem Zeitpunkt mehr mit Beobachten beschäftigt. Was ich lernte, war vor allem die Ehrfurcht und Hingabe, mit der sie ihr *masi* behandelten. Es ist ihr Lebensinhalt; alles, was sie machen, ist *masi* schlagen. Damals ahnte ich noch nicht, dass es bald auch für mich mein ganzes Leben sein würde.

Es gab kein fließendes Wasser dort (auf Vatulele), keine Duschen, keine Läden, wo man Essen kaufen konnte. Die Plumpsklos draußen waren ein Riesenschock für mich. Bei Nacht haben sich alle im stockdunklen Wohnzimmer versammelt, nur mit Kerosinlampen. Unglaublich, diese Eintracht, die sich um die Lampe herum einstellte ... sie haben alle in ihrer Sprache geredet und ich habe gesagt: ›Ach, wie schön. So muss es zur Zeit meiner Vorfahren gewesen sein, wenn sie miteinander über ihr Tagwerk gesprochen haben.‹

Als ich wieder nach Hause kam (auf Fidschi), ging ich in mein Schlafzimmer. Ich habe mich zwei Tage lang in diesem Schlafzimmer eingeschlossen, um den Kulturschock zu verdauen. Ich habe mich buchstäblich zwei Tage lang eingeschlossen. Bin rausgegangen und habe versucht, mich an das zu erinnern, was ich gelernt hatte. Und dann kam mir die Erleuchtung – Moment mal, wenn ich Herb und meinen Mann richtig verstanden hatte, gab es niemanden mehr, der das hawaiische *kapa* herstellen konnte. Die Fidschianer hatten mir gezeigt, wie man *masi* macht, nicht *kapa*.

Ich hatte sechs Jahre lang Tag für Tag Golf gespielt. Ich hatte keinen Fuß in Bobs Kulturzentrum gesetzt. Es interessierte mich nicht. Aber jetzt hörte ich auf mit dem Golf und versuchte, mir in Erinnerung zu rufen, was die fidschianischen Frauen mir beigebracht hatten. Seit dem Tag hab ich nie wieder einen Golfschläger angerührt.«

Nachdem sie ungefähr fünf Monate mit *masi* gearbeitet hatte, kehrte Pua nach Hawaii zurück, um das *kapa* ihrer eigenen Kultur zu erforschen.

»Ich ging ins Bishop-Museum (in Honolulu) und ich habe hawaiisches *kapa* in die Hand genommen und untersucht und festgestellt, dass es etwas ganz anderes war. Das hier war hauchdünn, weich, nahtlos. Ich konnte nicht nachmachen, was ich in Fidschi gesehen hatte, weil sie es ganz anders machen; hawaiisches *kapa* ist viel komplizierter.

Ich sagte: ›Also gut, ich versuch's.‹ Und dann fing ich an zu experimentieren. Die Suche begann. Ich sammelte alles, was ich irgendwie auftreiben konnte, und musste feststellen, dass es nicht sehr viel war. Es war enttäuschend, deprimierend.«

»Sie war überrascht, wie viel feiner das hawaiische *kapa* war als das fidschianische und alles andere im pazifischen Raum«, sagt Herb Kāne. »Und wie viel abwechslungsreicher in seiner Verarbeitung, der Musterung, der Machart, der Stoffdicke. Sie hat angefangen zu fragen: ›Wie ist das gemacht?‹ Und niemand konnte ihr eine Antwort geben. Sie hat alle Berichte über *kapa* gesammelt, die im 19. Jahrhundert von Europäern verfasst wurden. Sie haben über das geschrieben, was sie gesehen hatten, aber keine dieser Beschreibungen war je erprobt worden. Und so hat sie mit Bobs Hilfe ein Programm aufgestellt, um jeden dieser Berichte einer sorgfältigen wissenschaftlichen Prüfung zu unterziehen.«

»Ehrlich gesagt, wusste ich nicht einmal, wie die *wauke*-Pflanze aussieht, als ich angefangen habe«, erinnert sich Pua.

Die *wauke* (Papiermaulbeerbaum) ist groß und dünn und ihre Rinde liefert fünf bis sieben Zentimeter breite Faserstreifen. Andere Pflanzen wie zum Beispiel *mamaki* wurden auch verwendet, aber *wauke* eignete sich am besten. Aus diesen fünf bis sieben Zentimeter breiten Streifen stellten die frühen Hawaiianerinnen erstaunlich elegante Kleidungsstücke und Bettdecken her. Die dünnsten, kunstreichsten *kapa*-Stoffe sind so fein wie Spitze.

Die Hawaiianer hatten auch die größte Bandbreite an Farben

und Färbemitteln. Während die meisten Inseln für ihre Schwarz- und Brauntöne bekannt sind, verfügten die Hawaiianer über Indigoblau, Violett, Gelb, Grün, Rot in verschiedenen Schattierungen und sogar Pastelltöne – Rosa und Hellblau. Sie verwendeten auch natürliche Beizen, um diese Farben zu fixieren, Beizen, die so gut waren, dass die alten *kapa*-Stücke bis heute ihre Farben bewahrt haben.

»Sie haben immer nach Vollkommenheit gestrebt«, sagt Pua über ihre Vorfahren. »Ich bin völlig in den Bann dieses Handwerks geraten, als ich entdeckt habe, wie kunstvoll diese Arbeiten waren – wie kompliziert und schwierig die Herstellung in Wahrheit war. Es gehört viel mehr dazu, als nur Fasern zu schlagen.«

Captain James King, der eine der Fahrten Cooks mitmachte, war derselben Meinung. Er schrieb 1778: »Ihre Stoffe … sind mit einer Fülle von Mustern bemalt, von einer Mannigfaltigkeit und Regelmäßigkeit der Zeichnung, die von unendlichem Geschmack und Einfallsreichtum zeugen.«

Es waren die Frauen, die *kapa* schlugen, und das machte einen Teil seiner Anziehungskraft auf Pua aus. Sie arbeiteten in einem abgetrennten Bereich (des Hauses), der ausschließlich der Herstellung von *kapa* vorbehalten war. Da *kapa*-Tuch eher Papier- als Stoffqualität hat, kann es nicht gewaschen werden, und *kapa*, das zu Alltagskleidung verarbeitet wurde, hielt höchstens einen Monat lang, so dass das *kapa*-Schlagen eine Endlosarbeit war, die Tag für Tag weiterging.

»Die Arbeit wurde fast ausschließlich von Frauen gemacht und das fasziniert mich. Die Welt soll wissen, was die hawaiische Frau geleistet hat und was sie durchmachen musste, um das Faserkunstwerk herzustellen, das am Ende dabei herauskam. Wenn ich arbeite, fühle ich mich wie diese hawaiische Frau, in ihre Zeit zurückversetzt.

Je mehr ich herausfinde (über *kapa*), desto besser lerne ich sie kennen – meine Vorfahren. Das macht mich so stolz, man fühlt sich so geehrt, dass man ihre Arbeit berühren darf. Alle hawaiischen Frauen haben an dieser Ehre teil, aber sie (die frühen Hawaiianerinnen) sind die Meisterinnen. Glauben Sie mir, ich könnte das nie, was sie geschaffen haben. Ich bemühe mich nur, in ihre Fußstapfen zu treten.

Ich forsche immer noch. Ich mache immer wieder neue Experimente, viele davon mit Farbstoffen. Ich schlage immer noch Fasern und wahrscheinlich werde ich nie zufrieden sein. Ich werde nicht aufhören. Es wird mein Leben lang so weitergehen. Und ich liebe es.«

Für eine *kilohana* (Bettdecke), die Pua angefertigt hat, musste sie 500 Stunden lang *kapa* schlagen. In dieses große Stück hüllte sie sich bei der Seligsprechungs-Zeremonie für Pater Damien de Veuster ein. Damien war der Priester, der sein Leben den Leprakranken geweiht hatte, die Ende des 19. Jahrhunderts auf der Insel Moloka'i lebten. Als er starb, wurde er dort begraben, doch 47 Jahre später wurde seine sterbliche Hülle nach Belgien zurückgebracht, zur großen Bestürzung der Menschen, denen er auf Hawaii geholfen hatte.

Im Zuge seiner Seligsprechung 1995 wurde beschlossen, dass seine rechte Hand nach Moloka'i zurückkehren sollte. Pua wurde gebeten, zwei *kapa*-Tücher anzufertigen, die die Hand umhüllen sollten.

Es war eine große Ehre für sie. Als Kind wurde sie von Herz-Jesu-Priestern unterrichtet, demselben Orden, dem auch Damien angehörte, und jetzt war sie diejenige, wie sie voller Ehrfurcht sagt, »die seine Hand umhüllen darf«. Sie ist mit einem weißen und einem schwarzen *kapa*-Tuch nach Brüssel geflogen und wurde während der Zeremonie gebeten, die Reliquie zu verhüllen.

Im Allgemeinen steht sie weniger im Rampenlicht. Ihre einsame Arbeit führt sie nicht weiter fort als in ihr ländliches Zuhause auf Big Island. Nur einmal noch wirkte sie dank ihrer *kapa*-Künste an vorderster Front – 1989, als eine Gruppe von Frauen unter ihrer Anleitung 1.018 *kapa*-Tücher anfertigte, um die sterblichen Überreste von 1.018 Ahnen beizusetzen, die beim Bau eines neuen Hotels auf Maui ausgegraben worden waren. Als die Gebeine ans Tageslicht gekommen waren, hatten die Hawaiianer erreicht, dass das Hotel vom Friedhofsgelände weg versetzt und die sterblichen Überreste ihrer Ahnen in die Erde zurückgebettet wurden.

Pua verbrachte einen Tag auf dem Friedhofsgelände, und als sie am nächsten Morgen aufwachte, war ihr Entschluss gefasst. »Ich musste es tun. Das waren meine Vorfahren. Ich musste alles für sie tun, was in meiner Macht stand. Das war meine Pflicht. Es war sonst keiner da, der es tun würde.«

Sie wusste jedoch, dass sie es niemals allein schaffen würde, und so trommelte sie zehn Frauen zusammen und zeigte ihnen, wie man *kapa* schlägt – was sie dann vier Monate lang machten, zehn Stunden täglich. Nur Frauen, in deren Adern hawaiisches Blut floss, nahm sie in ihre Gruppe auf. »Ich wusste, dass sie es können – es liegt ihnen im Blut«, erklärt sie. »Es ist ihre Vergangenheit.«

Auch Männer, besonders solche, die mit *hula* zu tun hatten, wollten helfen, aber Pua blieb hart: »Keine Männer. Das war immer reine Frauenarbeit.«

Sogar ihr Mann, der so viel über dieses Handwerk weiß, hat nie selbst *kapa* geschlagen.

»Ich habe nie ein Werkzeug in die Hand genommen und nie einen Rindenstreifen geschlagen«, gibt er zu.

»Ich würde ihn auch nicht lassen«, sagt Pua entschieden. »Das ist reine Frauensache.«

Pua nahm sich vor, all diese Toten so zu behandeln, als ob es hohe *ali'i* wären. Sie ging mit ihren Frauen zu einem alten Tempel auf Moloka'i, einem *heiau,* von dem sie wusste, dass dort in alter Zeit *kapa* für die *ali'i* hergestellt wurde. Nachdem der *heiau* von dem Gestrüpp befreit war, das in und um ihn herum wucherte, wurde er acht Stunden lang für Puas Frauen geöffnet – acht Stunden mühseliges *kapa*-Schlagen in der heißen Sonne.

Das fertige Tuch ließ sie schwarz färben – die Farbe der *ali'i* –, indem sie es in die schwarze, schlammige Erde der *taro*-Felder von Maui tauchte. Damit war die Arbeit der Frauen beendet und das *kapa* wurde den Männern überreicht, deren Aufgabe es war, die Gebeine darin einzuwickeln.

Obwohl die zehn Frauen, die ihr halfen, »mit dem Herzen bei der Sache waren«, wusste Pua, »dass keine von ihnen ihr ganzes Leben damit zubringen könnte, und das ist es, was ich mir wünschen würde. Man muss sich ganz dem *kapa* verschreiben.« Die Folge davon war, dass Pua in all den Jahren nur zwei Lehrmädchen hatte; eine davon war ihre Tochter KaPua.

Sie hofft jedoch, dass ihre Recherchen, die sie über lange Jahre fortgeführt hat, künftigen *kapa*-Produzentinnen zugute kommen werden. Wenn sie stirbt, gehen ihre Unterlagen an die Kamehameha-Schulen der Bishop-Stiftung.

Die Frauen, die einst in ihre Fußstapfen treten werden, haben den Vorteil, dass sie sich auf Berge von Aufzeichnungen und Berichten stützen können. Pua hat alle Versuche festgehalten, die sie im Lauf der Jahre durchgeführt hat, und der größte Teil ihrer Arbeit war rein experimenteller Natur.

»Sie hat in jedem Winkel irgendwelche Notizbücher«, sagt Bob. »Alle zehn oder fünfzehn Minuten unterbricht sie ihre Arbeit, wenn sie es für nötig hält, etwas aufzuzeichnen, denn alles ist ein Versuch. Es waren mehr Fehlschläge als Erfolge. Wie auch nicht? Schließlich hatte sie keinen 250-Jährigen um sich, den sie hätte fragen können.«

»Mein ganzes Bestreben, mein ganzes Leben ist die Erforschung des *kapa* – wie haben sie es gemacht?«, sagt Pua pathetisch. »Die Forschung geht weiter. Das wird mein Leben lang so bleiben und noch darüber hinaus. Das Experimentieren ist sehr schwierig. Ich glaube, meine hawaiischen Vorfahren waren Wissenschaftler, Botaniker, Chemiker.

Es steckt so viel mehr hinter der Herstellung von *kapa*. Mit klopf, klopf, klopf und fertig ist das Tuch, ist es nicht getan. Jedes *kapa* ist anders. Das Forschen hört nie auf.«

Ihre Aufzeichnungen spiegeln den jahrelangen, mühseligen Prozess wider: vom Abschälen der Rindenstreifen bis zum Einweichen im Meer, vom Trocknen und Bleichen in der Sonne bis zum erneuten Einweichen in klarem Bachwasser und zwischen jedem dieser Schritte immer wieder Schlagen, Schlagen, Schlagen.

Anfangs hatte Pua keine Ahnung, wie lange sie die Rinde einweichen musste, wie viele Tage sie sie in der Sonne trocknen sollte, wie weit sie die Rinde ausdehnen konnte. Sie wusste nur eins: dass sie nie den einfacheren Weg gehen und etwas »Modernes« machen würde.

»Mach es auf die alte Weise und es kann nie schief gehen«, sagt sie. »Machst du es dagegen auf moderne Weise, dann funktioniert es nie. Alles, was ich mache, ist schon früher so gemacht worden. Die Mittel zum Färben, alles.«

Das Färben ist eine Technik für sich – »eine eigene Kunstform«, wie Pua es ausdrückt. Obwohl sie einen ganzen Aktenschrank mit ihren Farbexperimenten gefüllt hat, ist sie der Ansicht, dass sie noch ganz am Anfang ihrer Untersuchungen über die Herstellung und Verwendung der Farben steht.

Ganz zu schweigen von den Mustern. In der Endphase wurden in alter Zeit die Stoffe mit Stempelabdrucken verziert – Muster, die äußerst kompliziert und kunstvoll waren.

In einem Zeitraum von zwanzig Jahren hat Pua vierzehn verschiedene Techniken rekonstruiert, mit denen vierzehn verschiedene *kapa*-Arten hergestellt wurden. Damit ihr *kapa* haargenau wie das *kapa* der alten Zeiten aussieht, untersucht sie Museumsstücke unter dem Mikroskop und vergleicht sie mit ihren eigenen, die sie immer weiter verfeinert, bis der Unterschied zwischen den alten und neuen kaum noch zu sehen ist.

Neun Jahre hat es gedauert, bis ihr eine dieser Techniken, ein Versuch mit *mamaki*-Rinde, perfekt geglückt ist. Sie sagt, das Herz sei ihr fast stehen geblieben, als sie unter dem Mikroskop feststellte, dass ihr modernes Exemplar mit den Fasern des alten übereinstimmte. Das sind die stillen Triumphe, die im Van Dorpeschen Haushalt gefeiert werden.

Die meiste Zeit ist die Arbeit eintönig – das pausenlose *klopf, klopf, klopf* einer Besessenen. Wie ihre Ahnen sitzt sie in einem abgetrennten Bereich draußen, einem Anbau, der ausschließlich der *kapa*-Produktion vorbehalten ist.

Wenn sie sich hinsetzt, um ihr Tagewerk zu beginnen, ruft sie zuerst die 'aumākua (Ahnenschutzgeister) des *kapa* an, Lauhiki und La'ahana . Während der Arbeit hat sie den kleinen Altar vor sich, der ihnen geweiht ist, und bittet sie um ihre Hilfe.

»Weil so vieles unbekannt ist, bitte ich sie jeden Tag um Hilfe.« Sie glaubt fest daran, dass sie unter ihrer Führung steht. »Ich weiß, dass sie mir helfen. Bevor ich mit dem Schlagen anfange, spreche ich ein Gebet – ich bitte jeden Tag um Hilfe, bevor ich anfange. Ich hab nachts oft geträumt und dann ist mir etwas eingefallen. Am nächsten Morgen hab ich mir gedacht: ›Probier dies aus, probier jenes aus.‹«

Wird es ihr nicht langweilig, immer in derselben Haltung dazusitzen, Stunde um Stunde auf den immer gleichen Rhythmus ihres Schlagens zu lauschen?

»Nein«, antwortet sie energisch. »Ich bin mit meinem Kopf ganz bei der Arbeit. Sie nimmt mich voll in Anspruch. Es ist eine

Menge Arbeit. Aber das fertige Produkt lohnt die Mühe. Das Wissen, dass ich etwas mache, was die tägliche Arbeit meiner Vorfahren war – ich glaube, das ist es, was mich in Wahrheit antreibt: zum Leben erwecken, was unsere Vorfahren gemacht haben.«

Indem sie die Kunst der *kapa*-Herstellung wieder zum Leben erweckt hat, ist Pua Van Dorpe zu einem lebenden Bindeglied zwischen gestern und heute geworden.

»Es ist nicht leicht«, sagt sie. »Aber es ist mein Erbe. Ich kann mich dem nicht entziehen.«

Marie McDonald

lei-Flechterin und Autorin

»Gib Acht, wie du deine Kinder nennst«, warnten die Hawaiianer in alter Zeit. »Sie werden danach leben, selbst wenn sie es nicht wissen.«

Das ist sicherlich der Fall bei Marie Emelia Leilehua McDonald. Als Kind wusste sie nichts über die Geschichte ihres Namens und fragte sich oft, warum sie nach etwas so Alltäglichem wie dem *lei* aus den Blüten des *'ōhialehua*-Baums genannt worden war.

»Es gab so viele Mädchen, die Lei und Lehua hießen«, sagt Mrs. McDonald, die sich oft bei ihrer Mutter über ihren Namen beklagte. Später dann habe ich herausgefunden, dass mein Name nicht einfach eine Kette aus *lehua*-Blüten ist.«

Als junges Mädchen verließ sie Moloka'i, wo sie aufgewachsen war, um an die Kamehameha-Schule in Honolulu zu gehen. »Die anderen dort hatten alle so schöne hawaiische Namen«, erinnert sie sich. »Und als ich nach Hause zurückgekommen bin, hab ich meine Mutter gefragt: ›Warum hast du mir diesen Allerweltsnamen gegeben?‹ Da hat sie mir eine Geschichte erzählt und ich bin mir sofort viel größer und besser vorgekommen als die anderen Kinder in Honolulu.

Sie hat mir erzählt, dass ich die eine Hälfte eines Zwillingspärchens war und dass mein Bruder kurz nach unserer Geburt gestorben ist. Deshalb hat meine Urgroßmutter mir diesen Namen gegeben, denn seine Bedeutung ist ›das starke Kind‹. Mein ganzes Leben lang hatte ich das Gefühl, dass ich zwei Menschen bin, nicht nur einer, weil ich meinen Bruder nicht habe. Und ich bin größer und kräftiger gebaut als alle anderen Mädchen in meiner Familie. Das ist so, als hätte ich doppelt so viele Gaben bekommen. Ich bin das starke Kind.«

Jahre später erhielt der Name Leilehua eine noch tiefere Bedeutung für sie: Ein Hawaiianer sprach sie an, als sie bei einer Vorführung im County-Park einen *lei* machte. Er fragte sie auf Hawaiisch nach ihrem Namen. Sie hatte gerade einen *lehua lei* gemacht, und als sie ihm ihren Namen sagte, gab er ihr die prophetische Antwort: »Leilehua ist ein poetisches Wort für eine *lei*-Expertin.«

Mrs. McDonald ist in der Tat die bedeutendste *lei*-Expertin von Hawaii. Sie hat sieben Jahre lang (über *lei*) geforscht und ihre Ergebnisse in einem Buch zusammengefasst, das den Titel *Ka Lei* trägt und 1978 veröffentlicht wurde; es ist bis heute das führende Werk zu diesem Thema. Für das Engagement, mit dem sie sich ihrer Kunst verschrieben hat, erhielt sie einen »National Heritage Award«, mit dem ihr Beitrag zur hawaiischen Kultur gewürdigt wurde. Im Jahr 1992 wurde sie zum »Living Hawaiian Treasure« ernannt.

»Ich lebe nach meinem Namen«, sagt sie lachend. »Das ist alles, was ich mache.« Und tatsächlich ist der *lei*, der aus der roten *lehua*-Blüte gemacht wird, ihr Lieblings-*lei*. »Meine *tūtū* (Großmutter) wusste, was sie tat. Sie hat mir den richtigen Namen gegeben.«

Was lässt sich viel über eine Blumenkette sagen? Wie kann man ein ganzes Buch über Blumen-, Muschel-, Nüsse-, Samen- und Knochen-*lei* schreiben?

Für Marie McDonald ist beides kein Problem. *Ka Lei* ist 180 Seiten stark, mit Fotos, Legenden, persönlichen Geschichten und Recherchen über das Wie und Warum, über die Mythologie, die Traditionen, die Geschichte dieser sehr hawaiischen Kunst. Hier nur ein paar Beispiele, wie aus einem Körperschmuck ein unendlich reiches Brauchtum werden kann:

- Gib nie einer schwangeren Frau einen zusammengeknoteten *lei*. Die Hawaiianer glauben, dass der Fötus daran ersticken könnte.
- Ein *lei hala* (aus der Frucht des Pandanusbaums gemacht) sollte niemals einem Politiker gegeben werden, der mitten im Wahlkampf steht – das könnte seine Niederlage bedeuten.
- Der glänzend grüne *maile lei* mit seinen ledrigen Blättern ist ein Liebling der Götter. Es heißt, wenn man eine *maile*-Pflanze riecht, ohne sie zu sehen, hat an demselben Ort einst ein Tempel gestanden.
- Da die rote *lehua*-Blüte der Göttin Pele geweiht ist, der Göttin der Vulkane, wird der *lei lehua* oft als Opfergabe in den Trichter eines rauchenden Vulkans geworfen. Wenn man die Blüten jedoch auf dem Weg zum Krater pflückt, kann das Re-

---

»Er (der *lei*) erschien auf den Feldern bei dem Bauern, der den Segen der Götter auf seine Äcker und Ernten herabrief; er war ein unverzichtbarer Schmuck für den Tänzer; er wurde von der stillenden Mutter getragen; er wurde bei den Heilungsriten des *kahuna lapa'au*, des heilkundigen Priesters, verwendet. Er war das Zeichen der Häuptlingswürde. Er wurde den Göttern dargeboten. Er war ein Symbol der Liebe und des Liebesakts. Er gehörte zu den Festen und er diente der Verschönerung des Alltagslebens. Kinder machten *lei*. Männer und Frauen machten *lei*. Götter und Göttinnen waren ihnen gewogen. Die Dichter sangen ihr Loblied.«

gen bringen, so dass es am besten ist, wenn man den *lei* an Ort und Stelle fertigt.

- Einen *ti*-Blatt-*lei* trugen die Leute, um sich zu reinigen und um böse Geister abzuwehren. Die *kāhuna* (Priester) verwendeten ihn für ihre Rituale und Heilungszeremonien.
- Der *lei* aus der Strandpurpurwinde (*pōhuehue*) hat angeblich magische, zauberische Kräfte. Surfer peitschen den Ozean mit diesen *lei*, um große Wellen hervorzurufen. Fischer schlagen die See mit ihnen, um die Fische in ihre Netze zu treiben.
- Wenn jemand krank war, trug er einen Algen-*lei* (*lei limu kala*) ins Meer und mit dem davontreibenden *lei* schwamm auch seine Krankheit fort.

In der Blütezeit der Kultur, bei den Alten, war der *lei* allgegenwärtig. In ihrem Buch schreibt Mrs. McDonald: »Er erschien auf den Feldern bei dem Bauern, der den Segen der Götter auf seine Äcker und Ernten herabrief; er war ein unverzichtbarer Schmuck für den Tänzer; er wurde von der stillenden Mutter getragen; er wurde bei den Heilungsriten des *kahuna lapa'au*, des heilkundigen Priesters, verwendet. Er war das Zeichen der Häuptlingswürde. Er wurde den Göttern dargeboten. Er war ein Symbol der Liebe und des Liebesakts. Er gehörte zu den Festen und er diente der Verschönerung des Alltagslebens. Kinder machten *lei*. Männer und Frauen machten *lei*. Götter und Göttinnen waren ihnen gewogen. Die Dichter sangen ihr Loblied.«

Über ihre eigene Zeit schreibt sie: »Meine Erinnerungen darüber, wie der *lei* mein Leben beeinflusst hat, sind keineswegs einzigartig. Jeder, der in Hawaii geboren oder aufgewachsen ist oder dort gelebt hat, ist in ganz ähnlicher Weise von der *lei*-Tradition beeinflusst und ich könnte wahrscheinlich noch viele andere Geschichten erzählen. Darin liegt auch die wahre Bedeutung des *lei*. Er besitzt eine universelle Anziehungskraft.«

Wer einen *lei* schenkt, bringt damit seine Achtung und seine Liebe für einen anderen zum Ausdruck. »Es ist nicht bloß ein Körperschmuck. Viel wichtiger ist, dass wir einen *lei* winden und verschenken, um einen Mitmenschen zu ehren«, sagt Mrs. McDonald. »Man macht ihn mit Sorgfalt, und Sorgfalt, das ist für mich gleichbedeutend mit der Hochachtung vor der Person, für die er gedacht ist.

Ich habe Charles Kurat (einem verstorbenen amerikanischen Journalisten) gesagt, dass einer der Gründe, warum wir einen *lei* schenken, die Würdigung einer Leistung ist. Er hat zu mir gesagt: ›Als ich das erste Mal in Honolulu war, hab ich nichts Großartiges gemacht, ich war bloß auf der Durchreise. Ich war ein Niemand und trotzdem haben sie mir einen *lei* geschenkt.‹ Und ich hab gesagt: ›Doch, natürlich waren Sie jemand. Niemand ist ein Niemand.‹«

Man muss allerdings den richtigen *lei* schenken. Als Beispiel für den falschen *lei* zur falschen Zeit erzählt Mrs. McDonald die folgende Geschichte über sich selbst: »Ich bin ins Krankenhaus gegangen, um meine Mutter in ihren letzten Lebenstagen zu besuchen, und ich hatte noch diese ganzen Frangipani-*lei*, die mir umgehängt worden waren, und da hab ich sie mitgenommen, weil ich dachte, dass sie sich darüber freuen würde. Ach, sie hat mich schnurstracks wieder rausgeschickt. Sie hat gesagt: ›Geh raus hier. Geh sofort raus hier.‹ Sie hat verlangt, dass ich die *lei* fortschaffe, also hab ich sie abgenommen und bin wieder reingegangen und sie hat gesagt: ›Ich hab dir gesagt, du sollst draußen bleiben.‹ Ich habe immer noch nach Frangipani gerochen. Mein Bruder Dick hat gesagt: ›Dummkopf. Das sind *make*-Mann-Blumen.«

Da Frangipani in trockenem, nährstoffarmen Boden gedeihen, findet man sie häufig auf Friedhöfen und deshalb heißt der Frangipani-*lei* »*make*-Mann-*lei*« – Totenblumen. »Wenn man sich auf den älteren Friedhöfen umschaut, stellt man fest, dass es dort viele Frangipanibäume gibt«, erklärt Mrs. McDonalds. »Die Hawaiianer haben *lei* aus den Blüten geflochten und sie den Toten gegeben. Es gab keine Einbalsamierungen in ländlichen Gegenden wie Keʻanae oder Hāna oder Kaʻū. Man musste zu weit gehen, um die Toten einbalsamieren zu lassen. Wenn also der Tote zur Schau gestellt wurde, hat man den Verwesungsgeruch mit süß duftenden Blüten überdeckt und am häufigsten hat man Frangipaniblüten dafür verwendet.«

Hawaii ist zwar als Land der *lei* bekannt geworden, aber in Wahrheit waren *lei* überall auf der Welt verbreitet.

»Die ganze *lei*-Tradition stammt wahrscheinlich vom asiatischen Kontinent«, sagt Mrs. McDonald. »Es gibt viele südasiatische Völker, die noch *lei* in irgendeiner Form machen – die Inder, die Thailänder. Im Grab von König Tutenchamun wurden Hinweise auf Blumen-*lei* gefunden.

Die Griechen hatten *lei*. Sie wanden *lei* als Kränze für ihre Köpfe und überreichten *lei,* um bestimmte Leistungen zu würdigen. Sie brachten *lei* bei den olympischen Spielen dar. Sie verliehen ihren großen Staatsmännern Oliven- und Lorbeer-*lei*. Und die Oliven- und Lorbeer-*lei* sind unseren *maile lei* sehr ähnlich, folglich gibt es hier eine Verbindung.

Als die Menschen den Pazifikraum besiedelten, nahmen sie die *lei*-Tradition mit und mit jeder Etappe veränderte der *lei* sich ein bisschen. Schließlich kam er nach Hawaii und die Hawaiianer führten die *lei*-Tradition, wie so viele andere Künste und Handwerke der Völker des Pazifiks, zu ihrer vollen Blüte.

Ich habe mich auf ein paar anderen pazifischen Inseln umgeschaut und da habe ich festgestellt, dass sie dort ein, zwei, vielleicht auch drei verschiedene Methoden der *lei*-Herstellung haben. Die Hawaiianer hatten sechs. Das liegt vielleicht daran, dass Hawaii Inseln mit höheren Berghängen hat und folglich eine größere Pflanzenvielfalt. Auf einer niedrigen, flachen Koralleninsel würde man nicht viele Blumen vorfinden. Wir haben die richtigen Bedingungen, um eine große Anzahl unterschiedlicher Pflanzen zu züchten.«

Und daher: »Hawaii hat den *lei* weltberühmt gemacht. Wenn man von *lei* redet, denkt man nicht an diese anderen Orte, man denkt an Hawaii.«

Dennoch fürchtet Mrs. McDonald, dass diese sehr hawaiische Tradition ihre Vorrangstellung verlieren könnte, wenn die hawaiischen Pflanzen nicht kultiviert und geschützt werden.

»Können Sie sich vorstellen, dass Sie am Flughafen von Honolulu mit einem frischen Orchideen-*lei*, made in Singapur oder Thailand, begrüßt werden?«, fragt sie, um ein Beispiel zu geben. »Mag sein, dass wir unsere alten Künste in den letzten dreißig Jahren wieder belebt haben, aber wir haben wenig getan, um die Rohstoffe zu schützen, die wir brauchen, um sie auszuüben. Zum Beispiel importieren wir Kürbisse, um *hula*-Trommeln daraus zu machen, *lau hala* zum Flechten von Matten, Federn, *kukui*-Nüsse, sogar Blüten für *lei*. Auf der Liste der gefährdeten Pflanzenarten stehen auch eine Reihe von *lei*-Pflanzen. Wenn wir als eigenständige Kultur überleben wollen, müssen wir diese pflegen und unsere Umwelt schützen.«

Sie will gefährdete einheimische Pflanzen retten, aber das bedeutet nicht, dass Mrs. McDonald die Verwendung von importierten Pflanzen zur *lei*-Herstellung ablehnt. Die alten Hawaiianer haben ihre *lei* aus allem gewunden, was ihnen zur Verfügung stand, und das gilt auch für eine gute *lei*-Flechterin von heute.

»Ich hab nichts dagegen, importierte Materialien zu verwenden«, sagt Mrs. McDonald. »Ich denke, dass das eher für Kreativität spricht. In meinen Augen ist das *lei*-Machen tatsächlich eine Kunst; ich sehe es nicht einfach als gewöhnliche, weltliche Sache, jedenfalls nicht, so wie wir unsere *lei* machen. Wer kreativ ist, nimmt, was sich anbietet, ob importiert oder nicht, und das war auch in der Vergangenheit so.

Wenn die Archäologen und Historiker in ein paar tausend Jahren die Fossilien unserer Zeit ausgraben, werden sie den Unterschied zwischen uns und unseren Vorfahren benennen können. Jeder von uns wird bestimmte, abweichende Merkmale in seinen kulturellen Mustern hinterlassen haben, indem er neue und andere Materialien in kreativer Weise einsetzt.

Wenn Hawaiianer Materialien für einen *lei* auswählen, gehen sie vor allem nach dem Duft und erst in zweiter Linie kommt die Farbe, dann die Bewegung in Betracht. Der *lei* dient dazu, den Tanz zu verschönern. Im Tanz ist Bewegung, und wenn man einen *lei* trägt, der sich bewegt, zieht er die Aufmerksamkeit auf sich. Würde er still liegen, dann würde man vielleicht nicht auf den Ausdruck im Gesicht des Tänzers achten. Aber weil er sich bewegt, zieht er die Blicke auf sich.

Lei hala (kleine Früchte des Pandanus- oder *hala*-Baums) war eine der *lei*-Arten, die häufig beim Tanz verwendet wurden. Bei meinen Recherchen fand ich heraus, dass mehr über den *hala lei* geschrieben wurde als über alle anderen *lei*. Er hat einen angenehmen Duft, der sich lange hält, besonders auf nackter Haut. So wie *maile*. Selbst wenn man ein Bad nimmt, kann man ihn nachher noch riechen, wenn er dicht an der Haut getragen wurde. Er hat Öle in den Blättern, die an der Haut haften bleiben. *Maile* riecht besser, nachdem es auf der Haut getragen wurde.

Wenn die Tänzer in die Wildnis zum Sammeln gingen, waren sie sehr vorsichtig beim Auflesen der Materialien, weil diese Dinge *kino lau* waren oder eine andere Gestalt ihrer Schutzgöttin (der Göttin Laka). Sie hüteten sich, auf Pflanzen zu treten oder den Wald zu verwüsten, denn sie wussten, das alles war eine andere Gestalt der Schutzgöttin, der Gottheit, die sie mit ihren Tänzen ehrten. Sie sammelten nur, was sie brauchten.

Vor dem Sammeln sprachen sie Gebete und erhielten die Erlaubnis zu ernten, was sie brauchten. Dann gab es eine richtige Zeremonie, mit der sie sich für die Vorführung bereitmachten. Immer wenn sie in einem bestimmten Aufzug erschienen, gab es ein Lied, das dazugehörte.«

In ihrem Buch erläutert Mrs. McDonald die Bedeutung des *lei* für den *hula* mit folgenden Worten: »Durch den *lei* wird der Tänzer inspiriert, sein Bestes zu geben, denn im *lei* zeigt sich die Göttin Laka persönlich, in einer anderen Gestalt – *kino lau*.«

Ein ganz besonderer, sehr tiefgründiger alter *lei* ist der *lei niho palaoa*, ein hakenförmiger Anhänger, der aus dem Zahn eines Pottwals geschnitzt und an dünnen Flechten aus Menschenhaar festgemacht ist. Es ist kein x-beliebiges Menschenhaar, sondern Haar von den Ahnen der Person, die den *lei* trägt.

In ihrem Buch schreibt Mrs. McDonald: »Er wurde als Zeichen gesellschaftlichen Ranges getragen und weitergegeben, um eine Generation mit der nächsten und übernächsten zu verbinden und so das Erbe eines Menschen und die Familienbande zu festigen, die von überragender Bedeutung waren. Man nimmt an, dass der zungenförmige Anhänger die Autorität der herrschenden Klasse symbolisierte.«

Aus ihrer Kindheit erinnert sie sich: »Ich war vierzehn, als ich zum ersten Mal einen gesehen habe. Ich habe gesagt: ›Was, die haben Menschenhaar genommen? Igitt. Das sind doch Kannibalen, Wilde.‹

Mit vierzehn begreift man das wohl nicht, zumal meine Erziehung bis zu diesem Zeitpunkt und bis ich ans College kam, vollständig verwestlicht war und ich gar kein oder nur wenig Wissen über mein kulturelles Erbe hatte.

Aber das Haar in diesem Furcht erregenden *lei* war kein x-beliebiges Haar. Das Haar war von Menschen aus meiner Familie. Die Zahl der Flechten wuchs mit jeder neuen Generation in dieser Familie. Sie bewahrten etwas von all diesen Generationen auf und trugen es. Als ich das erfahren hatte, bekam ich eine ganz andere Einstellung dazu. Es ist ein Verwandtschaftszeichen.

Es heißt, dass die Frauen größere *lei* getragen haben, viel mehr menschliche Haarschlingen und größere zungenförmige Anhänger.«

Heute sieht man *lei niho palaoa* fast nur noch in Museen und Mrs. McDonald hat nur einmal einen gefunden, der zum Verkauf angeboten wurde. Sie hat ihn nicht gekauft, denn »ich würde keinen tragen, wenn ich nicht mit der Familie verbunden wäre.«

Sie wird oft gefragt, wie man einen Blumen-*lei* »haltbar« machen könne, und es kostet sie große Überwindung, die Leute nicht anzufauchen: »Ihr könnt ihn ja vergolden!«

»Das regt mich wirklich auf«, sagt sie, »weil es ja gerade nicht der Sinn eines *lei* ist, dass er ewig hält. Was bleiben soll, ist die Idee, der Grund, warum man den *lei* geschenkt hat, die Gedanken, die in ihn eingeflossen sind. Worte können schön sein, aber manchmal ist ein ›Ich liebe dich‹ nicht genug. Wenn man es mit etwas so Schönem wie einem *lei* sagt, weiß man, dass große Kraft darin steckt.«

Elizabeth Lee
lau hala-Flechterin

Elizabeth Lee hat vor über 50 Jahren angefangen, Hüte zu flechten, die sie für 20 Cent pro Stück verkaufte. Heute bekommt sie für ihre besten *hula*-Hüte zwischen 600 und 1.000 Dollar. Sie ist eine der letzten und besten einer sehr seltenen Spezies der *lau hala*-Flechterinnen von Kona Coast auf der Insel Hawaii, gemeinhin Big Island genannt.

Eine ihrer Schülerinnen, Lynne Hanks, eine jüngere Flechterin, die auf Maui lebt, sagt, es sei eine Ehre, mit einer Frau zu arbeiten, die so viel Talent und Charakter habe.

»Anfangs war mir nicht bewusst, was für ein Glück ich hatte, dass Auntie Elizabeth mich als Lehrling bei sich haben wollte«, sagt Lynne Hanks. »Sie ist die Beste. Bei weitem die Beste. Sie ist sehr bescheiden und sie würde das niemals von sich selbst sagen, aber ihre Arbeit ist einfach phänomenal. Der Hut, den sie trägt – so was macht heute niemand mehr. Es ist eine sehr feine Flechtart. Es ist ein Elizabeth Lee-Hut – das ist ein begehrter Markenartikel, so wie ein Stetson oder ein Bailey oder ein Panamahut. Und sein Wert wird mit den Jahren nur größer werden, wie bei einer Antiquität.

Inzwischen weiß ich auch, was für ein großartiger Mensch sie ist. Ich lerne viel mehr von ihr als nur Flechten. Sie ist so offen. Jeder Hut, den sie macht, ist ein Werk der Liebe. Sie haut die Sachen nicht einfach so zusammen. Jedes Stück von ihr kommt von Herzen.«

»Ich lege meine ganze Liebe in die Arbeit, denn es kommt mir

»Ich lege meine ganze Liebe in die Arbeit, denn es kommt mir aus dem Herzen, und ich möchte es weitergeben. Wenn man das, was man hat, nicht von Herzen gibt, nicht alles teilt, was man hat, dann ist es wertlos.«

aus dem Herzen und ich möchte es weitergeben«, sagt Auntie Elizabeth. »Wenn man das, was man hat, nicht von Herzen gibt, nicht alles teilt, was man hat, dann ist es wertlos.«

Lau hala-Flechten war ein bedeutendes Handwerk im alten Hawaii. *Lau hala* sind die Blätter (100 bis 120 cm lang) des *hala*- oder Schraubenbaums (Gattung Pandanus). Der *hala*-Baum war sehr wichtig in Polynesien und man nimmt an, dass ihn die Tahitianer nach Hawaii mitgebracht haben, als sie sich dort ansiedelten. Sie verwendeten *lau hala,* um Körbe zu flechten, Häuser zu decken, Bodenmatten, Schlafmatten und Segel für Reisekanus herzustellen.

Mit der Einführung von westlichen Artikeln wie Betten, Teppichen und Segeltuch sank dieses zeitraubende Handwerk zur Bedeutungslosigkeit herab und einige der alten Techniken gingen verloren. Zum Beispiel weiß man nicht mehr, wie Segel geflochten werden, die in den Meeresstürmen nicht zerreißen, die eine lange Seereise überstehen können.

272

Die Hutflechterei, die ebenfalls beinahe ausgestorben wäre, konnte sich dank solcher Oldtimer wie Auntie Elizabeth in einer winzigen Nische behaupten. »Wer soll es denn sonst tun?«, fragt sie achselzuckend. »Besonders jetzt. Ich möchte unsere Kultur gern weiterführen, weil es wichtig für die jungen Leute ist, all das zu lernen. Wir haben die westliche Kultur und wir haben unsere und wir wissen nicht, wo wir eigentlich stehen. Ich halte es für meine Pflicht, diese Kunst an die jungen Leute weiterzugeben.

Ich kann sie nicht mit mir nehmen. Um die Wahrheit zu sagen, ist das der Grund, warum vieles von unserer Handwerkskunst verloren gegangen ist. Ich erinnere mich, wie sie damals, vor langer Zeit, gesagt haben: ›Ich bringe dir diese Sache bei, aber du darfst es niemand anderem zeigen, weil es unseres ist – unser Muster, mein Muster, mein Hutstil.‹ Und was hat es uns gebracht? Dass heute kaum noch etwas erhalten ist.

Ich stelle fest, dass es den jungen Leuten draußen ein großes Bedürfnis ist, etwas zu lernen. Ich möchte so viele Leute unterrichten, wie ich nur kann.«

Doch selbst sie hat eine Zeit lang aufgegeben. Das *lau hala*-Flechten hatte keinen Platz mehr in der Welt, in die sie hineinwuchs. Elizabeth hatte Hüte gemacht, seit sie sechs Jahre alt war, aber in den Fünfzigerjahren stand der Aufwand in keinem Verhältnis mehr zu dem geringen Lohn, den die Flechter dafür bekamen. Die Zuckerrohr- und Ananasplantagen hatten einst *lau hala*-Hüte für ihre Arbeiter gekauft, aber jetzt wurden die Hüte in der Fabrik hergestellt und waren wesentlich schneller und billiger zu haben.

»Nach dem Zweiten Weltkrieg wurde der *lau hala*-Hut nicht mehr gebraucht, weil das Geld so leicht hereinkam«, erklärt sie. »Man hat gearbeitet, man hat 50 Cents pro Stunde verdient, vier Dollar pro Tag. Die Leute sind faul geworden. Sie wollten nicht mehr hart arbeiten. *Lau hala,* das war Schrott für sie. Sie konnten sich nicht vorstellen, dass es etwas Wertvolles ist. Also hat niemand mehr geflochten. Ich selbst hab auch nicht geflochten, weil es keine Nachfrage mehr gab.

In den Sechzigerjahren bin ich wieder darauf zurückgekommen und hab angefangen, für meine Familie zu flechten. Ich hab langsam befürchtet, dass ich es verlerne, wenn ich es nicht ausübe. Nur gut, dass ich meine (Hut-)Formen und die Werkzeuge von meiner Mutter nicht verloren habe.«

Im Lauf dieses Jahrzehnts wurde sie von der »State Foundation on Culture and the Arts« (Staatliche Kunst- und Kulturstiftung) »entdeckt«, einer Organisation, die das Interesse an den hawaiischen Traditionen wiederzubeleben versucht. Von da an wurde Auntie Elizabeth eine der berühmtesten *lau hala*-Flechterinnen im Staat.

»Ich war damals ein Niemand«, sagt sie im Hinblick auf ihren heutigen Ruhm. »*Lau hala* hat mich dorthin gebracht, wo ich heute bin. Ich bin sehr dankbar dafür. Ich danke dem Herrn – für alles, was ich heute habe. Er hat es mir gegeben. Er hat mir das Bedürfnis und die Kraft und die Inspiration gegeben. Ich bin dankbar, dass ich dieses Wissen weitergeben konnte. Ich habe erst jetzt begriffen, dass es etwas Wertvolles ist.«

»Ich habe keine große Schulbildung genossen. Als wir (Auntie und ihr Bruder) zum ersten Mal in die Schule gegangen sind, haben wir uns gefürchtet, weil wir kein Englisch sprechen konnten. Wir waren so schüchtern und ängstlich. Es war hart. Die, die Englisch sprechen konnten, die westliche Sprache, bildeten sich ein, sie seien was Besseres als wir. Damals hat kein hawaiisches Kind Englisch gesprochen, wir haben Pidgin gesprochen. Niemand konnte uns zu Hause helfen – wir haben unseren Eltern Pidgin beigebracht. Wir waren richtige Landpomeranzen.«

Bis sie in die Schule ging, sprach Elizabeth nur Hawaiisch, dann lernte sie im Umgang mit ihren Klassenkameraden Pidgin und in der Schule wurde sie in Englisch unterrichtet. Pidgin ist eine Sprache, die in Hawaii aufkam, als zahlreiche Völker, die alle ihre eigene Sprache mitbrachten, Ende des 19. und Anfang des 20. Jahrhunderts ins Land geströmt kamen, um auf den Zuckerrohrplantagen zu arbeiten. Es ist ein Sammelsurium aus mehreren Sprachen, hauptsächlich Englisch, mit einer eigenen Syntax und Grammatik.

»Und jetzt habe ich durch mein *lau hala* genug Mut gefasst, um hinauszugehen und zu reden, so gut ich kann«, sagt sie.

Auntie Elizabeth stammt aus einer Familie mit vierzehn Kindern. Ihr Vater war Rechtsanwalt und Richter, aber Auntie Elizabeth wurde mit ihrem Bruder zusammen von Verwandten ihres Vaters adoptiert, die nicht so wohlhabend waren, was aber für Elizabeth nie eine Rolle spielte. *Hānai* (adoptierte) Kinder sind nichts Ungewöhnliches in Hawaii.

»Ich bin wirklich dankbar, dass es so gekommen ist – meine Adoptiveltern haben mich zu sich genommen und aufgezogen. Meine Tante (ihre Adoptivmutter) konnte keine Kinder mehr bekommen. Meine Eltern hatten zu viele Kinder. Deshalb haben sie sich an meinen Dad gewandt. Sie haben miteinander geteilt, was sie hatten. Damals haben die Leute sich zusammengetan und gemeinsam für ihre Kinder gesorgt. Es gab keine Trennung. Die Hawaiianer waren wie eine große Familie. Es gab viel mehr Nähe, viel mehr Liebe und Disziplin. ›Das ist mein Kind und wehe, du rührst mein Kind an!‹, so was hat es damals nicht gegeben. Wir haben heute nicht mehr die Nähe, die es früher gab.

Ich glaube, dass es ein Vorteil für mich war. Wir wurden sehr natürlich aufgezogen, nicht so, dass uns alles auf dem Silbertablett serviert wurde. Wir haben gearbeitet für das, was wir hatten. Unser Dad war ein sehr wichtiger Mann im Bezirk, er hat in der Legislatur mitgewirkt, hat auf der Richterbank gesessen. Er war Anwalt. Sie waren viel wohlhabender als wir, aber wir haben uns nichts daraus gemacht.

Wir wurden sehr hawaiisch erzogen. Wir wurden zum Sparen

angehalten. Es gab keine Verschwendung. Wasser zum Beispiel – wir mussten sehr vorsichtig damit umgehen, weil wir auf das Wasser aus der Regentonne angewiesen waren.

Damals gab es keine Arztrechnungen bei uns. Meine Mutter wusste, welche Medizin man bei Husten oder Erkältung oder Fieber oder Windpocken nehmen musste. Wenn wir Fieberbläschen hatten, kannte sie die richtigen Kräuter dafür.

Wir hatten *taro* und Süßkartoffeln und damit wuchsen wir auf. Es gab nichts aus dem Laden, so wie Dosenwaren. Wir aßen *taro*-Knollen, die Stängel und die grünen Blätter. Da waren viele Vitamine drin, was wir aber nicht wussten. Wir aßen es einfach, weil es alles war, was wir hatten. Wir bekamen jeden Tag dasselbe Essen.

Papa ist auf Wildschweinjagd gegangen. Und damals war das Land so frei, jeder konnte gehen, wohin er wollte; da war keiner, der ankam und ›Privatbesitz‹ sagte.

Fische und Algen, wir haben alles aus dem Meer gegessen. Wenn damals ein Netz ausgeworfen wurde, dann war es rappelvoll mit Fischen. Ein oder zwei Netze voll – das war genug für die Familie. Wir haben nur genommen, was wir brauchten, und den Rest haben wir wieder reingeworfen. Keine Verschwendung. Heute kriegt man nie genug, nicht mal mit zwei Netzwürfen.

Die Woche über haben wir *taro* geerntet und am Wochenende haben wir mit Kochen angefangen. Am Samstag haben wir es zu *poi* gerieben, mindestens den halben Tag. Es war wie ein Wettbewerb. Mein Bruder war im Vorteil, weil er mit unserem Papa zusammengearbeitet hat, und ich mit unserer Mama. Jeder von uns hatte ein großes Reibebrett. Mein Bruder und mein Papa hatten das große. Wir reiben *taro*, spüren das Klatschen des Steins in unserer Hand und hören das Platzen im *poi*. Und es macht Spaß. Allein schon das Knallen im *poi*. Wer macht die lautesten Geräusche, wer macht den glattesten *poi*, wer macht die größte *ukele* (Menge)?«

Von ihrer *hānai*-Mutter haben die kleine Elizabeth und ihr Bruder flechten gelernt. Nachdem sie tagsüber im *taro*-Feld gearbeitet hatten, setzte sich die Familie am Abend zum Flechten zusammen.

»Wir haben uns damals keine Gedanken über das Warum gemacht. Wir haben es einfach gemacht. Es war unser Lebensunterhalt. Es wurde nicht als Frauenarbeit angesehen«, erklärt sie. »Es war ein Familienhandwerk. Ich weiß noch, wie meine Mutter mich mit sechs Jahren an die Arbeit gewöhnt hat. Es gab nur zwei Dinge: Feldarbeit und Flechten. Meine Mama hat Matten geflochten, die einzig zum Schlafen verwendet wurden. Dann gab es Matten, auf denen wir gehen oder flechten konnten. Ins Schlafzimmer ist man nur gegangen, wenn es Zeit zum Schlafen war. Jeder von uns hatte seine eigene kleine Matte auf der großen. Wenn wir morgens aufgestanden sind, haben wir sie zusammengerollt und weggelegt. Keine Betten, geschlafen wurde direkt auf dem Boden. Auf dem Boden schlafen war gut für den Körper, macht deine Knochen stärker. Auf etwas Weichem schlafen, davon hielten sie nichts, weil es einen zu träge macht und weil dein Körper zu weich wird, das macht deinen Körper nicht stark. Sie hatten ihre eigenen Vorstellungen.

Die Hüte waren damals sehr wichtig für die Plantagen. Es gab nicht die Hüte von heute, sie waren auf *lau hala*-Hüte angewiesen. Sie werden es nicht glauben – 20 Cents pro Hut hat man damals bekommen. Wir waren tagsüber draußen auf dem Feld und abends haben wir geflochten. Wir haben vielleicht einen halben Hut pro Abend gemacht. Wir haben es nicht zum Hauptberuf gemacht. Der *taro* war viel wichtiger als der *lau hala*-Hut.

Meine Mama hat zuerst das Kopfteil gemacht und auf den Block gesetzt und ab da hab ich mit meinen sechseinhalb Jahren weitergemacht. Das Schwierige daran ist das Zugeben, das Einspleißen von diesen kleinen Stückchen.

Sie wissen ja, wie Kinder sind, Kinder wollen spielen. Aber

wenn Mama redet, dann folgt man besser, sonst sagt sie: ›Wenn du jetzt nicht arbeitest, hast du nachher kein Essen auf dem Tisch.‹ Also müssen wir aufhören und an die Arbeit zurückgehen – sei es zum Löchergraben, wenn wir *taro* oder Süßkartoffeln anpflanzen, oder zum Flechten.«

Die Flechtarbeit selbst und das Vorbereiten der *lau hala*-Blätter hat sich seit den alten Zeiten nicht geändert. Die Blätter werden vom Boden aufgesammelt oder vom Baum abgezupft, wenn sie braun sind. Einige sind dann schon von Fäulnis und Schimmel befallen und die meisten schmutzig und wurmig. Zu allem Übel sind die Blätter mit sehr scharfen Dornen gespickt, die man abstreifen muss.

»Das ist harte Arbeit«, gibt Auntie Elizabeth unumwunden zu. »Es ist schon viel Arbeit, bevor man überhaupt ans Flechten kommt – abstreifen, die Dornen abknicken, die besten aussuchen.«

Ihre Schülerin Lynne Hanks schildert das Ganze etwas drastischer: »Am ersten Tag, als ich bei ihr gelernt habe, wie man *lau hala* zum Flechten vorbereitet, habe ich ausgesehen, als ob ich in eine Rauferei geraten wäre. Diese Dornen sind übel. Bei ihr sieht es ganz leicht aus, aber man braucht eine Menge Übung dafür. Sie ist eine Meisterflechterin. Sie hat ganz Recht, es ist eine elende Arbeit. Elend und hart.«

»Beim Blätterabzupfen kommen massenhaft Kakerlaken, Eidechsen, Spinnen heraus. Sie werden mit dem *lau hala* eingeschleust.« Auntie Elizabeth lacht.

»Man sammelt das *lau hala,* man schneidet die Stängel, entfernt die Spitze. Man muss das *lau hala* zurechtstutzen. Das Stück hier ist nicht gut«, sagt sie und hebt ein paar Stücke zur Ansicht hoch. »Sehen Sie die ganzen Punkte hier? Das da drin ist Wasserfäule. Das *lau hala* ist alt. Dieser Teil hier ist Schimmel. Die Ritze hier ist Trockenfäule. Das nehme ich nicht für einen Hut. Es bricht ab, wenn man es verarbeitet. Diese Art *lau hala* ist Zeitverschwendung, weil es bereits faul ist. Das hier ist schönes *lau hala*.

Manche mögen dunkles *lau hala*, aber sie vergessen, dass das *lau hala* mit Wasser voll gesogen ist, deshalb die Farbe.

Normalerweise wasche ich die Blätter mit Wasser und einem Desinfektionsmittel ab, weil zu viel Schmutz und Ungeziefer an den Bäumen ist. Dann rollen wir die Blätter auf. Wir machen sie mit einem Messer weich (sie glättet eines über einem Messer, um es zu demonstrieren). In alten Zeiten hatten die Hawaiianer natürlich keine Messer, sie haben Knochen verwendet, Holzstücke. Danach schneiden wir es zum Flechten in schmale Bänder.

Viele Leute sagen, sie mögen das *lau hala*, das unten am Strand wächst. Ich nicht. Das ist nicht mein Lieblings-*lau hala*. Das *lau hala* am Strand unten wächst während der gesamten Lebenszeit der Blätter in der Salzluft. Zu viel Salzluft ist im *lau hala* angestaut. Der Doktor sagt, Salz ist nicht gut für den Körper. Und meiner Meinung nach ist es auch nicht gut für die Pflanze. Man kann es verwenden – ich sage nicht, dass man es nicht nehmen soll –, aber es ist nicht das beste *lau hala*.

In Kona gibt es das beste *lau hala*. Nach all den Jahren, die ich damit gearbeitet habe, kann ich immer noch sagen, dass ich gern mit *lau hala* aus Kona arbeite. Weil es sonnengetrocknet ist. Hilo ist zu feucht. Das *lau hala* saugt sich viel zu sehr mit Regen voll. Und das *lau hala* dort ist nicht so stark wie in Kona.«

Auntie Elizabeth signiert jeden Hut, den sie macht, auf der Innenseite. Sie gibt auch ihre Telefonnummer und das Herstellungsdatum des Hutes an.

Für ihre besten Hüte, die dicht geflochtene Sorte, die zwischen 600 und 1.000 Dollar kostet, braucht sie zwei Wochen vom Präparieren der Blätter bis zum Fertigstellen der Flechtarbeit. Die »normalen Straßenhüte«, wie sie sie nennt – die 60 bis 100 Dollar-Hüte – kann sie in eineinhalb Stunden flechten. »Das kommt ganz auf die Größe an«, sagt sie. »Wenn es ein Hut aus Kona ist, so ein kleinkrempiger Hut, mache ich fünf oder sechs Hüte pro Tag – wenn ich konzentriert arbeite, wenn ich alle Kopfteile fertig kriege und sie alle auf einen Block setze und meine ganze Zeit darauf verwende. Es kommt ganz drauf an, wie groß und wie fein. Die feineren und komplizierteren Flechtarten dauern ungefähr zwei Tage, bei acht, zehn Stunden pro Tag. Es kostet Zeit. Man braucht viel Geduld.

Manche Leute begreifen nicht, wie viel handwerkliches Können in dem Hut steckt, weil sie es nie versucht haben, und viele Leute denken, es sei Stroh – etwas, was man einfach aufliest und verarbeitet. Wer sich mit Handarbeit auskennt, der wird es zu schätzen wissen. Es gab Zeiten, da haben die Leute gedacht, es ist einfach bloß ein Hut. Aber die jetzige Generation, die gibt sich Mühe, das handwerkliche Können zu würdigen. Es ist ein Kunstwerk.«

KANU

Die alten Hochseekanus brachten die Polynesier ursprünglich nach Hawaii und es war auch das Kanu, das die Hawaiianer symbolisch zu ihrer Kultur zurückgeführt hat.

Insel um Insel erkundeten die frühen Polynesier in ihren 25 bis 30 Meter langen Kanus, mit denen sie riesige Entfernungen auf der größten Wassermasse der Erde, dem Pazifischen Ozean, zurücklegten. Ihre Erkundungsfahrten auf dem Meer fanden zu einer Zeit statt, als die Europäer die Erde noch für eine Scheibe hielten.

Es scheint, dass die Polynesier, nachdem sie all diese Inseln entdeckt hatten, ihre Hochseereisen einstellten. In den folgenden Jahrhunderten wurden keine Großkanus mehr gebaut, jetzt brauchten sie nur noch kleinere Fischer- und Kriegsboote. Gegen Ende des 18. Jahrhunderts kamen die Europäer und brachten ihre modernen Schiffe und Navigationsinstrumente mit, so dass eine Rückkehr zur traditionellen Hochseekanufahrt nicht mehr in Frage kam. Bis …

… in die Siebzigerjahre des 20. Jahrhunderts, als mit der Wiedergeburt des Kanus die aufregendste Geschichte im neuzeitlichen Hawaii begann. Wie Jo-Anne Sterling es in diesem Kapitel formuliert: »Um die hawaiische Renaissance zu verstehen, muss man zuerst die *Hōkūleʻa* verstehen.«

Die *Hōkūleʻa* war eine exakte Wiedergabe des alten Doppelrumpfkanus. Ursprünglich wurde sie gebaut, um eine wissenschaftliche These zu untermauern: dass nämlich die frühen Polynesier fähig waren, von Tahiti nach Hawaii zu navigieren, was eine monatelange Reise über das offene Meer bedeutete. Zu diesem Zeitpunkt vertraten viele Anthropologen die Ansicht, dass die damaligen polynesischen Völker zu »primitiv« für eine solche Leistung gewesen seien; sie hätten sich lediglich treiben lassen oder seien rein zufällig auf Hawaii gestoßen.

Die erste Reise der *Hōkūle'a* widerlegte diese Behauptung. Aber die *Hōkūle'a* war nicht nur ein wissenschaftliches Demonstrationsobjekt. Für die Hawaiianer repräsentierte sie eine große Kultur, die heute fast ausgelöscht ist. Die ersten Fahrten der *Hōkūle'a* in den Siebzigerjahren gingen mit einer Renaissance dieser Kultur einher.

Jo-Anne Sterling drückt es folgendermaßen aus: »Die Konzeption der *Hōkūle'a* war der Auslöser für die ganze hawaiische Renaissance … Dieses Kanu hat alles in Gang gebracht …«

Jo-Anne Kahanamoku Sterling
Federkünstlerin und Crew-Mitglied der *Hōkūleʻa*
Leon Paoa Sterling
Seefahrer und Kapitän der *Hōkūleʻa*

»Ich bin kein *kupuna*«, sagt Jo-Anne Kahanamoku in ihrer typischen Direktheit. »Und das ist kein Understatement; ich bin immer noch auf meiner Reise. Ein *kupuna*, das ist für mich jemand, der sein Handwerk richtig beherrscht. Es geht darum, die Meisterschaft zu erringen. Wenn ich also sage, dass ich noch immer auf meiner Reise bin, dann heißt das, dass ich noch immer lerne.

Mag sein, dass ich zu viel hineinlese, aber wozu dann überhaupt diese Ausdrücke verwenden?«, fragt sie herausfordernd. »In meiner Kindheit ist man nicht so leichtfertig damit umgegangen. Vielleicht verwendet man den Begriff heute eher als Ausdruck der Achtung.«

»Identität«, antwortet Leon Paoa Sterling kurz angebunden, dann fügt er verschmitzt hinzu: »Ich muss allerdings dazusagen: Ich bin ein *kupuna*. Ich bin jetzt *makule* (bejahrt, alt) und ich weiß alles.

Aber das stimmt nicht«, sagt er, nun wieder ernst, »weil jeden Tag die Sonne aufgeht, jeder Tag ist ein neuer Tag. Jeden Tag findest du etwas Neues. Wenn du nicht erkennst, was dir an diesem Tag gegeben wird oder in dieser Stunde oder in dieser Minute, wenn du es verlierst, dann radierst du es aus, weil du es nie wieder finden wirst, weil ein neuer Tag aufgeht. Wenn jemand sagt: ›Ich bin alles, was ist‹, dann ist das falsch, weil die Sonne am nächsten Tag aufgeht – es gibt einen neuen Tag, eine neue Dämmerung, ein neues Abendrot.«

Kupuna hin oder her, die Sterlings haben Verständnis dafür, dass andere sich mit Titeln schmücken.

»Man muss sich die Renaissance in den frühen Siebzigern vor Augen halten, als die hawaiische Kultur plötzlich wieder auflebte«, erklärt Jo-Anne. »In der ersten Aufbruchstimmung hat jeder dem anderen ein Etikett aufgeklebt.

Auf einmal waren alle Hawaiianer von diesem neu entdeckten Hawaiisch-Sein angesteckt. Es war ein Hochgefühl, eine Befreiung, dass man sich mit einer Kultur identifizieren konnte, die jahrelang ziemlich unterdrückt worden war. Mit dem Erfolg, dass unsere Geschichte und unsere Sprache jetzt in der Schule unterrichtet werden. Außerdem haben sich hawaiische Männer für kulturelle Dinge engagiert – tanzen, Kanu bauen, Lieder schreiben. Wir alle wurden wieder Hawaiianer.«

Was Jo-Anne Kahanamoku angeht, so hat sie ihr »Hawaiisch-Sein« und ihre Identität im Lauf der Jahre auf unterschiedliche Weise entdeckt, aber einer der wichtigsten Impulse war für sie die Kunst der Federarbeit. Jo-Anne ist auf der ganzen Insel für ihre Meisterschaft in einer alten Tradition bekannt, die sie mit wenigen anderen fortführt.

In alter Zeit waren Federumhänge und -helme Symbole der Häuptlingsklasse und die Federarbeiter hatten eine wichtige gesellschaftliche Position. »Es war tatsächlich eine der angesehensten Kunstformen – damals und heute«, sagt Jo-Anne.

»Allein die Schönheit dieser Umhänge und Mäntel – mein Gott, wenn man sich vorstellt, dass diese Dinge vor hunderten von Jahren entwickelt wurden«, sagt sie ehrfürchtig. »Es gab keine Metalle damals, keine kostbaren Steine und so wurden Federn zu Kostbarkeiten. Wenn ein Häuptling in die Schlacht ging, trug er seinen Mantel als eine Art Erkennungszeichen.«

Jo-Annes Faszination rührt von den Farben, den Mustern und der Qualität der Originale her, die sie im Museum gesehen hat.

»… Die Fähigkeit, eins mit dem Universum zu werden. Die Unendlichkeit zu erfahren, wie es auf dem Kanu der Fall war. Ich kann das Gefühl nicht beschreiben. Es ist wie ein gewaltiges Band zwischen dir und dem Universum, ein Gefühl des Einsseins – sehr heiter, sehr zufrieden.« *Jo-Anne*

»Jeden Tag geht die Sonne auf, jeder Tag ist ein neuer Tag. Jeden Tag findest du etwas Neues. Wenn du nicht erkennst, was dir an diesem Tag gegeben wird oder in dieser Stunde oder in dieser Minute, wenn du es verlierst, dann radierst du es aus, weil du es nie wieder finden wirst, weil ein neuer Tag aufgeht. Wenn jemand sagt: ›Ich bin alles, was ist‹, dann ist das falsch, weil die Sonne am nächsten Tag aufgeht – es gibt einen neuen Tag, eine neue Dämmerung, ein neues Abendrot.« *Leon*

»Wie haben sie diese Dinger nur zusammengestoppelt? So winzig, wie sie sind«, sagt sie, noch immer voller Staunen. »Heute bekommt man nirgends diese Qualität zu sehen, nicht einmal in meiner eigenen Arbeit.«

Die Federn, die in alter Zeit verwendet wurden, stammten von kleinen einheimischen Vögeln, die es nur auf Hawaii gab. Sie wurden in mühseliger Arbeit auf Seil- oder Schnurunterlagen genäht. Heute, da viele dieser einheimischen Spezies vom Aussterben bedroht oder bereits ausgestorben sind, verwenden die Federarbeiter das Gefieder von alltäglicheren Vögeln wie Fasanen, Hühnern, Gänsen und Pfauen.

Außer Jo-Anne gibt es nicht viele, die diese mühsame Arbeit machen. »Das ist etwas für ernste Leute«, sagt sie. »Die Federarbeit ist eine Lebenseinstellung. Es ist keine Sache für jedermann. Man kann es sich nicht leisten, unkonzentriert zu sein.

Ich kann meine Federarbeit nicht machen, wenn mein Mann zu Hause ist. Ich muss ganz allein sein. Ich gehe völlig darin auf. Es ist streng genommen eine Geisteshaltung.«

Für Jo-Annes Mann (und Cousin vierten Grades) ist seine Arbeit ebenfalls eine Geisteshaltung. Leons Welt ist das Meer – er ist Kapitän, Schauermann, Fischer, Handelsfahrer –, was immer sich anbietet, um ihn auf dem Wasser zu halten.

»Ich bin in O'ahu, Moloka'i und Big Island aufgewachsen«, sagt Leon. »Mein Leben hat sich immer nah am Meer oder meistens auf dem Meer abgespielt. Im Wasser sein. Tag für Tag. Wenn ich kein Wasser sehe, ist mir nicht wohl. Das *kai moana. Kai* ist Wasser. *Moana* ist der Ozean. Ein Ort, von dem aus man keine Insel sehen kann. Meine Heimat ist das Wasser und das Schiff, auf dem ich bin. Land in Sicht bedeutet das Ende, wie ein großes Stoppschild.«

»Wasser ist besser für ihn. Die Landenergie macht ihn kaputt«, stimmt Jo-Anne lachend zu.

Das Meer liegt ihm im Blut – auch seine Vorfahren waren ihm verfallen. Leons zweiter Name ist Paoa und die frühen Paoas waren Seeleute und Navigatoren, genau wie er. Leon findet immer wieder Nachkommen dieser frühen Paoas auf den Inseln, die er bei seinen Segeltouren durch den Pazifik erkundet.

»In Rarotonga (einer der Cook-Inseln) gibt es einen Ort, von dem es heißt, dass dort die Kanus in See gestochen sind, die sich auf den Weg nach Neuseeland gemacht haben«, sagt Leon. »Es ist ein heiliger Ort und es gibt dort Steine, auf denen die Kanus abgebildet sind, sieben Kanus, die die Reise angetreten haben. Eines dieser Kanus wurde von einem Paoa gesteuert.

Als ich in Neuseeland war, sind wir von einer alten Frau begrüßt worden, und der ist der Walzahn ins Auge gefallen, den ich um den Hals getragen habe und auf dem der Name Paoa eingeritzt war. Sie hat mich gefragt: ›Woher haben Sie diesen Namen?‹ Und ich habe gesagt: ›Das ist mein Name.‹ Und sie: ›Meiner auch.‹ Eine Neuseeland-Maori! ›Ich muss nach Auckland‹, hat sie gesagt. ›Ich bin bald wieder da.‹ Zwei Tage später kommt sie zurück, und was hat sie bei sich? Eine Genealogie (der Paoas), die sich auf Kanus mit den Namen der Navigatoren oder Kapitäne (alles Paoas) bezog und 87 Generationen weit zurückreichte.«

In Tahiti hat Leon sogar einen zweiten Leon Paoa gefunden, aber dieser Leon hatte seinem Seefahrererbe den Rücken gekehrt – der Tahitianer war Inhaber eines Billardsalons geworden.

Jo-Annes Familie, die Kahanamokus, waren Wassermenschen ganz anderer Art: Ihr Vater und dessen sechs Brüder machten zu Beginn des 20. Jahrhunderts als Surfer Karriere. Der Bekannteste von ihnen, Jo-Annes Onkel Duke Paoa Kahanamoku, war Schwimmchampion bei vier Olympiaden und hielt alle olympischen Schwimmrekorde, bis Johnny Weissmüller 1924 seinen Rekord im 100-Meter-Freistil um eine Sekunde überbot. Jo-Annes Vater, Sam Alapai Kahanamoku, war Freistil-Sprinter bei der Pariser Olympiade 1924.

Heute fällt die persönliche Familiengeschichte von Jo-Anne und Leon mit der Geschichte ihrer Kultur zusammen. Im Zuge der kulturellen Renaissance wurde die Vergangenheit Hawaiis zu einem unverzichtbaren Teil seiner Gegenwart und das hat das Leben der Sterlings verändert. Seit den frühen Siebzigerjahren gehören sie zu den Anführern der hawaiischen Bewegung, die sich die kulturelle Integrität zum Ziel gesetzt hat.

»Wir leben sozusagen das Gestern in Verbindung mit dem Heute«, wie Jo-Anne es ausdrückt. Die Hawaiianer, sagt sie, möchten ihre Vergangenheit ehren und achten, und doch müssen sie in der heutigen Welt leben.

»Wir können nicht zurück«, sagt Jo-Anne, aber die Sterlings vertrauen beide darauf, dass die Kultur sich fortentwickeln kann. Sie haben ihre Wurzeln erneuert und sind in den Siebzigerjahren mit der *Hōkūle'a* fortgesegelt.

»Das Kanu ist die wichtigste Schöpfung des Pazifischen Raums. Es war das Fortbewegungsmittel, die Voraussetzung für die Migration«, sagt Jo-Anne. »Ich glaube immer noch, dass die Konzeption der *Hōkūle'a* die hawaiische Renaissance ausgelöst hat. Vor den Siebzigerjahren gab es keine Männer, die *hula* tanzten, es wurden keine hawaiischen Lieder mehr geschrieben, die Sprache nicht in den Schulen unterrichtet, geschweige denn unsere Geschichte. Jeder einzelne Aspekt, ob Essen oder Tanz oder Gesang oder was auch immer, kam durch das Kanu zu Stande. Das Kanu hat hervorgelockt, was verschüttet war, die Dinge, die lange Zeit im tiefsten Schlaf gelegen haben, und es hat alles sehr, sehr aufregend gemacht.«

Aufregend war es für die Sterlings ganz bestimmt. Nach der triumphalen Rückkehr der *Hōkūle'a* aus Tahiti im Jahr 1976 machten sie eine sechsmonatige Segeltour mit, die sie durch die hawaiische Inselwelt führte, mit dem Ziel, das Kanu ihren stolzen und neugierigen Bewohnern vorzustellen.

»Für mich ist das Kanu wie ein Ahnen-Raumschiff. Es hat Gefühle dieser Art wieder aufleben lassen«, erinnert sich Jo-Anne. »Wir haben das Kanu überall hingebracht. Die Leute waren ganz aus dem Häuschen, wenn sie es gesehen haben.«

Die Sterlings und zwei andere Männer segelten von Insel zu Insel und lasen unterwegs immer wieder neue Mitglieder für ihre Crew auf, womit sie allen eine Chance gaben, die alten Segeltechniken zu lernen. In jedem Hafen wurden sie von tausenden begeisterter Anhänger und Schaulustiger begrüßt, die gekommen waren, um mit eigenen Augen zu sehen, was ihre Vorfahren geleistet hatten.

»Wir haben das Kanu von Hafen zu Hafen gesegelt und es hat

uns nicht im Stich gelassen«, sagt Jo-Anne. »Wir haben das ungefähr sechs Monate lang gemacht. Die Leute haben uns Essen gebracht, sie haben Geld gespendet und sie haben uns zu sich nach Hause eingeladen. Keiner von uns hatte Geld. Leon musste hin- und herfliegen. Er war der Einzige, der einen festen Job hatte. Er ist zum Arbeiten nach Kona und dann wieder zu uns zurückgehetzt.«

Als eines der wenigen Crew-Mitglieder, die auf dem Meer zu Hause waren, wurde Leon mit seinem Wissen anfangs dringend gebraucht. Die meisten anderen der ursprünglichen Mannschaft waren blutige Anfänger.

»Wenn ich daran denke, welch gewaltige Strecken wir auf diesem Kanu zurückgelegt haben«, sagt Jo-Anne über diese Zeit. »Tausende und abertausende von Meilen sind wir durch den Pazifik gesegelt. Ab 1980 kamen nur noch qualifizierte Leute auf das Kanu. Wir mussten im Trockendock arbeiten, Reparaturen machen, auf Tagestörns gehen. Wir mussten alles über das Kanu wissen, von Grund auf. Wir wurden sorgfältig trainiert und mussten die ganzen Benimmregeln der anderen Inseltraditionen kennen. Wir waren sehr streng, was unser Benehmen, unsere Einstellung, die Spielregeln im Team anging.«

Leon hat im Lauf der Jahre zahlreiche Reisen als Kapitän mitgemacht, angefangen mit der Ausbildungstour 1977. Und Jo-Anne ist mehrmals als Crew-Mitglied unter seinem Kommando mitgefahren.

»Es hat sich so herumgesprochen – der Typ kennt sich beim Segeln aus, er versteht was vom Meer, er weiß, wie man ein Kanu steuert«, erklärt Leon seine Rolle auf der *Hōkūle'a*. »Ich selbst seh mich nicht als Kapitän – *kāpena* heißt das auf Hawaiisch. Mein Spitzname auf dem Kanu war ›Arschloch‹.«

»O nein, Leon, bitte nicht«, stöhnt Jo-Anne und schlägt die Hände vors Gesicht. »Er ist ein sehr vielschichtiger, in sich gekehrter Mensch. Normalerweise ist er sehr still.«

Aber jetzt ist er in Fahrt und nicht so leicht zu bremsen: »Sturer Arsch und Scheißkerl … Was immer Sie wollen. Weil ich keinen Blödsinn mitmache. Ich hab keine Zeit für Spielchen. Ich bin verantwortlich für das Kanu, es ist mein Job, dafür zu sorgen, dass niemand zu Schaden kommt und dass das Boot nicht zu Schaden kommt, dass das Boot in Einklang mit den Dingen ist, mit denen es fertig werden muss.«

Jo-Anne: »Darf ich unterbrechen? Nur, damit Sie wissen, wovon er redet. Erstens einmal ist das Kanu ein Doppelrumpfboot, es ist keine Luxusjacht, es ist ein Arbeitskanu. Man lebt unter widrigen Umständen. Die Bedingungen an Bord sind nicht dieselben wie auf einem Dampfer. Man muss immer und überall wachsam sein. Man muss seine Arbeit machen. Ich glaube, das ist es, worauf er hinauswill – diese Sorge, die er hat –, weil jeden Augenblick, im Bruchteil einer Sekunde, etwas passieren kann und man darauf reagieren muss.«

Leon führt als Beispiel die Geschichte eines Crew-Mitglieds an, das im Dunkel der Nacht über Bord fiel: »Er musste auf die Toilette. Wir segeln gerade von Rarotonga nach Neuseeland. Steuermann Nainoa Thomson ist auf seiner Plattform, wo er sich an den Sternen orientiert und uns den Kurs angibt. Da sagt Kimo: ›He, ich muss aufs Klo.‹ Er zieht eine Rettungsweste an, was ein absolutes Muss ist. Nainoa sagt: ›Also, raus mit dir.‹ Und das hat er getan, aber die Rettungsweste ist gerissen. Kimo ist im Wasser gelandet. Wir haben sofort die ganze Rettungsausrüstung eingesetzt. Nainoa sagt: ›Ich geh rein.‹ Und ich: ›Den Teufel wirst du tun.‹ Aber er hört nicht auf mich. Packt ein Surfbrett und springt ins Wasser. Jetzt können wir den Steuermann nicht mehr sehen. Ich sage: ›Was zum Teufel soll das? Der Steuermann ist weg, der Obermaat ist weg. Guter Gott.«

Zum Glück konnten beide unversehrt geborgen werden, aber Leon kam ins Grübeln. »Wer hört hier eigentlich auf Befehle? Wenn du Kapitän bist, und sie hören nicht auf deine Befehle, dann bist du trotzdem der Arsch, wenn's hart auf hart geht.«

Jo-Anne stimmt zu: »Es war einfach so, dass die Crew-Mitglieder die Befehlshierarchie auf dem Kanu nicht verinnerlicht hatten.«

»Nur weil sie noch nie auf See waren«, sagt Leon. »Sie haben keine Vorstellung, was es bedeutet, da draußen zu sein. Du bist drei Tage draußen und sie fragen dich: ›Und wo ist Land?‹ Und du sagst ihnen: ›Es dauert noch weitere dreißig Tage, bis ihr wieder Land zu sehen bekommt.‹

Jo-Anne fügt hinzu: »Jeder, der auf dem Kanu war, musste begreifen, dass seine unmittelbare Umgebung dieses Kanu war und sonst nichts. Du kämpfst mit den Elementen und es gibt nur eine Art, wie du auf dem Ozean überleben kannst – du musst dich in dieses Reich einfügen. Oder findest du, dass es falsch ist, was ich gerade gesagt habe?«

Leon: »Nein. Konzentration ist alles. Auf der *Hōkūle'a* musst du voll da sein, mit Leib und Seele und Geist, mit deinem ganzen Wesen. Vielleicht reg ich mich deshalb so auf, vielleicht sagen die Leute deshalb Scheißkerl zu mir. Aber das Endergebnis ist immer, dass wir sicher hinkommen, dass alle noch an Bord sind, dass wir das Ziel erreicht, neues Land gesichtet haben.«

Jo-Anne: »Viele Leute verfehlen das Boot, wenn sie an Bord gehen. Sie bringen ihre Landenergien mit. Sie kommen mit ihren seelischen Blockaden an Bord und sie reisen mehr als dreißig Tage über den Ozean, bis sie wieder Land erreichen, ohne auch nur ein einziges Mal ihre unmittelbare Umgebung zu erfahren.

Ich will damit sagen, wenn man diese Art Energien hinter sich lässt, wird man unglaublich offen für die Umgebung, in der man ist. Man lässt sich einfach mit dem Wind und dem Kanu und was auch immer gehen. Die Stille der Nacht, der Anblick der Sterne, das Geräusch des Meeres zwischen den beiden Rümpfen, das Knarren und Ächzen der Spierbrasse oder des Windes.

Die Fähigkeit, eins mit dem Universum zu sein. Die Unendlichkeit zu erfahren, wie es im Kanu der Fall war. Ich kann das Gefühl nicht beschreiben. Es ist wie ein gewaltiges Band zwischen dir und dem Universum, ein Gefühl des Einsseins – sehr heiter, sehr zufrieden. Die Elemente verstehen, die dich umgeben. Ich bin immer am Auskundschaften.«

Leon: »Sie redet sogar mit dem Schiff. Pausenlos. (Jo-Anne lacht.) Ich sag dann: ›Still, Ma.‹ Sie wird noch ganz plemplem.«

Jo-Anne: »Man könnte es beinahe als Liebe bezeichnen, was ich für das Kanu empfinde. Es ist meine Kultur, es ist etwas, woran ich mich festhalten kann.«

Leon: »Festhalten, Ma? – Ich dachte, Loslassen ist die Devise!« Jo-Anne: »Haha – auf dem Kanu machen sie immer ›Dooing!‹ in so einem Fall.«

Leon: »Dooing. Zweite Runde.«
Jo-Anne: »Du weißt genau, dass wir geschieden sind, sobald wir an Bord kommen. Ich achte ihn als Kapitän. Es gibt keine Drogen, Sex oder dergleichen. Trinken war nie erlaubt – die Leute hatten großen Respekt vor diesem Kanu. Er ist mein Vorgesetzter auf dem Kanu. Wenn wir beide zusammen drauf waren, haben wir uns hin und wieder heimlich geküsst, aber ich muss natürlich auf seine Position Rücksicht nehmen. Wir müssen Haltung bewahren.«

»Die Beziehung zwischen Mann und Frau darf keine Rolle spielen. Punkt. Solange man auf See ist«, stimmt Leon zu.
Ob sie nicht manchmal gestritten haben wie Mann und Frau?
»Nein. Nie. Das ist absolut tabu«, sagt Leon ernst. »Aber Jo-Anne fängt gern was an und dann geht es hin und her und es gibt ein paar Crew-Mitglieder, die unsere Art von Beziehung nicht verstehen.

Manchmal wird sie nervös, vielleicht weil sie zur Takelage aufschaut und denkt, dass irgendwas damit nicht stimmt, und dann kommt sie zu mir und fragt: ›Daddy, was ist mit diesem oder jenem?‹ Und ich sage dann: ›Mach dir keine Sorgen, es ist alles in Ordnung.‹ Das ist bloß ihre ewige Ängstlichkeit. Sie ist ein Sorgenmichel. Sie passt immer auf das Kanu auf, als ob es ihre Privatjacht wäre.«

Als ihr Kapitän hat Leon nur Lob für sie: »Sie steht ihren Mann, genau wie die anderen – scheut keine Arbeit, ist immer bereit einzuspringen, wenn etwas gemacht werden muss. Sie ist stark, körperlich und seelisch.«

Dass sie etwas so Wichtiges wie die *Hōkūle'a* sich gemeinsam erarbeitet haben, hat sie als Paar zusammengeschweißt und als Individuen verändert. Leon hatte die Möglichkeit, Jo-Anne aus erster Hand zu zeigen, warum das Meer so wichtig für ihn ist, und das, so meint er, hat ihre Beziehung gefestigt. Er ist der Ansicht, dass die Reisen seinen Geist erweitert haben, indem sie ihm eine »bessere Vorstellung vermittelten, was die Alten gemacht haben«, ihm mehr Respekt vor ihnen einflößten, davor, »wie stark sie waren.«

Jo-Anne meint, dass bloße Worte bei weitem nicht an die starken Gefühle heranreichen, die sie für die *Hōkūle'a* hat. »Ich habe immer zu Leon gesagt, dass die *Hōkūle'a* ihr eigenes *mana* hat. Sie gibt mir ein Daseinsgefühl, das mich ruhig macht. Sie hat mein Leben zum Besseren gewendet, zum Besten. Das Wasser, das Klärende, das Reinigende. Es war meine Reise.«

Es war und ist eine Reise, die tief in eine Kultur hineinführt, die ihnen so unsagbar viel bedeutet.

»Alles, was mit Kultur in Verbindung steht, ist sehr wichtig«, betont Jo-Anne. »Ohne Kultur gäbe es kein Volk.«

»Da bist du verloren«, stimmt Leon zu. »Du bist nichts. Du bist null.«

Jo-Anne: »*Die Hōkūle'a* war wie ein neuer Anfang für alle.«

Herb Kāne
Künstler und Historiker

1970 gab Herb Kawainui Kāne seine erfolgreiche Karriere als Grafiker in Chicago auf, um ein neues Leben im Land seiner Ahnen zu beginnen. Innerhalb von vierzehn Jahren war er so bekannt in Hawaii, dass er als »Living Treasure« geehrt wurde.

Er war über vierzig, als er diesen Sprung in ein anderes Leben wagte, kein einfaches Alter, um neu anzufangen. Aber er hat im Lauf der Jahre mehrmals einen radikalen Schlussstrich unter die Vergangenheit gezogen und sich dem Unbekannten gestellt – dann nämlich, wenn er »den einen Raum satt hat und in einen anderen Raum tritt und die Tür hinter sich zuwirft«, wie er es ausdrückt.

»Ich bin in meinem Leben durch einige solcher Räume gegangen. Das erste Mal, als ich meinen Job in der Werbung aufgegeben habe (Design und Illustration), und das zweite Mal, als ich meine Kunden auf dem Festland hinter mir gelassen habe und hierher zurückgekommen bin. Beim dritten Mal habe ich die Tür hinter meiner Arbeit als Design Consultant geschlossen (er hatte die Aufgabe, Hotels und Kulturzentren für den Pazifischen Raum zu entwerfen).

»Ich musste die Tür richtig zuknallen, das heißt, dass ich Aufträge zu einem Zeitpunkt ablehnen musste, wenn mein Bankkonto wieder mal zusammenschrumpfte. Das ging nicht ohne Erschütterungen und finanzielle Probleme, aber es hat mein Leben bereichert. Ich bin kein wohlhabender Mann, aber ich bin der Meinung, dass mein Leben jetzt reicher ist, als wenn ich der

Besitzer des kleinen Studios für Werbegrafik geblieben wäre, das ich in Chicago hatte.«

Das ist eine Untertreibung. In den zwei Jahrzehnten, die er nun schon in Hawaii lebt, hat Kāne sich einen großen Namen als Künstler gemacht, hauptsächlich mit seiner Ölmalerei. Seine Arbeiten sind selten in den Kunstgalerien zu finden, denn fast jedes seiner Bilder hat einen Käufer, noch ehe es fertig ist. Er hat in seinem Computer ein Verzeichnis seiner Werke angelegt, das laufend ergänzt wird, aber er ist so produktiv, dass selbst er nicht genau sagen kann, wie viele Bilder er im Lauf der Jahre geschaffen hat.

»Nicht alle meine Bilder sind im Computer erfasst«, erklärt er, »und ich hab mich noch nie hingesetzt und die gezählt, die drin sind.«

Daneben hat er sechs Briefmarken für die USA entworfen, 18 für die Marschall-Inseln, vier für Französisch-Polynesien und sechs weitere für die Bundesstaaten von Mikronesien. Er macht auch Skulpturen, hat drei Bücher und zahlreiche Zeitschriftenartikel geschrieben und er ist ein sehr beschlagener Historiker, der sich sein ganzes Wissen autodidaktisch angeeignet hat. Seine Liebe zur Geschichte ist genau so groß wie seine Liebe zur Kunst und er verbindet beides, indem er malt, was ihm am meisten am Herzen liegt – die Vergangenheit Hawaiis.

Von frühester Kindheit an war Kāne ein begeisterter Zeichner. »Es hat mich einfach gejuckt«, sagt er, »und je mehr ich gekratzt habe, desto mehr hat es gejuckt.« Er ist in den Dreißigerjahren aufgewachsen; damals lebte seine Familie abwechselnd in Wisconsin (dem Geburtsort seiner Mutter) und auf Big Island, der Heimat seines Vaters. Viele seiner Bilder stammen aus seiner eigenen frühen Geschichte – Erinnerungen an eine gemächlichere Zeit in Hawaii – seine »Kleinkindtage«, wie die Kindheit in Hawaii genannt wird.

»Für mich ist das Kanu im Herzen der alten Kultur angesiedelt – es ist das zentrale Objekt inmitten des alten Kulturgeflechts. Fast alles in der Kultur lässt sich in irgendeiner Weise auf das Kanu zurückführen. Ohne Kanu hätte es die Polynesier ganz sicher so nicht gegeben.«

Kāne ging ans College, um weiter seiner Leidenschaft zu frönen. Nach seinem Magisterabschluss am Art Institute of Chicago arbeitete er zunächst als Werbegrafiker in Chicago, aber als ihm das »allmählich zum Hals heraushing«, sattelte er um und machte sich als Zeitschriften- und Buchillustrator selbstständig.

»Die Werbebranche war mir einfach zu seelenlos«, erklärt er. »Hundefutter oder Traktoren oder was auch immer gerade anfällt, da sind die Möglichkeiten begrenzt. Das Ende kam, als ich eine Ausschreibung für Jolly Green Giant gewann und ein ganzes Jahr lang nichts als Zeichnungen und Bilder von dieser großen grünen Fee machte, bis ich es nicht mehr ertragen konnte.«

Er träumte davon, Kunstmaler zu werden, und der Weg zu diesem Ziel führte ihn tief in seine hawaiische Kultur hinein. In den frühen Siebzigerjahren, zeitgleich mit der Wiedergeburt der hawaiischen Kultur, leitete Kāne seine eigene Renaissance ein. Noch während er in Chicago lebte, hatte er angefangen, sich mit polynesischen Kanuzeichnungen zu beschäftigen, und war schließlich ungeheuer fasziniert von allem, was mit Kanus zu tun hatte, »und schon ertappte ich mich dabei, dass ich gute Aufträge ablehnte, nur um meiner Leidenschaft nachzugehen«.

Natürlich betrieb er seine Forschungen im Hinblick auf seine andere Leidenschaft: die Malerei. Was dabei herauskam, war ein Bilderzyklus von 14 polynesischen Kanus, von dem die »State Foundation on Culture and the Arts« sich so beeindruckt zeigte, dass sie ihm die Bilder abkaufte, die seither im Turnus die Wände verschiedener staatlicher Gebäude zieren. Auch heute noch »streiten sich diverse öffentliche Ämter darum«. Diese abgebildeten Kanus sollten für ihren Maler bald konkrete Wirklichkeit werden. »Das Segelkanu hat mich heimgeholt«, sagt Kāne einfach.

Als er sich in Honolulu niederließ, lernte er andere kennen, die seine Leidenschaft teilten, und gemeinsam gründeten sie die »Polynesian Voyaging Society«, mit dem Ziel, eine achtzehn Meter lange Nachbildung des alten hawaiischen Kanus zu bauen.

Kāne, der das Kanu entworfen hatte, wurde die Aufgabe zuteil, einen Namen für das Boot zu finden, und ganz in der Tradition der Alten träumte er eines Nachts den Namen, nachdem er den Stern *Hōkūle'a* am Himmel gesehen hatte. »In meinem Traum ist er heller und heller geworden, bis ich aufgewacht bin«, sagt er. *Hōkūle'a* ist Arkturus, der Stern, der im Zenit über Hawaii steht, und den Polynesiern als wichtige Navigationshilfe diente. (Arkturus, der »Bärenhüter«, ist der Hauptstern im Sternbild des Bootes.) Das Kanu war ursprünglich gebaut worden, um eine wissenschaftliche These zu untermauern (dass die frühen Polynesier fähige Navigatoren waren), doch für Kāne war es weitaus interessanter, welche kulturellen Auswirkungen das Kanu auf Hawaii haben würde.

»Was mich interessierte, war Folgendes: Wenn wir dieses Kanu bauen und tatsächlich benutzen würden, wenn wir eine Kreuzfahrt zu den hawaiischen Inseln damit machen würden, wenn wir es den hawaiischen Völkern vorstellen, Hawaiianern die alte

Segeltechnik beibringen würden, ob das womöglich eine Schock-wirkung in der gesamten Kultur, riesige Wellen auslösen und Kreise ziehen würde – in der Musik und im Tanz und im Kunst-handwerk. Und so war es auch, wie wir heute wissen.

Für mich ist das Kanu im Herzen der alten Kultur angesiedelt – es ist das zentrale Objekt inmitten des alten Kulturgeflechts. Fast alles in der Kultur lässt sich in irgendeiner Weise auf das Kanu zurückführen. Ohne Kanu hätte es die Polynesier ganz si-cher so nicht gegeben.«

Kāne fing an, das ganz wörtlich zu nehmen. Nach Jahren des Forschens ging ihm eines Tages ein Licht auf – dass das Kanu nicht nur die Kultur, sondern auch die Menschen geformt hat.

»Es war wie ein Wirbelsturm in meinem Kopf«, sagt er. »Ich bin quer durchs Atelier zu meiner Schreibmaschine getaumelt.«

In einem Artikel, den er später für die Zeitschrift *National Geographic* schrieb, erläuterte er seinen Einfall – seine Theorie, warum die Polynesier tatsächlich größer sind als andere tropi-sche Völker, mit mehr Muskeln und Fett bepackt. »Wenn ein Häuptling eine Erkundungsreise auf die Beine stellte, um neues Land für sein Volk zu finden, wählte er als Gefährten Männer mit mächtigen Muskeln, großer Widerstandskraft und reichlich Fett auf dem Leib, das sie Hungerzeiten überstehen ließ und einen Schutz gegen das Kräfte raubende und unter Umständen tödliche Ausgeliefertsein an Wind und Gischt bildete. Desglei-chen nahm er Frauen mit, die den Eindruck machten, als wären sie fähig Kinder dieses Typus zu gebären.«

In dem Dokumentarfilm »Children of the Long Canoes«, der 1991 über Kāne gedreht wurde, drückt er es so aus: »Die Kanus hatten also möglicherweise einen prägenden Einfluss auf die Menschen, die sie ursprünglich erdacht hatten – was uns zu wahren ›Kindern der langen Kanus‹ macht.«

Kāne führte das Kommando bei den ersten Reisen der *Hōkūle'a*, segelte von Insel zu Insel durch ganz Hawaii, lernte auf jeder Insel neue Crew-Mitglieder an und präsentierte die *Hōkūle'a* ihren jeweiligen Bewohnern. Diese erste Fahrt dauerte fünf Monate, mit Unterbrechungen dazwischen, meistens an den Wochenenden.

»Ich war sehr überrascht und aufrichtig erfreut, dass die Hawaiianer es so gut aufnahmen. Ich hatte insgeheim damit gerechnet, dass es nicht so sein würde – schließlich sind sie heute auch moderne Menschen. Hätten sie nicht so positiv reagiert, dann hätte ich das Kanu nicht nach Tahiti segeln lassen. Die wissenschaftliche These haben wir ohnehin bewiesen. Als wir die Hälfte unserer Reise durch die Inseln hinter uns hatten, war ich sicher, dass das Kanu es ohne Probleme nach Tahiti und zurück schaffen würde. Die Gewässer zwischen den hawaiischen Inseln sind rauer als sonst wo zwischen hier und Tahiti. Wir hatten also reichlich Zeit, die Leistungsfähigkeit des Kanus zu testen.«

Kāne hat nie eine der zahlreichen Reisen nach Tahiti und zurück mitgemacht. Er zog es vor, sich aus dem Rampenlicht zurückzuziehen und sich wieder seiner künstlerischen Arbeit zuzuwenden. Außer seiner Liebe zur Malerei hatte er noch einen anderen Grund: »Ich hatte eine Menge Geld aus meiner eigenen Tasche in das Kanu stecken müssen und war ziemlich pleite.«

Das Kanu trat in seinem Leben in den Hintergrund, aber die hawaiische Geschichte spielte weiterhin eine große Rolle für ihn, sowohl in seinem persönlichen Interesse als auch im Zusammenhang mit seinen Bildern. Er war fasziniert von der »Detektivarbeit, die für die Recherchen aufgewendet werden musste«. Er wurde sehr bekannt für seine hawaiischen Historiengemälde und er legte großen Wert auf ihre Genauigkeit.

Andere würden bestimmte Details vielleicht gar nicht wahrnehmen, die Kāne bedeutsam findet. Zum Beispiel erklärt er in seinem Buch »Voyages«, wie er die Szene von Captain Cooks Tod in der Kealakekua Bay auf Big Island gezeichnet hat: »Nach Ansicht der Geologen ist die Küstenlinie in den letzten 200 Jahren um 28 Inches (etwa 70 Zentimeter) abgesunken. Der Fels, von dem Cook herunterstürzte, liegt jetzt unter Wasser, aber man kann ihn noch lokalisieren und durch eine Tauchermaske studieren.«

Genau das hat er getan, um den Fels korrekt zu malen; dann ging er noch einen Schritt weiter – indem er die Mondphasen zurückverfolgte, konnte er sich ausrechnen, wie hoch die Flut um 8.00 Uhr morgens am 14. Februar 1779 gewesen sein musste.

»Mit diesen Angaben«, schreibt er, »war es möglich, die Wasserlinie auf dem Felsen mit einiger Zuverlässigkeit abzubilden.«

Bei den Recherchen für ein anderes Gemälde, in diesem Fall war es ein Häuptling, der auf einem Holzschlitten eine Lavapiste hinunterrutscht, stellte er fest, dass niemand genau wusste, wie die Alten diesen Sport (*hōlua* genannt) betrieben hatten.

In »Voyages« schreibt er: »Der althergebrachten Ansicht nach bewegten sich die Schlitten auf einer schlüpfrigen Oberfläche aus Gras, breiten *ti*-Blättern und Bananen, aber nichts deutet darauf hin, dass es jemals wirklich getestet wurde … Also beschloss ich, die Sache selbst in die Hand zu nehmen.«

Er fand die Überreste einer riesigen *hōlua*-Piste, baute einen Holzschlitten nach einem Original, das er im Bishop-Museum gesehen hatte, ging 3.000 Fuß (914 m) den großen Felsabhang hinauf, polsterte ihn mit Gras und Blättern aus und stürzte sich dann auf dem Schlitten hinunter. Der Schlitten kam knirschend und abrupt zum Stehen, während sein Körper weiterschoss – ein Fehlschlag, der ebenso komisch wie schmerzhaft war.

Beim nächsten Versuch polsterte er einen Abschnitt der Lavabahn mit geflochtenen *lau hala*-Matten, etwas, das in der alten Zeit in großen Mengen zur Verfügung gestanden hatte.

»Halsbrecherisches Tempo«, schreibt er von seiner nächsten Abfahrt. »Aber im selben Augenblick wurde mir bewusst, dass ich nicht auf einen derart durchschlagenden Erfolg gefasst gewesen war. Es war eine fantastische Schussfahrt, so weit die Matten reichten, aber dann schoss ich über das letzte Mattenstück hinaus. Der nackte Fels bemächtigte sich des Schlittens, ich wurde kurz durch die Lüfte getragen, um dann auf dem Fels zu landen – Lavagestein mit vielen scharfen Kanten. Später, als ich meine Wunden mit Jod und Mullbinden verarztet hatte, tröstete mich der Gedanke, dass experimentell gewonnene Erkenntnisse mangels historischem Wissen durchaus akzeptabel waren.«

Zu seinen diversen Forschungsmethoden meint er philosophisch: »Wenn man sich die Mühe macht, jeden Stein umzudrehen, findet man unter Umständen Dinge, die die Einstellung zu dem, was man ursprünglich tun wollte, radikal verändern, die die visuelle Erscheinung des Ganzen verändern. Das ist interessant und aufregend und es macht Spaß: um die letzte Ecke zu biegen und etwas zu finden, das bisher noch niemand entdeckt hat. Das ist, als ob man Neuland betritt.«

Für ihn ist diese Art von Genauigkeit unverzichtbar, denn »meine Bilder werden noch zu den Leuten sprechen, wenn ich selbst längst nicht mehr bin, und deshalb halte ich es für meine Pflicht dafür zu sorgen, dass das, was ich in meinen Bildern mitteile, so wahrheitsgetreu wie nur möglich ist. Wenn meine Arbeit zu einem besseren Verständnis der hawaiischen Vergangenheit beiträgt, wird das für mich im Endeffekt der schönste Lohn sein.

Jede Kultur verklärt ihre Vergangenheit. Die Hawaiianer sind darin keine Ausnahme. Man findet Hawaiianer, die über die alte Zeit sprechen, als wäre es das Paradies gewesen. Dergleichen versuche ich unter allen Umständen zu vermeiden, denn wenn man die Schichten der Verklärung abstreift, die die Vergangenheit verdunkeln, wenn man zu dem vordringt, was wirklich geschehen ist, was die Menschen wirklich bewegt hat, ist das immer interessanter und weitaus lohnender, weil man weiß, dass man dem Kern der Wahrheit näher kommt, der in jeder Legende verborgen ist.«

Der Lohn für dieses strikte Bei-der-Wahrheit-Bleiben ist manchmal ebenso süß wie einfach. Einmal zum Beispiel, als Kāne ein Gemälde von einem großen Kriegstempel geschaffen hatte, erhielt er einen solchen Lohn von einem jungen Hawaiianer.

»Für ihn waren *heiau* immer nur Steinhaufen gewesen, aber als er das Bild vor Augen hatte, als er gesehen hat, wie ich den *heiau* mit seinem Mauerwerk rekonstruiert hatte, so wie er einst gewesen war, mit Aufbauten auf der Plattform und Menschen darauf, die eine Zeremonie abhalten, da meinte er, er könne ihn nie wieder als Steinhaufen sehen. Ich habe also seine Sicht der Dinge verändert. Das ist ein gutes Gefühl.«

Kāne hatte diesen *heiau* natürlich sorgfältig studiert, ehe er sich daran machte, ihn Stein für Stein zu malen. In seinem Buch erklärt er: »Ich habe die Stätte mit Archäologen zusammen aus allen Blickrichtungen und aus der Luft untersucht. Dann habe ich einen Schlafsack genommen und zwei Tage und Nächte dort verbracht, um den Lauf der Sonne, die Wolkenschatten, das Mondlicht genau zu beobachten, und erst dann erhielt ich die Antworten auf meine Fragen, erst dann war ich fähig, einen Bleistift in die Hand zu nehmen und mit den Skizzen anzufangen.«

Kāne hält sich an eine Grundregel, die er als junger Navy-Soldat von einem chinesischen Maler in Shanghai gelernt hat: »Er hat mir gesagt, wenn man einen Tiger malen will, muss man ein Tiger sein; wenn man eine Blume malen will, muss man eine Blume sein.

Wenn man als Künstler die Menschen einer anderen Zeit malen will, muss man fähig sein, sich in sie hineinzufühlen. (Die Historikerin) Barbara Tuchman hat einmal gesagt, dieses Sich-Hineinfühlen-Können sei die größte Schwierigkeit für den Historiker. Ihrer Meinung nach ist es ohne Empathie nicht möglich, das Wesen einer historischen Epoche zu erfassen.«

Beim Studium der alten hawaiischen Kultur ist er zu dem Schluss gekommen, dass sie »so vielen anderen ursprünglichen Kulturen gleicht«, während sie »grundverschieden von der heutigen Kultur« ist.

»Ich habe ein Volk entdeckt«, erklärt er, »dessen gedankliche Voraussetzungen, Logik und Anschauungen auf einer völlig anderen Welt basieren als der meinigen.«

Zum Beispiel: »In der europäischen Vorstellung ist das Übernatürliche getrennt und entfernt von der natürlichen Sphäre und hierarchisch höher stehend als diese und der Mensch war irgendwo in der Mitte angesiedelt – unter den Göttern und Engeln, aber über den Tieren.

Die Polynesier teilten die europäische Vorstellung nicht. Für sie waren alle Geister ein Teil der Natur und Vorfahren der Natur. Wenn man sich also eine Weltsicht ohne den Begriff des Übernatürlichen denken kann, dann hat man den ersten Schritt zum Verständnis der frühen Polynesier getan.

Die wichtigsten Geister waren ihre natürlichen Ahnen, ebenso wie die Stammeltern von allen Dingen im Universum; daher war die Menschheit durch ihre Ahnen mit allem anderen verwandt. Das religiöse Denken war so untrennbar mit dem Leben verflochten, dass kein eigenes Wort für Religion gebraucht wurde.

Die Polynesier sahen sich selbst als den lebenden Endpunkt einer viel größeren Menge von Ahnen, die als Ahnengeister die Lebenden mit einem Kontinuum verbanden, das bis zu den ersten Menschen zurückreichte, zu den Hauptgeistern und somit zu den obersten männlichen und weiblichen Geistern, die das Universum geschaffen haben. Die Lebenden und die Geister existierten in ein und demselben Universum, in dem es nichts Übernatürliches gab, weil alles natürlich war.«

Seine Kulturstudien brachten Kāne zu der Erkenntnis, dass weder die moderne noch die alte Welt besser oder höher als die andere ist, nur anders. Er weiß jedoch auch, dass es, sobald eine ursprüngliche Kultur in Berührung mit der modernen kommt, kein Zurück mehr gibt – außer vielleicht in seinen eigenen Bildern.

Indem er Farbe auf eine Leinwand gibt, kehrt Kāne in eine Zeit zurück, die er nicht nur liebt, sondern die lebendig zu erhalten er als seine Pflicht ansieht. Durch die Verbindung von schöpferischer Fantasie und historischem Wissen hat er sich zum Bewahrer seiner eigenen »ursprünglichen« Kultur gemacht. Das, so ist ihm im Lauf der Zeit klar geworden, ist ein wesentlicher Antrieb für seine Arbeit.

»Ich versuche, die ursprüngliche Welt der Hawaiianer zu erahnen. In dieser Hinsicht bin ich anders als die heutigen Künstler, die ihr Selbst zum Ausdruck bringen wollen. Ich möchte das Wesen des abgebildeten Gegenstands ausdrücken. Es ist mehr eine Art *method acting* – man lässt sich ganz von seiner Rolle beherrschen, so dass die Persönlichkeit des Schauspielers völlig in der Rolle aufgeht.

Ich stehe im Widerspruch zur Hauptströmung der heutigen Kunst, wie sie an den Universitäten gelehrt wird, nämlich dass Kunst eine hochpersönliche Angelegenheit sein müsse – von hoher Eigenständigkeit und Ausdruck des inneren Selbst. Wenn es dem Künstler nur darum geht, seine Persönlichkeit auszudrücken, wird er niemals fähig sein, das Wesen eines Gegenstands zu erfassen.

Die Frage des Stils und der Technik ist etwas, worüber ein Künstler sich keine Gedanken machen sollte. Die meisten Künstler beschäftigen sich viel zu sehr damit – ob ihr Stil auch mit dem übereinstimmt, was in New York letzte Woche »hip« war. Das ist nichts als Zeitverschwendung, denn keine zwei Hände tragen die Farbe auf dieselbe Weise mit dem Pinsel auf die Leinwand auf.«

Seit seiner Studienzeit am Art Institute of Chicago hat man ihm erzählt, dass die Kunstrichtung, die er vorzieht, keine richtige »Kunst« sei, sondern lediglich Illustration. Und doch ist die realistische oder gegenständliche Kunst das Einzige, was er jemals machen wollte.

»Die gegenständliche Kunst reicht weit zurück«, sagt er. »Vieles von dem, was wir über die Vergangenheit wissen, haben wir von Künstlern, die ihre Zeit und ihre Umgebung, ihr Volk, ihre Kultur dokumentiert haben.«

So wie er es macht.

DIE NÄCHSTE GENERATION

Es ist nicht meine Generation. Es ist nicht die Generation meiner Eltern. Es ist ihre Generation, die es zu Stande bringen wird. Sie stehen ein für das, was sie glauben, und wissen, was richtig ist. Wir Älteren stehen nur daneben und sagen: »Weiter so!«

Nona Beamer ist zu Recht stolz auf die nachfolgende Generation; sie waren Teenager und junge Erwachsene, als Hawaii die kulturelle Renaissance alles Hawaiischen erlebte. Hawaiisch zu sprechen war plötzlich »cool«, ebenso wie der *hula,* die Lieder, die alte Art des Reisens.

Diese Generation hat durchgesetzt, dass hawaiische Studienprogramme auf Universitätsebene angeboten werden, dass hawaiische Geschichte in allen Schulstufen unterrichtet wird. Eine Generation, die Kanus baut, die die alte Religion studiert und die Riten der Vergangenheit erforscht. Und, was vielleicht am wichtigsten ist, eine Generation, die ihre Souveränitätsrechte geltend macht.

Es ist kein Zufall, dass die beiden Männer in diesem Kapitel, stellvertretend für ihre Generation, an der Wiederauferstehung des Kanus beteiligt waren, dem bedeutsamsten und symbolträchtigsten Ereignis im modernen Hawaii. Indem sie Kanus bauten, haben sie ihr Erbe zurückerobert und sich zu wahren »Kindern der langen Kanus« gemacht.

Nainoa Thompson

Navigator

Nainoa Thompson ist ein wahrer hawaiischer Held, unersetzlich für seinen Staat und sein Volk, noch ehe er die dreißig erreicht hat. Der Grund ist einfach, doch die Geschichte ist komplex: Thompson war der erste Hawaiianer in einem Zeitraum von Jahrhunderten, der den Beruf des Hochsee-Navigators ergriff, die wichtigste Aufgabe in den frühen Zeiten der polynesischen Seefahrt.

Die Geschichte reicht bis in die frühen Siebzigerjahre zurück, als eine kleine Gruppe von Menschen das Doppelrumpfkanu *Hōkūle'a* baute und nach Tahiti segelte, woher ihre Vorfahren vor Jahrhunderten gekommen waren.

Was ursprünglich nur die Anstrengung einiger weniger war, hat sich zu einem »gigantischen menschlichen Abenteuer« ausgewachsen, wie Thompson es formuliert. »Zwanzig Jahre Arbeit von tausenden Menschen. Ich möchte das ganz unmissverständlich klar machen, dass ich nur einer dieser tausende bin. Wir alle haben in der heutigen Zeit etwas angestrebt, das sehr wichtig ist: unserem Volk ein Minimum an Stolz und Würde zurückzugeben.«

Doch in Wahrheit wäre das alles ohne Nainoa Thompson kaum möglich gewesen. Einer muss schließlich wissen, wie man das Ziel erreicht – und das ist die Aufgabe des Navigators. Thompson war derjenige, der es als Erster auf sich nahm, die verloren gegangene Kunst des Navigierens zu erlernen – den Ozean ohne moderne Orientierungshilfen zu befahren. Er studierte Physik und Mathematik, Astronomie und Ozeanografie, dann ergänzte er sein Buchwissen, indem er zahllose Stunden im Planetarium des Bishop-Museums in Honolulu zubrachte und den Sternenhimmel beobachtete. Er tat das ganz im Stillen, nur für sich selbst, ohne auch nur im Mindesten etwas von der Kulturexplosion zu ahnen, die er in Gang zu setzen half.

Er hat sich nie besonders wohl gefühlt in seiner Heldenrolle, obwohl er im Lauf der Jahre mit Ehrungen überhäuft wurde.

»Das macht mir ziemlich zu schaffen«, sagt er mit einem schmerzlichen Ausdruck im Gesicht. »Es ist entschieden gegen meine Natur. Ich bin ein sehr introvertierter Mensch. Es bringt mich manchmal ganz durcheinander und ich mag diese Verwirrung nicht. Ich möchte so klar wie möglich sein.

Auf der anderen Seite, wenn ich gebeten werde, Vorträge zu halten, Sterne zu zeigen und zu erklären, besonders wenn Schulen an mich herantreten, dann möchte ich nicht gern ablehnen. Aber ich muss irgendwie eine Balance finden zwischen dem Bedürfnis, ich selbst zu sein, meine persönliche Integrität zu wahren, und den Wünschen und Bedürfnissen anderer nachzukommen.«

Am ehesten findet Thompson sein inneres Gleichgewicht, wenn er nachts mit seinem rasanten kleinen Motorboot auf den Ozean hinausfährt.

»Ich fahre da raus, unter die Sterne, und alles ist so groß, alles wirkt so unendlich weit weg, es macht deine Gedanken groß, es macht deine Visionen weit. Es ist ein guter Ort zum Nachdenken, es ist ein guter Ort, um einfach da zu sein«, sagt er. »Wenn ich das ganze Universum vor mir habe und die Weite des Ozeans, dann löst sich einiges von der Verkrampftheit der Gesellschaft, besonders auf O'ahu, auf.«

Als die *Hōkūle'a* 1976 auf ihrer ersten Fahrt von Hawaii nach Tahiti und wieder zurück segelte, war das die erste Hochsee-

312

»(Die Navigation) ist eine Berufung, die ich weiß nicht woher kommt, einem Ort tief drinnen, wahrscheinlich von dem Geist und der Seele derjenigen, die diese Herausforderung annehmen. Es hat etwas mit Stolz zu tun, aber nicht auf eine eitle Art, sondern in dem Sinn, dass man nicht nur sich selbst vertritt, sondern seine Familie und die Würde seiner Kultur. Man muss sich dieser Verantwortung bewusst sein und Entbehrungen und Beschwernisse ertragen, um ein Kanu nach Art der Vorfahren befehligen und steuern zu können.«

Kanureise seit hunderten von Jahren. Thompson war auf der zweiten Teilstrecke, auf der Rückfahrt nach Hawaii, dabei. Er hatte seit 1974 – damals war er zwanzig – beim Kanubau mitgewirkt, aber er war noch nicht Navigator. Es gab in ganz Polynesien keinen Navigator mehr, und deshalb holten die Hawaiianer einen mikronesischen Navigator namens Mau Piailug von der Insel Satawel zu Hilfe.

»Ich hätte nie gedacht, dass ich jemals wirklich navigieren würde«, sagt Thompson. »Ich wollte nur etwas darüber erfahren. Ich dachte, die Navigation sei zu kompliziert, zu mythisch. Es hatte nichts mit der wirklichen Welt zu tun – es lag zu weit in der Vergangenheit. Ich hatte nicht das Selbstvertrauen, es zu wagen.«

Zwei Männer sorgten dafür, dass er seine Meinung änderte; der erste war Mau Pialug.

»Er ist 1975 zu uns gekommen, um uns zu helfen. Er war eine magische Persönlichkeit. Er ist nicht von unserer Welt«, sagt Thompson. »Er war so mächtig in meinen Augen, dass ich damals, 1975, nicht einmal mit ihm redete. Ich hielt mich einfach in seiner Nähe und hörte zu, was er zu sagen hatte. Mau war für mich kein normaler Sterblicher – er war jemand aus einer anderen Zeit, einer anderen Welt, mit ganz anderen Fähigkeiten. Er ist so sehr in Harmonie mit allem. Er ist einfach phänomenal.«

Damals dachte man noch nicht ernsthaft an einen hawaiischen Navigator. Niemand rechnete damit, dass die *Hōkūle'a* mehr als diese eine Fahrt nach Tahiti machen würde. Sie war gebaut worden, um eine wissenschaftliche These zu untermauern, und das war alles.

»Aber das Kanu war so mächtig, dass jeder darauf fahren wollte, also segelte das Kanu weiter (überwiegend kurze Trips in hawaiischen Gewässern)«, sagt Thompson.

Dann passierte 1978 etwas, das Thompsons Leben noch einmal veränderte: Ein Freund ertrank, als die *Hōkūle'a* kenterte.

»Es sollte nur eine Lernerfahrung sein. Mau war nicht da. Ich navigierte, so gut ich konnte, ohne mir zu verhehlen, dass ich nur sehr wenig wusste«, erinnert sich Thompson. »Aber das Kanu ist abgesoffen und wir haben Eddie Aikau verloren. Ich war damals sehr erschüttert und habe erkannt, dass wir die Reise nach Tahiti nicht fallen lassen konnten, denn sie war Eddies Traum gewesen. Er glaubte so fest an die *Hōkūle'a* und ihre Macht. Sein Tod durfte nicht umsonst gewesen sein, das konnte ich nicht zulassen. Es war eine sehr persönliche Geschichte. Ich habe nicht darüber geredet. Aber von da an wurde die Navigation mein Lebensinhalt.«

Und so machte er sich mit neuerlichem Antrieb daran, das Navigieren zu erlernen. Aber wenn die Sache Hand und Fuß haben sollte, das war ihm klar, würde er Mau brauchen. Thompson fuhr nach Satawal, um mit Piailug zu reden, der ihn als Schüler annahm. Es war der Beginn einer großen Freundschaft, die bis heute andauert.

»Er ist der Eine und Einzige, jener seltene Glücksfall, ein Ausnahmemensch, der aus den Kulissen trat und uns half, unsere Vergangenheit zurückzuerobern«, sagt Thompson voller Ehrfurcht. »Er hat das Hochseereisen wieder belebt, nicht nur in Hawaii, sondern im gesamten Pazifik. Ich rede viel über seine Größe, aber was ich am meisten an ihm achte, ist seine Menschlichkeit. Er hat buchstäblich zwanzig Jahre seines Lebens hingegeben – er hat seine ganze Erfahrung mitgebracht und großzügig an uns verschenkt. Solche Werte sind unbezahlbar.

Mau ist einer der fünf traditionellen Navigatoren, die es auf dieser Erde noch gibt. Er ist so etwas wie ein Welterbe. Er hat angefangen, als er ein Jahr alt war, und ist mit fünf bereits gesegelt.

Das Wissen, das Mau besitzt, ist unerschöpflich. Wir sind Kinder, verglichen mit dem, was er weiß. Als ich Probleme damit hatte, in den Wellen zu lesen – der Ozean ist so kompliziert –, hat er gesagt: ›Du bist schon zu alt.‹ Ich war zu alt, um bestimmte Dinge zu lernen, die man nur als Kind erlernen kann.«

Thompson ergänzte sein praktisches Lernen mit dem physikalischen und mathematischen Background, den er sich angeeignet hatte, und mit seinen Planetariumsstudien, und Piailug hatte nie etwas gegen die Wissenschaft einzuwenden.

»Er hat eingesehen, dass wir nicht die Zeit hatten, so zu lernen, wie er es getan hatte – es gab so viel zu lernen«, sagt Thompson.

»Was die Wissenschaft mir brachte, war das Grundwissen, um mir die natürliche Welt zu erklären; das eigentliche Lernen fand auf dem Kanu statt, indem ich ihm zuschaute. Es war eine sehr wertvolle Zeit für mich.

Der Ozean ist ein Ort, an dem man Bescheidenheit lernt. Er war das beste Klassenzimmer, das ich je hatte. Die Navigation ist eine außergewöhnliche, besondere Erfahrung und es ist nicht so leicht für mich, das in Worte zu fassen«, sagt Thompson, und die Worte, die er dann findet, sind sehr poetisch.

»Navigation heißt die natürliche Welt zu beobachten. Es bedeutet, deine natürliche Umgebung in ihrer Gesamtheit zu erkennen und zu verstehen, schon aus reinem Selbsterhaltungstrieb. Du musst alles am Himmel verstehen, in der Atmosphäre, das Wetter, bis hinunter zum Meer, zu der Mannschaft, zu dir selbst. Und das alles musst du in ein System integrieren, bei dem dir die natürlichen Elemente als Orientierung dienen.

Die Navigation könnte einfach sein, wenn das Wetter immer gleich bliebe – dann könnte man bestimmten Sternen folgen und so auf Inseln stoßen. Aber das Wetter ist nie gleich; es ändert sich ständig. Und ein Navigator muss seinen Kurs den Veränderungen anpassen. Man kann sich nicht allein an den Sternen orientieren.

Du weißt nur, wo du auf dem Ozean bist, wenn du dich erinnerst, wo du hergekommen bist. Das bedeutet, dass du dir merken musst, wie schnell du segelst, in welche Richtung und wie lange. Wir haben keine Uhr, wir haben keinen magnetischen Kompass. Wir haben nur, was wir im Ozean lesen. Der Navigator muss also wachsam sein und ein scharfer Beobachter und er muss sich den Kurs einprägen, wie lange die Reise über das Meer auch immer dauern mag. Wir waren bis zu 43 Tage auf See.

Es ist interessant, wenn eine Reise zu Ende ist und die Mannschaft über all die Ereignisse redet, die sich an Bord des Kanus abgespielt haben. Vieles davon habe ich nicht mitbekommen – so sehr ist man mit seinen Gedanken bei der Arbeit. Und deine Arbeit ist es zu beobachten und wichtige Entscheidungen zu treffen, um das Kanu zu lenken.

Wir haben ungefähr 200 Sterne, an denen wir uns orientieren. Sie sind unsere besten Freunde, sie ändern sich nie. Sogar der Mond wird am Tag zu Hilfe genommen, natürlich auch bei Nacht. Er ist ein sehr guter Freund bei der Navigation.

Der Navigationstag beginnt mit Sonnenaufgang. So hat man eine feste Peilung. Sonne und Sterne sind bis zu einem gewissen Grad Fixpunkte am Himmel, Dinge, auf die man zählen kann, aber manchmal kann man sie nicht verwenden, und dann muss man die Meereswellen nehmen. Und die ändern sich ständig mit dem Wind.

Bei Sonnenuntergang wiederholt sich der Beobachtungsvorgang und man achtet darauf, wie die Sonne die Wolken durchbricht, auf die Farben und die Wolkenbewegungen. Die Farben der Wolken sagen etwas über das Wetter aus.

Ein Navigator schläft im Durchschnitt nur zwei bis drei Stunden pro Tag, auf kleine Nickerchen von fünfzehn bis zwanzig Minuten verteilt, und das dreißig Tage lang. Du navigierst, solange du denkfähig bist. Sobald du geistig erschöpft bist, legst du dich nieder. Du ruhst nur aus, bis dein Verstand wieder klar ist. Wenn ich anfange zu träumen, stehe ich auf. Mau hat mir gesagt, dass er sich hinlegt und die Augen schließt, aber tief innen schläft er nie.

Man muss pausenlos die Natur beobachten. Der Navigator kann sich nicht zu lange hinlegen, sonst weiß er nicht mehr, wo er hinfährt.

Die Navigation, von der ich bis jetzt gesprochen habe, ist mehr äußerlich: Sie ist das, was man sehen kann; Beobachtung der Sterne, unzählbar und fern; Beobachtung der kleinen Wellen, die ganz nahe sind. Diese Informationen bündeln und Erkenntnisse daraus ziehen, ist eine Sache. Die Fähigkeit zu navigieren eine andere. Es gibt noch eine gänzlich andere Reise, die neben der ersten herläuft, und die ist innerlich. Eine Reise, die einem Dinge abverlangt, die man im normalen Leben nie zu Stande bringen würde. Diese innere Reise macht einen erheblichen Teil der Navigation aus.

Sie ist eine Berufung, die ich weiß nicht woher kommt, von einem Ort tief drinnen, wahrscheinlich von dem Geist und der Seele derjenigen, die diese Herausforderung annehmen. Es hat etwas mit Stolz zu tun, aber nicht auf eine eitle Art, sondern in dem Sinn, dass man nicht nur sich selbst vertritt, sondern seine Familie und die Würde seiner Kultur. Man muss sich dieser Verantwortung bewusst sein und Entbehrungen und Beschwernisse ertragen, um ein Kanu nach der Art der Vorfahren befehligen und steuern zu können.«

Thompson erhielt einen ersten Begriff von seiner eigenen inneren Reise auf der Fahrt nach Tahiti 1980, als er Chefnavigator war. Am denkbar unwirtlichsten Ort, im Kalmengürtel in der Nähe des Äquators, wuchs er über seine fünf körperlichen Sinne hinaus, zu einem sechsten Sinn, wie er es nennt – ins Spirituelle.

»Es war eines der aufwühlendsten Erlebnisse, die ich auf dem Kanu hatte – einer jener besonderen Momente, wenn man die Grenzen seines normalen Bewusstseins überschreitet – wenn man aus seiner normalen Existenz hinaustritt in eine andere Sphäre«, sagt Thompson.

»Wenn man in den Kalmengürtel eintritt, jenes Gebiet in der Nähe des Äquators, das ›maximale Wolkenlinie‹ heißt, kommt man an den wolkigsten Ort der Welt. Du bist blind als Navigator – du kannst keine Himmelskörper sehen.

Der Ozean spiegelt die Beschaffenheit des Himmels wider. Wenn der Himmel grau ist, ist der Ozean grau. Aber in einer schwarzen Nacht ist der Ozean schwarz. Man kann nicht einmal auf dem Kanu etwas sehen, geschweige denn die Sterne, den Mond oder sogar die Meereswellen. Man ist blind.

Mau sagte sehr nachdrücklich, ich werde es nie vergessen: ›Schau nicht mit deinen Augen, schau nach innen.‹ Er sagte, so könne man es aushalten, so spüre man das Kanu, wenn die Wellen unten durchgehen. Die Meereswellen zu lesen, das ist schwer. Das ist der Punkt, an dem aus der Wissenschaft Kunst wird.

Ich hatte wahnsinnige Angst vor den Kalmen. Ich wusste nicht, wie ich durch dieses Wolkenband kommen sollte, weil ich nicht die Fähigkeit besaß, ohne Sonne und Sterne zu navigieren. Ich komme von der Astronomie und Mathematik her; ich hatte mich viel zu sehr mit der Sternenobservation und dem ganzen Himmelszeug beschäftigt. Ich hatte nicht die Zeit, mit Mau die Wellen zu studieren. Ich hatte einfach nicht die Zeit dazu.

Als ich dann in die Kalmen kam, was in aller Welt sollte ich da tun? Und ich war noch ziemlich jung – ich war fünfundzwanzig. Ich war nicht reif genug, um dem ganzen Druck gewachsen zu sein. Nicht fähig, ein Gleichgewicht zu finden, bei dem ich entspannt sein konnte, und man muss entspannt sein, wenn man den Kopf oben behalten will.

Man muss wachsam sein, aber nicht zu angestrengt, sonst hält man nicht durch, man muss entspannt bleiben und das ist schwer da draußen. Wenn du zu angespannt bist und nicht locker lassen kannst, dann wirst du müde und hältst nicht durch. Du wirst zu müde zum Denken.

Wir sind hinuntergesegelt und man konnte nur diese Wolkenwand sehen. Ich wollte da nicht reinfahren. Wir haben sie gesehen, bevor wir hingekommen sind – 100 Prozent Wolkendecke, starker Regen, überhaupt kein Wind. Die Tropfen kamen senkrecht herunter. Den Regen vom Gesicht wischen. Es ist immer noch Tageslicht. Angst, was werden soll, wenn die Sonne untergeht. Und die Sonne ging unter, aber der Wind kam zurück. Die Frage war nur, von woher? Wenn man in einem Wolkengebiet navigiert, ist der Wind am unzuverlässigsten. Er ändert sich alle naselang. Massenhaft Wind. Er treibt einen irgendwohin und man weiß nicht, wohin. Aber wir segelten los.

Und ich war nicht reif genug, um der Mannschaft zu sagen: ›Ich weiß es nicht.‹ Ich hab so getan, als ob, ich hab es überspielt und versucht, die Wellen in diesem ganzen Regen und in diesem ständig wechselnden Wind zu lesen. Ich war ein Wrack. Ich bin herumgetigert. Ich wurde immer angespannter und hab nach Dingen Ausschau gehalten, die man nicht sehen konnte.

Mau war bei mir, aber ich konnte nicht mit ihm reden. Das war die Abmachung. Wenn er eingreifen musste, würde das seinen Erfolg als Lehrer schmälern. Wenn ich dagegen als Navigator erfolgreich war, war das auch sein Erfolg. Es war Ehrensache für ihn, dass er, wenn er mit mir segelte, mir niemals etwas zu sagen hätte, und ich wusste das. Ich wollte unter gar keinen Umständen, dass er mich korrigieren musste.

Ich wurde immer angespannter und ich war unendlich müde. Ich war so erschöpft. Ich hab mich zur Reling umgedreht und meine Ellbogen aufs Geländer gestützt und versucht, mich im Stehen auszuruhen. Und wie ich so da stehe, habe ich plötzlich bei all dem Regen und der Kälte ein warmes Gefühl und mein Geist wird ganz klar. Und ich konnte den Mond spüren. Ich wusste, der Mond war aufgegangen, aber ich wusste nicht, wo er war, weil ich ihn nicht sehen konnte. Aber irgendwie konnte ich die Richtung angeben.

Wie soll man das erklären?

Wenn du müde bist, dann ist es meiner Erfahrung nach das Beste loszulassen. Wie Mau sagt: ›Schau nicht mit deinen Augen. Schau in dich hinein, dann findest du die Antwort.‹ In diesem Moment, als ich an der Reling lehnte, hatte ich wirklich aufgegeben. Und dieses Aufgeben war wie Loslassen und durch das Loslassen war ich offen für diese andere Erfahrung.

Ich hab mich zu Buddy umgedreht (dem Steuermann) und ich hab gesagt: ›Nimm diese Richtung.‹ Ich hab es mit großem Selbstvertrauen gesagt, ohne zu wissen, warum. Ich wusste es, aber ich wusste nicht woher. Wir sind gesegelt und gesegelt und ich konnte den Mond im Geist ausfindig machen.

Dann war es wie ein Geschenk – plötzlich war ein Loch am Himmel und da war er, der Mond.

Machen Sie draus, was Sie wollen.«

Während sich so seine persönliche Reise herauskristallisierte, ereignete sich eine parallele Reise, die ganz Hawaii betraf – eine kulturelle Explosion, die nicht bei dem einen Kanu Halt machte.

Um noch tiefer in ihre Vergangenheit zurückzufinden, beschlossen die Hawaiianer, ein zweites Kanu zu bauen, aber anders als die *Hōkūleʻa*, die aus modernen Materialien hergestellt wurde, sollte das neue Kanu, die *Hawaiʻiloa*, aus zwei riesigen Baumstämmen gebaut werden, aus einheimischem Material und auf traditionelle Weise. Es war ein gigantisches Projekt.

»Wir wollten herausfinden, wie viel Anstrengung und Mühe es tatsächlich kostet, eine Fahrt über den Ozean auf die alte Art zu machen«, erklärt Thompson. »Unser Ziel war es, unsere Traditionen aus der Vergessenheit zu holen, unser Volk stolz auf seine Traditionen und somit auf sich selbst zu machen.«

Aber es mussten von Anfang an Kompromisse geschlossen werden, wobei eines der größten Probleme war, dass es in ganz Hawaii keine einheimischen *koa*-Bäume mehr gab, die groß genug waren, um die beiden Bootsrümpfe daraus zu machen.

Nachdem sie neun Monate lang gesucht hatten, berichtet Thompson, »kamen wir zu dem Ergebnis, dass unser *koa*-Ökosystem sehr ungesund ist. Ungefähr 90 Prozent des ursprünglichen *koa*, das Captain Cook hier noch vorfand (1778) ist verschwunden. Und für unser Projekt hatten wir keine Stämme.«

Die Tlingit und Haida-Indianer von Alaska kamen ihnen zu Hilfe, indem sie zwei 200 Fuß hohe (60 Meter) Kiefern stifteten, von denen jede 100.000 Pfund wog und eine 418 Jahre alt war.

»Es war schmerzlich, sie fallen zu sehen«, erinnert sich Thompson, »aber es war zugleich ein Versprechen – wir würden ihnen ein neues Leben als Reisekanu geben.«

Mit der Suche nach einheimischem Material für den Bau der *Hawaiʻiloa* kristallisierte sich die Bedeutung der Umwelt als Teil des Bildes heraus. Wie Thompson sagt: »Es war gleich zu Anfang ein Schock für uns, dass die alten Hawaiianer 2.000 Jahre hier gelebt haben und vielleicht 50 Kanus pro Jahr bauten, die sie zum Überleben brauchten – das sind insgesamt 100.000 Kanus –, während wir heute nicht mal ein einziges ganz aus einheimischem Material zu Stande kriegen.«

Thompson fand es beschämend, dass sich die Hawaiianer Bäume aus Alaska holen mussten, auch wenn die Indianer sich großzügig zeigten und ihnen versicherten, sie hätten mehr als genug. Ein weiser hawaiischer Ältester bestätigte ihm, dass seine Gefühle berechtigt seien, und gab ihm eine Antwort mit auf den Weg: »Ihr habt euer Land verraten«, sagte der Älteste im Hinblick auf die vergebliche Suche nach großen *koa*-Bäumen. »Bevor ihr die Bäume anderer Leute fällt, geht hin und pflanzt selbst welche.«

Und so führten die Kanus zu einem neuen Projekt, der Umwelterziehung. Mit der Hilfe von Schulkindern wurden 11.000 *koa*-Schösslinge – ein Miniwald – angepflanzt, der eines Tages groß sein wird.

Nach diesem Vorstoß in pädagogisches Neuland kamen Thompson und seine Weggefährten von der »Polynesian Voyaging Society« ins Grübeln und stellten sich allerlei Fragen: »Wo führt uns unsere Arbeit hin? Wie können wir diese Kanus jetzt am besten nutzen? Was kann eine Gruppe von Seefahrern wie unsere zu der Gesundung Hawaiis beitragen?«

Die Antwort war: Erziehung.

»Die Kanus sind ein großartiges Forum zum Lernen«, sagt Thompson. »Der nächste Schritt muss sein, die Kanus in die Klassenzimmer zu kriegen und eine ganz neue Sicht des Unterrichts zu entwickeln. Nicht nur ein Unterricht zum Anfassen, sondern vielmehr sollte der Lehrplan direkt auf die relevanten Themen abgestimmt werden, mit denen die Schüler in der Zukunft konfrontiert sind. Wir müssen unsere Jugend auf die Kanus kriegen und die Ozeanreisen mit einem ganz breiten Themenspektrum in Verbindung bringen.«

Einige dieser Themen sind enorm wichtig für Hawaii: Umwelt, Gesundheit und Selbstachtung.

»Wir können nicht unsere Erfahrungen nehmen und sie jemand anderem überstülpen«, räumt Thompson ein, »aber wir können unterrichten, was uns wichtig ist. Und was uns wichtig und teuer ist, das ist dieser Ort, den wir Heimat nennen. Wir möchten ihn schützen. Wir möchten ihn sauber und gesund erhalten.

Hawaii hat eine besondere Umwelt, weil es so isoliert ist. Wenn unser Land und unser Meer nicht gesund sind, dann kann auch unsere Lebensweise nicht gesund sein. Wir müssen uns um unser Land kümmern und wir müssen uns um unser Volk kümmern.«

Er weist auf einige soziale Probleme hin: die katastrophale hawaiische Gesundheitsstatistik, der hohe Prozentsatz hawaiischer Gefängnisinsassen, die Armut, unter der so viele leiden.

»Aber Sie brauchen sich nur die anderen indigenen Völker anzusehen«, sagt er. »Hawaii ist nicht das einzige Land mit Gesundheits- und Wirtschaftsproblemen und hoher Kriminalitätsrate. Irgendwas stimmt da nicht.

Der Verlust der Kultur, der Verlust der religiösen Vorstellungen – man fühlt sich irgendwann zweitklassig im eigenen Land. Ich denke, es gibt eine starke Verbindung zwischen Selbstachtung und körperlicher Gesundheit und manchmal definieren wir das als Lebensmut.

Und genau deshalb sind diese Kanus so wichtig– die Absicht ist, die Leute stärker zu machen. Der Stolz, den die Kanus hervorrufen, ist ein Teil, vielleicht nur ein Bruchteil, jenes Heilungsprozesses.

Das Kanu ist in Wahrheit so etwas wie ein Heilmittel.«

Keola Sequeira
Holzschnitzer und Kanubauer

Keola Sequeira ist einer der besten Holzschnitzer Hawaiis, doch er schnitzt nicht einfach Holz. Sequeira hat sein Handwerk in die höheren Regionen der Kunst und des Geistes geführt. In den vergangenen drei Jahrzehnten, während er eine Holzschicht um die andere abstemmte und schnitzte, legte er zugleich subtilere Schichten frei, die, wie er glaubt, die Geheimnisse seiner Ahnen sind. Dank dieser Geheimnisse hat er begonnen seine Kunst zu verstehen. Und dabei, so meint er, empfängt er die Weisheit der Alten.

Huna ist das geheime Wissen des alten Hawaii und *kāhuna* sind diejenigen, die *huna* haben. In alten Zeiten lernte ein Schüler 20 bis 30 Jahre beim *kahuna* ; heute gibt es keine solchen Meister mehr, aber Sequeira sagt, die Alten unterweisen ihn im Geist und in seinen Träumen und durch Arbeiten, die noch erhalten sind.

Zum Beispiel hat er in abgelegenen Gegenden von Maui Höhlen mit verrottenden alten Kanus gefunden und wenn er diese Kanus untersucht, werden sie für ihn lebendig, so viele Informationen enthalten sie.

»Ich habe stundenlang im Museum gesessen und die alten Kanus studiert«, sagt Sequeira. »Und wann immer ich von einem Kanu in einer Höhle höre, gehe ich hin und erforsche es. Ich habe Kanus in Höhlen gesehen, die das Bishop-Museum für Schrott hielt, aber ich habe sie mit anderen Augen angeschaut. Ich habe Dinge darin erkannt – eine ganze Doktorarbeit könnte

»Dieses tiefere Wissen, das *huna*, muss von den alten Arbeiten kommen. Ich habe keinen *kahuna kālai wa'a* (Kanu-Meister), mit dem ich heute sprechen kann; aber sie müssen nicht in Worten zu dir sprechen, sie können durch das, was sie gemacht haben, zu dir sprechen. Im Traum nehme ich auch Wissen auf. Ich kann mich so hineinsteigern, dass ich davon träume, und wenn ich Fragen habe, bekomme ich die Antworten im Traum. Sie sprechen im Traum zu dir, und sie sprechen zu dir, wenn du dich tatsächlich ans Werk machst. Die Geister sind mit dir, sie führen dich die ganze Zeit.«

ich über eine einzige Planke schreiben. Diese Dinge haben zu mir gesprochen – sie haben mir gesagt, von welchem Teil des Baumes das Holz stammte, warum es so und nicht anders geschnitzt ist, warum eine bestimmte Stärke oder Form und so weiter und so weiter – das alles konnte ich sehen.

Dieses tiefere Wissen, das *huna,* muss von den alten Arbeiten kommen. Ich habe keinen *kahuna kālai wa'a* (Kanu-Meister), mit dem ich heute sprechen kann; aber sie müssen nicht in Worten zu dir sprechen, sie können durch das, was sie gemacht haben, zu dir sprechen.

Im Traum nehme ich auch Wissen auf. Ich kann mich so hineinsteigern, dass ich davon träume, und wenn ich Fragen habe, bekomme ich die Antworten im Traum. Sie sprechen im Traum zu dir und sie sprechen zu dir, wenn du dich tatsächlich ans Werk machst. Die Geister sind mit dir, sie führen dich die ganze Zeit.«

Sequeira hat sich mit Haut und Haaren der Holzschnitzerei verschrieben. Es ist sein persönlicher Beitrag zur Erhaltung der hawaiischen Kultur. Er ist für zwei sehr unterschiedliche Arten von Holzarbeiten bekannt – Kanus bauen und *ki'i* skulptieren (*tiki*-ähnliche Bildwerke).

Was immer er baut oder schnitzt, er ist sich stets bewusst: »Es geschieht nicht durch mich allein. Wenn ich ohne Geistführer arbeite, ohne meine spirituellen Helfer, dann wird die Arbeit furchtbar mühsam, es kommt nichts Rechtes dabei heraus.«

Die *ki'i* sind selbst wie kleine Geister, wahrscheinlich weil viele von ihnen hawaiische Götter repräsentieren. Sequeira fing 1970 mit dem *ki'i*-Schnitzen an; er fühlte sich zu ihnen hingezogen, weil er herausfand, »dass die hochstehendste Form der Holzschnitzerei im Pazifischen Dreieck die *ki'i* waren, die hawaiischen Statuen. Je genauer man sie studiert, desto klarer wird einem, dass das die Wahrheit ist.«

Sequeira fühlte sich dazu berufen, diese *ki'i* wieder zum Leben zu erwecken. »Es sind nur noch ungefähr 70 (Originale) erhalten«, sagt er. »Es war dringend nötig, dass sich wieder jemand damit beschäftigt.

Niemand weiß so recht, was sie bedeuten, wofür sie standen. Es gibt ein paar hawaiische Statuen, die so geschnitzt sind, dass sie wie Personen aussehen, aber der große Rest ist abstrakt. Manche finden sie hässlich. Warum? Weil sie sie nicht verstehen.

Joseph Campbell sagt in seinem Buch ›The Power of the Myth‹, dass ein wahrer Künstler, ein wahrer Dichter die Fähigkeit hat, die normale Existenz oder Realität zu verlassen, mit seinem Geist und seiner Seele in eine andere Realitätsebene vorzudringen und zu erkunden, was dort ist, um es dann herüberzuretten und wiederzugeben. Die hawaiischen *kāhuna kalai ki'i* (Holzschnitzer-Meister) besaßen zweifelsfrei diese Fähigkeit.

Die *ki'i* sind abstrakt. Aber mit der Frage, was dieses Abstrakte aussagt, sind wir wieder beim *huna*, dem Geheimnis. Wenn man erst verstanden hat, was es uns sagen will, dann sieht man auch die Schönheit darin.

Niemand hat je versucht, diese Bildnisse zu deuten«, räumt Sequeira ein. Er selbst tut jedoch genau das, wenn er die alten *ki'i* in seinem Atelier, einer Garage, nachbildet. Manchmal, wenn er eine alte Figur kopiert, versteht er die Symbolik nicht, aber er hat herausgefunden, »wenn man es schnitzt, enthüllt es einem die Geheimnisse, die dahinter stecken«.

Um dieses *huna* zu erklären, zeigt Sequeira auf eine Holzstatue des Gottes Lono, die er geschnitzt hat. Es ist eine grimmig aussehende Figur mit einem sehr großen Kopfputz.

»Lono ist der Geist des Friedens, des Ackerbaus, des Heilens«, sagt Sequeira. »Aber warum sieht er so grimmig aus? Die Nasenlöcher sind gebläht, weil er einatmet. Wenn man Luft durch sie einzieht, produziert der Körper Energie. Wenn diese Energie ausgestoßen oder verbraucht wird, geht der Mund auf. Die Statue sieht grimmig aus, weil mit Lono nicht zu spaßen ist – wenn der Geist Lonos dem Menschen nicht hilft, dann wird der Mensch nur armselige Ernten einbringen. Sein Mund drückt also diese Energie aus, diesen Atem, dieses *mana* des Lebens, das Lono uns schenkt.«

Lonos Augen sind groß und seitlich in den Kopf geschnitzt. »Das soll heißen, dass Lono mit seinen größeren Augen mehr sieht als wir, und das aus allen Blickrichtungen«, erläutert Sequeira.

Die *ki'i* wurden bereits missverstanden, als die ersten Fremden nach Hawaii kamen. Seit damals werden die Bilder »Idole«, also Götzenbilder, genannt, und das ärgert Sequeira.

»Dem Christentum haben wir es zu verdanken, dass die Hawaiianer als Götzenanbeter abgestempelt wurden«, sagt er. »Aber was ist Lono? Was ist Ku (der Kriegsgott)? Es sind beides Geister, die sich der Menschheit annehmen. Wenn man sie achtet, werden sie einem helfen.

Die Hawaiianer wussten, dass die Abbildung nicht der Geist selbst war, sondern sein Gefäß. Die Katholiken machen dasselbe. Sie beten zur Jungfrau Maria auf dem Altar. Das ist etwas, worauf man sich konzentrieren kann, statt vor einer weißen Wand zu sitzen. Und die Hawaiianer machen es genauso.

Meine Frau und ich sind keine Christen. Wir achten das Christentum, aber wir beten nicht zu ihrem Gott. Wir halten uns an den Glauben unserer Ahnen. Ich bete zu den Göttern, die hier wer weiß wie lange waren. Das sind die Götter, die mir helfen – wenn ich zu ihnen bete, bekomme ich Antworten, werde ich geleitet.

Ich war Christ bis etwa Ende zwanzig und es war unbefriedigend. Danach habe ich mich langsam der alten Religion angenähert, mich mehr Naturgeistern zugewandt. Das war das einzige Mal, dass ich ein Resultat erzielt habe. Die Geister führen dich, sie zeigen dir, wo du deine Energien einsetzen musst, um die Arbeit zu Ende zu bringen.

Wenn es bei den Hawaiianern vor tausenden von Jahren funktioniert hat, dann funktioniert es auch heute. Lasst den Christen ihren Jesus, ich bleibe bei dem, was ich habe.«

Unter der Führung seiner spirituellen Helfer baute Sequeira 1974 sein erstes Kanu – ein riesiger Schritt für ihn, wenn man bedenkt, dass er zu diesem Zeitpunkt kein Schiffsbauer war. Zusammen mit ein paar Freunden brachte er 80 Dollar zusammen – die finanzielle Grundlage für einen großen Traum.

»Wir waren keine Schiffsbauer«, räumt er im Hinblick auf das Trüppchen von Visionären ein, mit dem er damals angetreten ist. »Eigentlich bin ich Holzschnitzer, aber das konnte uns nicht aufhalten. Was wir nicht wussten, würden wir schon herausfinden.«

Ihr erstes Projekt, ein 42,5 Fuß langes Kanu (13 m) namens *Mo'olele*, kostete sie am Ende 11.000 Dollar. Die Probleme, mit denen Sequeiras Gruppe ursprünglich zu kämpfen hatte, waren jedoch nicht nur das Geld. Keiner von ihnen war in der Lage, ein Kanu zu entwerfen, wie es die Alten gebaut hatten.

»Das Einzige, was wir hatten, war eine französische Zeichnung (eine einfache Federzeichnung von einem hawaiischen Kanu, 1839 von einem französischen Künstler namens Paris zu Papier gebracht) und auf der waren keine Details zu sehen«, sagt Sequeira. »Wir waren also 1974 ziemlich auf uns allein gestellt. Es gab keine *kāhuna kālai wa'a*, mit denen wir hätten reden können. Weil ich derjenige war, der die Verantwortung hatte, musste ich buchstäblich meinen Geist in die verschiedenen Teile des Kanus versenken. Ich habe mich wirklich in diesen Teilen bewegt, habe alles gespürt, was um mich war, habe jeden noch so geringen Druck gespürt und was das jeweilige Teil bewirken sollte und dann habe ich es entsprechend skizziert. Und wenn ich festsaß, hatte ich Träume, in denen ich mich selbst oder jemand anderen in der Werkstatt an dem besagten Teil arbeiten sah, und dann bin ich aufgewacht und hinausgegangen und habe gesagt: ›Jetzt weiß ich, wie dieses Teil gemacht wird!‹ Und so haben wir es gemacht. Hat uns ein Jahr gekostet.«

Für Sequeira ist die Konstruktion der Kanus eine »funktionelle Kunst«. Ein Kanu ist eine »skulpturale Form, die auf dem Ozean funktioniert«, erklärt er. Von dem zweiten Kanu, das er gebaut hat, der 62 Fuß (19 m) langen *Mo'okiha*, sagt er: »Wir haben keinen 62 Fuß-Rumpf gebaut, sondern eine 62 Fuß-Skulptur. Jeder Teil des Kanus wurde als Skulptur ersonnen.«

Sein Dilemma ist, dass er Repliken der alten Kanus machen, die Konstruktion der Originale so getreu wie möglich wiedergeben und doch ein moderner Baumeister sein muss.

»Ich habe also das Beste an der Gestaltung der alten Kanus genommen und in das Beste integriert, was wir heute haben. Manche Hawaiianer meinen, du bist kein Hawaiianer, wenn du keinen *malo* trägst und nicht auf einem *taro*-Feld herumstapfst. Ich sage, nein, man muss herausfiltern, was in der Vergangenheit gut war, und mit den besten Technologien von heute in das 21. Jahrhundert herüberretten. Ich zeige, dass das möglich ist. Man kann das Beste dieser zwei Welten miteinander verschmelzen. Und ich zeige es in drei Dimensionen – bei den Kanus.

Mo'okiha (das 62 Fuß lange Kanu) soll das hawaiische Doppelrumpfboot des nächsten Jahrhunderts werden. Ich habe die alte Form genommen und ich wende die heutigen Bautechniken darauf an, nicht anders, als es die *kāhuna kalai* früher gemacht hätten. Sie haben auch ihre Steinwerkzeuge beiseite gelegt, als Metallwerkzeuge aufkamen.«

Er kann viele Neuerungen zitieren, die die *kāhuna* der alten Zeit auf ihrem Weg durch den Pazifik ersonnen haben. So waren, als die Tahitianer vor hunderten von Jahren nach Hawaii kamen, die Querträger ihrer Kanus (*'iako*) gerade, aber in der höheren hawaiischen Dünung mussten sie neue Querträger entwerfen, die gebogen waren. Ihre Endstücke (*manu*) waren in den ruhigen Gewässern des Südpazifiks lang, aber hier, in der rauen hawaiischen See, brauchtes sie stumpfere Enden.

»Die Strömungen hier würden die alte *manu*-Konstruktion auseinander reißen«, erklärt Sequeira. »Unsere Gewässer sind vom ganzen Pazifischen Dreieck am schwierigsten zu befahren.

Ich habe sogar noch mehr Neuerungen angebracht als unsere alten *kāhuna*, aber immer in Übereinstimmung mit den hawaiischen Formen, die erhalten blieben.«

Die erstaunlichste Neuerung hat er bei den frühen Sumerern und Ägyptern abgeschaut, doch ist er fest überzeugt davon, dass die Hawaiianer dieses Wissen ebenfalls hatten. Eines Nachts, so erzählt seine Frau Apela die Geschichte, als er ein Buch über ägyptische Mathematik gelesen hatte, »springt er aus dem Bett und geht in die Werkstatt und stürzt sich wie ein Verrückter in

Mathematik und Geometrie. Und dann, nach ungefähr drei Tagen, als er genug von der Mathematik hat, geht er ins Dreidimensionale über, weil das seine Arbeitsweise ist, und er fängt mit der Arbeit an den Modellrümpfen an.«

Sequeira baute die Rümpfe nach der so genannten »Phi«-Konstruktion, die auf einem Naturgesetz basiert. Phi ist eine Verhältniszahl (und beträgt 1.618), die die Ägypter beim Bau der großen Pyramiden anwendeten. Seqeiras Faszination wuchs, als er herausfand, dass dieselbe Formel in allen alten Zivilisationen angewandt wurde, weil sie auf einem Verhältnis basierte, das überall in der Natur zu finden war.

»Die Königskammer (in der Cheopspyramide) ist maßgetreu nach der Phi-Formel gebaut – Höhe, Breite, Länge«, sagt Sequeira. »Der Sarkophag, in den sein Körper gelegt wurde, entspricht ebenfalls genau der Phi-Formel. Die Proportionen des menschlichen Körpers stimmen mit der Phi-Formel überein. Eine Blüte öffnet sich in Übereinstimmung mit dem Phi-Gesetz. Der griechische Parthenon-Tempel wurde nach der Phi-Formel gebaut. Und so weiter und so weiter.

Als ich mir das angeschaut habe, ist mir die Idee gekommen, dass dieses Gesetz vielleicht auch auf Kanus anwendbar sein könnte. Ich habe die Formel genommen und damit auf dem Reißbrett gearbeitet. Hat mich ein paar Tage gekostet, aber schließlich hatte ich es. Ich habe herausgefunden, wo diese Biegung hingehört. Und siehe da, die Biegung hat perfekt gepasst. Sie hatte ein V, wo ein V gebraucht wurde. Die Proportionen des V müssen genau stimmen – wenn man es zu tief macht, hat das Kanu zu viel Tiefgang; wenn man es zu breit macht, läuft es nicht so gut gegen den Wind. Die Phi-Formel hat alle diese Linien ins richtige Verhältnis gebracht. Die Phi-Formel hat bis aufs i-Tüpfelchen gepasst.

Das Schöne dabei ist, dass auch ein Fischleib danach geformt ist, er passt in die Phi-Formel. Also habe ich das Kanu so entworfen, dass es genau wie ein Fischleib ist, ein Teil der Natur. Wenn das Kanu durchs Wasser gleitet, dann kämpft es nicht, es wird ein Teil der Natur.

Und damit wären wir wieder beim *huna*. Ich glaube, ich habe eine Formel gefunden, die unsere Ahnen bereits kannten, und ich hole sie nur wieder in unsere Zeit zurück.

Wahrscheinlich werden sie über mich herfallen und behaupten, dass nichts in der hawaiischen Geschichte darauf hinweist. Aber die Hawaiianer haben keine geschriebene Geschichte und viele von den alten Gesängen haben nicht überlebt. Und ein *huna* wie dieses wurde vermutlich sowieso nie verraten; es wurde nur weitergegeben. Wir können es nur am Endergebnis ablesen, an der Form. Und ich glaube, ich bin über etwas gestolpert, das diese Form war.«

Seine Frau Apela, die an der Harvard University ihren Doktor in Philosophie gemacht hat, bremst ihn immer, wenn er sich zu sehr in seine Entdeckungen hineinsteigert. »Wenn die Lehrer, die man hat, keine lebenden Lehrer sind, dann muss man aufpassen, dass man nicht vor lauter Begeisterung und Wissensdrang ins Fantasieren gerät«, warnt sie, obwohl sie ihm grundsätzlich Mut macht. »Woher weißt du, dass du es richtig gemacht hast – dass es nicht nur ein Einfall von dir war, wenn du es auf eine bestimmte Weise änderst? Vielleicht gibt es ein Bruchstück des alten Wissens, das in zwanzig oder fünfzig oder hundert Jahren der Schlüssel zur Lösung von wirklich lebenswichtigen Problemen sein wird; und wenn wir lügen oder die Wahrheit verbiegen oder erfinden oder fantasieren, dann werden die Leute nach uns nicht darauf zurückgreifen können.« Apela, eine Oneida-Indianerin, hält an ihrer indianischen Sitte fest, sich für die nachfolgenden sieben Generationen verantwortlich zu fühlen. Trotzdem kann sie sich genauso für die Phi-Formel begeistern wie ihr Mann.

»Wir reden von altem Wissen, man könnte beinahe Grundwissen sagen«, erklärt Sequeira. »Ich glaube, viel von diesem Wissen war allen diesen alten Kulturen gemeinsam. Es hat sicher viele Seereisen an andere Orte gegeben und dadurch wurde ein großer Teil dieses Wissens weiterverbreitet.

Weil ich in Hawaii nicht genug Informationen finden konnte, habe ich mich anderen Kulturen zugewandt. Aber man muss sehr vorsichtig sein, wenn man es auf unsere Gesellschaft anwendet, weil man die hawaiische Gesellschaft auf diese Weise leicht verfälschen kann. Andererseits ist das ein Wissen, das auf der Natur basiert, und die Hawaiianer waren große Naturbeobachter. Deshalb glaube ich nicht, dass ich allzu sehr daneben liege, wenn ich einen ägyptischen Begriff nehme und ihn auf unsere Verhältnisse anwende.«

Was Sequeira macht, ist im Grunde dasselbe, was auch die *kāhuna* der alten Zeiten gemacht hätten. »Ein *kahuna* , das war wie ein Doktortitel«, erklärt er. »An einem Kanu haben vielleicht fünfzig Leute gearbeitet, aber nur einer davon ist der *kahuna kālai waʻa* – der die ganze Arbeit leitet. Er hat die Blaupause im Kopf.«

Sequeira ist bereit, den Kopf vorzustrecken und sich *kahuna* zu nennen, ein Titel, der nicht mehr so leicht verwendet wird, weil er bereits in den frühen Missionstagen in Verruf geraten ist, als diesen Lehrern unterstellt wurde, dass sie schwarze Magie betrieben.

Anfangs hatte er Skrupel, sich *kahuna* zu nennen, aber Apela konnte ihn davon überzeugen, dass einer diesen wichtigen Titel tragen muss. Und wie die *kāhuna* in alter Zeit hat er sein Handwerk über drei Jahrzehnte lang studiert.

»Heute kann man die Leute, die sich *kahuna* nennen, an zehn Fingern abzählen«, räumt Sequeira ein. »Wir haben vor ein paar Jahren darüber geredet und ich habe gesagt, dass ich immer noch Angst hätte, ihn (den Titel) zu verwenden, aber Apela hat gesagt: ›Wenn du das nicht machst, stirbt deine Kultur. Du musst das *huna*-System wieder zum Leben erwecken.‹ Gut, ja, dann soll es eben so sein, dann bin ich eben das Sprungbrett und werde damit leben, damit die nächste Generation es leichter hat. Und dafür, denk ich, kann ich den Titel dann in Kauf nehmen.

Wir leben in einer Zeit, in der es darauf ankommt, unser Wissen zurückerobern. So viel davon ist verloren, und wir müssen alles tun, um es zurückzuholen.«

GLOSSAR

A

ahupua'a – Landeinteilung, ein Gebiet, das sich im Allgemeinen wie ein Tortenstück von der Spitze eines Berges bis zur See hinunter erstreckt

'āina – Land, Erde

akua – Gott oder Göttin

alanui – Straße

ali'i – Häuptlingsklasse/Königinnen und Könige

aloha – Liebe, Mitgefühl, liebevolle Begrüßung oder Verabschiedung

'anā'anā – Zauberei, im Allgemeinen irgendeine schwarze Magie

'aumakua ('aumākua, Plural) – persönliche Familiengötter, entweder vergöttlichte Ahnen oder Tiergeistführer

'auwana – moderner *hula*

auē (auch *auwē*) – ach je, o weh

'awa – Pflanze, die auf den pazifischen Inseln heimisch ist und aus der ein leicht berauschendes Getränk gemacht wird (aus den Wurzeln); *'awa* wird bei den meisten Ritualen getrunken

E

'ehā – vier

'ekāhi – eins

'ekolu – drei

'ēlena – Kurkuma

'elima oder *lima* – fünf

'elua – zwei

H

hā – atmen

haku mele – Komponist, Dichter

hala – auch *Pandanus* oder Schraubenbaum genannt; Baum, der
auf Hawaii, anderen pazifischen Inseln, in Australien und Südasien beheimatet ist; aus den Blättern des *hala* werden Matten,
Hüte und Körbe geflochten

hālau hula – *hula*-Schule

hānai – adoptiert

haole – Weißer, Fremder

heiau – Tempel

heiau hoʻōla – Tempel, in dem Kranke geheilt werden

hiapo – erstgeborenes Kind

hōlua – Schlitten, der auf grasbewachsenen Hängen benutzt
wurde

honi – küssen, Nase reiben zur Begrüßung

hoʻoponopono – Mediationsmethode, die in den Familien angewandt wird, um Unstimmigkeiten und Kränkungen aus der
Welt zu schaffen

hula – traditioneller hawaiischer Tanz

huna – metaphysisch, verborgen, geheim

hūpō – dumm

I

ʻiako – Auslegerkanubaum

ʻike – sehen, wissen, fühlen, verstehen

ʻio – endemische hawaiische Falkenart

iwi – Knochen, Gebeine

K

ka poʻe kahiko – die Menschen in alter Zeit, die Alten

kāʻai – Platting-Behälter, in dem die sterblichen Überreste eines
Häuptlings aufbewahrt wurden

kahiko – alter *hula*

kāhili – Federstandarte, ein Symbol des Königtums

kahu – Verwalter, Aufseher/Seelsorger

kahuna (*kāhuna*, Plural) – Priester oder Experte in einem bestimmten Beruf

kahuna lāʻau lapaʻau – Experte auf dem Gebiet der Kräuterheilkunde

kahuna kālai waʻa – Meister des Kanubaus

kai – Meerwasser

kala – ausschwemmen; *limu kala* ist eine Algenart, die verwendet wird, um Krankheiten oder Beschwerden auszuschwemmen

kamaʻāina – wörtl.: »Kind des Landes«, indigener Hawaiianer

kanaka (*kānaka*, Plural*): menschliches Wesen, Mann

kanako maoli – indigener Hawaiianer

kanikau – Todesgesang, Klagelied

kaona – versteckte, tiefere Bedeutung

kapa (auch *tapa*) – Tuch aus Rindenbast, meistens von der *wauke*- oder *mamaki*-Pflanze; in alter Zeit wurden Kleidung und Bettzeug ausschließlich aus *kapa* gemacht

kāpena –Kapitän

ka poʻe kahiko – Menschen der alten Zeit

kapu – tabu, verboten

keiki – Kind

kepakepa – schneller, rhythmischer Sprechgesang

kiʻi – Bild, Statue, meistens von einem Gott

kilohana – Bettdecke

kino lau – irdische Manifestation eines Gottes

kīpuka – Grünpflanzenoase in einem Lavastrom, meistens auf erhöhtem Gelände

kō – beim Singen einen Ton mehrere Takte lang halten

kukui – in Hawaii, Polynesien und Südasien beheimateter Baum; auch Lichtnuss- oder Lackbaum genannt; das Öl der Nuss wurde für Lampen und als Schmiermittel verwendet

kuleana – Verantwortung, Autorität, Recht, Anspruch
kumu – Lehrer
kumu hula – Hulalehrer
kupuna (*kūpuna*, Plural) – Ältester

L
lā'au – Pflanze, Medizin, medizinisch
lā'au haole – westliche Medizin
lā'au lapa'au – Kräutermedizin
lānai – Veranda
lani – Himmel
lau hala – Blatt des *hala*-Baums (auch Pandanusbaum)
lehua – Blüte des *ōhi'a*-Baums
lei – traditionelle Girlande, Halskette aus Blüten, Muscheln, Blättern, Knochen, Vogelfedern
limu – Algen, Seetang
lo'i – *taro*-Parzelle
lolo – Dummkopf
lōkāhi – Harmonie, Einheit, Übereinstimmung
lomilomi – hawaiische Massage
lū'au – junger *taro*-Trieb; hawaiisches Fest

M
mahalo – danke
mahiole – Helm
Māhea-lani – Nacht des Vollmonds
ma'i – Genitalien
maile – einheimischer Strauch mit glänzenden, wohlriechenden Blüten
maka – Auge
makaloa – Riedgrasart
make – sterben
makua – Eltern

makule – alt, bejahrt

mālama – für etwas sorgen

malama ka 'āina – hüte das Land

malo – Lendentuch, von Männern getragen

māmaki – kleiner einheimischer Baum; aus seiner Rinde wurde *kapa* gemacht

mamo – Nachfahre, Abkömmling

mana – göttliche Macht

manō – Hai

manu – Endstück eines Kanus

maoli – indigen, wahr, echt, ursprünglich

mauka – hangwärts, landeinwärts; Berghang

mele – Gesang oder Lied

mele inoa – Geburtslied

menehune – sagenähnliche Zwergenwesen, die bei Nacht arbeiteten

moana – Ozean

moepu'u – jemand, der sich tötet, um »mit dem Häuptling zu schlafen«, diesem auch im Tod die Treue zu halten, wenn er stirbt

mu'umu'u – langes Frauengewand

N

na'au – Eingeweide, Gedärm

niho palaoa – Walzahn-Anhänger, der an einer Halskette aus Menschenhaar befestigt ist

O

'ohana – Familie

'ōhi'a lehua – einheimischer hawaiischer Baum mit roten Blüten, der Göttin Pele geweiht

'ōlena – Kurkuma

oli – Sprechgesang, der nicht von *hula* begleitet ist

olonā – einheimischer Strauch; aus der inneren Rinde wird starkes Seil gedreht
'o'opu – Sammelname für kleine, meergrundelartige Fische
'ōpae – Sammelname für Krabben

P

pahu – Trommel
palapala – Bücherwissen
pali – Kliff, Abgrund
pau – fertig
piha – vollblütig
piko – Nabel
pilikia – Ärger
pōhuehue – Strandpurpurwinde
poi – Brei aus zerriebenen *taro*-Knollen
pono – Güte, Geradheit, ausgeglichen
po'o – Kopf
pule – Gebet

S

sennit – Körbe aus Kokosnussfasern

T

taro oder *kalo* – hawaiisches Grundnahrungsmittel, sowohl die
   jungen Schößlinge als auch ihre Knollen und Blätter werden
   gegessen
tā – holzige Pflanze der Lilienfamilie
tūtū – Kosename, den Kinder ihren Großeltern geben

U

uhane – Seele, Geist
ukele – Menge

ukulele – wörtl.: »springender Floh«; beliebtes Instrument in Hawaii; 1879 von den Portugiesen eingeführt

W

waena – Mitte

wailua – Geist

waiwai – Wohlstand; »doppeltes Wasser«

wauke – Papiermaulbeerbaum; aus der inneren Rinde wird das beste *kapa* gemacht

Danksagungen

Ich danke meinen 24 Interviewpartnern, die mir so großzügig ihre Zeit und ihr Wissen zur Verfügung gestellt haben. Sie haben darauf vertraut, dass ich sie richtig wiedergeben würde, und für dieses Vertrauen bin ich sehr dankbar.

Mahalo nui loa …

an Steve Brinkman, meinen Foto-Partner, für seine wunderbaren Bilder und für eine problemlose dreijährige Zusammenarbeit. An seine Lebensgefährtin Susan Hiraoka für ihr geduldiges, nie erlahmendes Interesse an diesem Projekt.

an Rita Goldman, die visionäre Lektorin und Freundin, eine ebenso wortgewaltige wie geistvolle Frau, die ihren Spaß daran hatte, mir meine Fehler nachzuweisen.

an Jill Engledow – diesmal lektorieren Sie mich. Danke, dass sie Ihnen gefallen hat, die *Hawaiiana*, über die Sie schon so viel wussten.

an Tamara Lester von »Yellowbird Graphics«, die das Titelbild gezeichnet hat, das wir uns immer gewünscht haben.

an Eddie Pu, der uns sein strahlendes Lächeln für das Cover zur Verfügung stellte – ein Inbild des hawaiischen *aloha*.

an Pamela Beverly für ihre Innenillustrationen.

an Patt Narrowe, die in ihrer klaren, präzisen Art letzte Hand angelegt hat.

an David Ulrich für seine Dunkelkammermagie und seinen künstlerischen Rat.

an Lori Sablas und Donna Wendt, die sich mit großem Enthusiasmus für unser Buch ins Zeug gelegt haben.

an die folgenden Freunde, die mir halfen, *kupuna* für meine Interviews sprechen zu können: Akoni Akana, Patti Cook, Cathy Davenport, Malihini Dunn-Keahi, Lynn Hanks, Dick Nelson, Carol Ann Washburn, Elaine Wender, Celeste Wohl. Ohne ihre Vermittlung wäre es mir nicht möglich gewesen, manche der Ältesten zu erreichen.

an Joie Detre, Pam Haggerty, Ka Pua'ala, Nerita Machado, Glenn Wilde und Maka'ala Yates, die mir ihre Erfahrungen mit ihren *kupuna*-Freunden zur Verfügung stellten.

an Roger Jellinek und Eden-Lee Murray: Die Einleitung, auf der Sie zu Recht bestanden haben, widme ich Ihnen.

an Marian Harden, Al Lagunero, Holly Richards und Vicky Schulte für ihre Großzügigkeit.

Und nicht zuletzt an: Ken Schmitt und Chris Recor, die sich mit großer Aufmerksamkeit unfertige Kapitel anhörten, außerdem an Helga Fiederer, JJ Jasinski, Cathy Davenport, Lono Hunter, Marko Polo Cunningham, Jose Benitez, Judy Edwards, Jim Hedani, Cam Camara, Beth Marcil, Jon Woodhouse, Dave Baker, Kenny Redstone – die *Hike Maui 'ohana* – für ihre moralische und finanzielle Unterstützung während der drei Jahre, die das Buch brauchte, um in dieser Form erscheinen zu können.

Aloha Hawaii!

Exotische Blumen,
kühne Wellenreiter
und fröhliche Hula-
Tänzerinnen – sie alle
zieren ein Kleidungsstück,
das längst zum Kult
geworden ist: Das Hawaii-
hemd. Eine spannende Geschichte
rund um die buntesten Hemden der Welt!

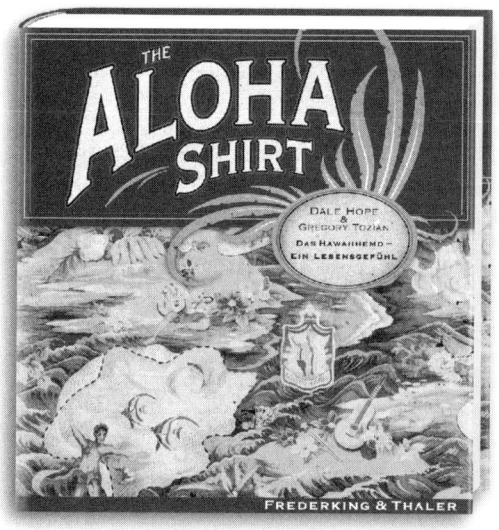

Dale Hope · Gregory Tozian
THE ALOHA SHIRT
Bildband · 212 Seiten · 316 Farb- und 149 s/w- Fotos
ISBN 3-89405-449-2

FREDERKING & THALER

REISEN, MENSCHEN, ABENTEUER

REISEN, MENSCHEN, ABENTEUER

Barbara Veit
Traumsucher
Walkabout in
Westaustralien
ISBN 3-89405-117-5

Thomas Troßmann
Wüstenfahrer
Auf dem Motorrad durch
das Land der Tuareg
ISBN 3-89405-040-3

Mark Jenkins
Reise nach Timbuktu
Auf dem Niger durch das
Herz Afrikas
ISBN 3-89405-114-0

Katy Payne
Stiller Donner
Die geheime Sprache der
Elefanten
ISBN 3-89405-127-2

Karlhans Frank
Südwest-Frankreich
Aquitanien – zwischen
Bordeaux, Biarritz und
Sarlat
ISBN 3-89405-109-4

A.E. Johann
Das Glück des Reisens
Ein Leben unterwegs
ISBN 3-89405-116-7

www.frederking-und-thaler.de    **SIERRA** BEI FREDERKING & THALER

REISEN, MENSCHEN, ABENTEUER

REISEN, MENSCHEN, ABENTEUER

Andrew Stevenson
Rund um den Annapurna
Eine Trekkingtour durch
den Himalaja
ISBN 3-89405-120-5

Britta Das
Königreich in den Wolken
Ein Jahr in der Bergwelt
des Himalaja
ISBN 3-89405-136-1

Bruno Baumann
Der diamantene Weg
Wege zu den heiligen
Stätten Tibets
ISBN 3-89405-137-X

Herbert Tichy
**Weisse Wolken über
gelber Erde**
Meine Zeit in China in den
vierziger Jahren
ISBN 3-89405-144-2

Cathy O' Dowd
Aus Liebe zum Berg
Die erste Frau auf der
Nord- und Südroute des
Mount Everest
ISBN 3-89405-126-4

Mike Jones
Sturzfahrt vom Everest
Mit dem Kajak durch Wild-
wasser und ewiges Eis
ISBN 3-89405-020-9

REISEN, MENSCHEN, ABENTEUER

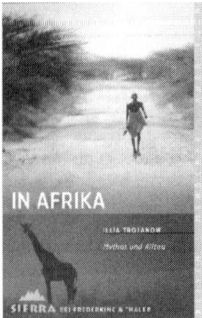